Liebe Familie Oberg

in Erinnerung an
unsere gemeinsame Zeit
in Peking

M. Zell

Berlin, 30.4. 2024

Felix Lee
China, mein Vater und ich

Felix Lee

CHINA, MEIN VATER UND ICH

Über den Aufstieg
einer Supermacht und was
Familie Lee aus Wolfsburg
damit zu tun hat

Ch.Links VERLAG

Auch als **e book** erhältlich

Die Deutsche Nationalbibliothek verzeichnet diese Publikation
in der Deutschen Nationalbibliografie; detaillierte bibliografische
Angaben sind im Internet über www.dnb.de abrufbar.

4. Auflage, 2023
Ch. Links Verlag ist eine Marke der Aufbau Verlage GmbH & Co. KG
© Aufbau Verlage GmbH & Co. KG, Berlin 2023
www.aufbau-verlage.de/ch-links-verlag
Prinzenstraße 85, 10969 Berlin
Der Verlag behält sich das Text- und Data-Mining nach § 44b UrhG vor,
was hiermit Dritten ohne Zustimmung des Verlages untersagt ist.
Umschlaggestaltung: zero-media.net, München
Umschlagfoto und alle Abbildungen im Buch: Familienarchiv des Autors
Satz: Nadja Caspar, Ch. Links Verlag
Druck und Bindung: Druckerei F. Pustet, Regensburg

ISBN 978-3-96289-169-5

INHALT

EINLEITUNG

China bestimmt das Weltgeschehen. Das war nicht immer so. Bis Ende der Siebzigerjahre war China ein völlig verarmtes, rückständiges und abgeschottetes Land, vergleichbar mit dem heutigen Nordkorea. Es gab so gut wie keinen Austausch, weder politisch, wirtschaftlich noch im Privaten. In meiner Kindheit in Wolfsburg war China den wenigsten ein Begriff. Gleichaltrige kannten das Land nur aus »Jim Knopf«. Und darin waren Chinesen exotische Wesen, einige nicht größer als ein Reiskorn. Einmal tuschelten auf der Straße zwei Kinder über mich: »Guck mal, ein Chinese. Ich habe noch nie einen Chinesen in echt gesehen.« Die wenigen Kontakte, die meine Familie in Deutschland zu Chinesen hatte, waren zumeist Leute aus Hongkong oder Taiwan, nicht aus der Volksrepublik.

Im Winter 1979/80 nahmen meine Eltern mich und meinen zweieinhalb Jahre älteren Bruder zum ersten Mal mit nach China, damit wir unsere Familie in Nanjing kennenlernten. Ich war damals vier. Ich erinnere mich, wie kalt und feucht es überall war, Heizungen gab es nicht. Meine Großeltern hatten abgesehen von einigen Gegenständen aus besseren Zeiten, bevor Mao Tse-tung den Kommunismus einführte, nur das Notwendigste zum Leben. Dicht nebeneinander und eingewickelt in dicke Mianbei, mit Baumwolle gefütterte Steppdecken, saßen meine Eltern, mein Bruder und ich auf ihrem Bett. Wir versuchten uns gegenseitig zu wärmen. Auf den mit Menschen übervollen Straßen wurde ich angestarrt. Ich sehe zwar chinesisch aus, an meiner bunten Winterjacke und der Cordhose sahen mir die Leute in ihrer blauen und grauen Einheitskleidung aber sofort an, dass ich aus dem Ausland kam. Ich fand das beklemmend und war froh, als wir wieder in Wolfsburg waren, der Stadt, in der ich geboren und in den Siebziger- und Achtzigerjahren aufgewachsen bin. Behütet, im Wohlstand, mit Einfamilienhaus und Garten drum herum, zwei Autos und Meerschweinchen. Mein Vater war Ingenieur bei Volkswagen. Viele Jahre zuvor war er aus China geflohen und auf teils abenteuerliche Weise ohne seine Familie nach Deutschland gekommen. In sein Heimatland konnte und wollte er nicht zurück.

Mit dem Tod von Mao Tse-tung 1976 und der beginnenden Öffnung Chinas änderte sich das. Bereits Ende 1977 reiste mein Vater nach China. Fast dreißig Jahre hatte er seine Eltern nicht gesehen, nun konnte er sie endlich besuchen. Kurz zuvor hatte er die deutsche Staatsbürgerschaft erhalten und wenig später wurde er einer der ersten westlichen Industriemanager, die für ein deutsches Unternehmen den Markteintritt in China einfädelten. In den folgenden zwanzig Jahren trug er maßgeblich zur Expansion von Volkswagen bei, erst mit einem Werk in Shanghai, dann mit einem zweiten in der nordchinesischen Stadt Changchun. Für VW entstand ein neuer Markt mit über einer Milliarde Menschen.

Als ich zehn Jahre alt war, ging mein Vater für VW nach China. Vom Sommer 1985 bis Anfang 1988 lebte ich mit meiner Familie in Peking. Es waren die ersten Jahre der Liberalisierung, gekennzeichnet durch einen allmählich einkehrenden Wohlstand und rasante gesellschaftliche und wirtschaftliche Veränderungen. Seither habe ich meine Großeltern, Tanten, Onkel, Cousinen und Cousins in Nanjing, Taiwan und Hongkong regelmäßig besucht. Ich konnte dabei beobachten, dass es ihnen von Mal zu Mal materiell besser ging, auch wenn sie im Vergleich zu Deutschland weniger verdienten und besaßen, mit der Zeit konnten sie sich immer mehr leisten, und heute sind einige von ihnen wohlhabender als mein deutsches Umfeld in Berlin.

Im Frühjahr 2010 ging ich als China-Korrespondent nach Peking. In den folgenden neun Jahren berichtete ich für die *taz* und andere deutschsprachige Medien über Chinas unaufhaltsamen Aufstieg zur Wirtschaftsmacht, über VW, Mercedes, Siemens und all die anderen deutschen Firmen, für die China längst zum größten und wichtigsten Auslandsmarkt geworden war. Zugleich erlebte ich mit, wie die Hoffnung auf eine politische Liberalisierung schwand, für die es einige Jahre durchaus Anzeichen gegeben hatte. Ab 2013 wurde Chinas Führung unter Xi Jinping wieder ideologischer, repressiver und brutaler gegenüber Andersdenkenden, und auch aggressiver und chauvinistischer gegenüber seinen Nachbarn und dem Ausland insgesamt.

Als Journalist aus Deutschland war ich bald nicht mehr so willkommen, wie ich es in den Achtzigerjahren als Kind eines Automanagers gewesen war. Korrespondenten dürfen gegenwärtig zwar aus China berichten, sind aber unerwünscht. Das habe auch ich immer wieder zu spüren bekommen, etwa wenn ich bei der Visaverlängerung von der Abteilung für Staatssicherheit, chinesisch: Gonganbu, zum »Teetrinken« eingeladen wurde und dabei Fragen zu meinen deutschen Kollegen beantworten sollte. Oder bei Recherchen in der Uiguren-Provinz Xinjiang, wenn ich von Spitzeln verfolgt wurde und vor Ort plötzlich niemand mehr mit mir reden wollte.

Die Geschichte meiner Familie ist eng mit Chinas Aufstieg verknüpft. Vor allem der Weg meines Vaters nimmt auf geradezu exemplarische Weise in der jüngeren chinesischen Geschichte seinen Aus- und schließlich auch seinen Fortgang: In den Wirren des chinesischen Bürgerkriegs entfloh er dem Kommunismus, schlug sich als Flüchtlingsjunge in Taiwan durch, arbeitete sich in Deutschland hoch und brachte Volkswagen nach China.

Seine Erzählungen begleiten mich seit meiner Kindheit. Wir hatten früher nicht allzu viel Zeit, aber wenn wir ins Plaudern gerieten, fiel mir jedes Mal auf, wie lebendig mein Vater erzählte. Als er in Pension ging, reiste er durch die Welt, eigentlich hatte er das immer getan, inzwischen ist er sechsundachtzig. In den vergangenen Jahren habe ich zahlreiche und lange Interviews mit ihm geführt, wir haben Fotos und Dokumente herausgekramt, um den Verlauf der Ereignisse, an denen er beteiligt war, zu recherchieren. Ich selbst habe noch einmal zurückgeblickt, in die Zeit meiner Kindheit und Jugend zwischen Wolfsburg und China.

Dies ist die Geschichte meines Vaters. Es ist auch meine eigene. Und es ist eine Geschichte über China und Deutschland, über den Anfang und die vielfältigen Entwicklungen ihrer wirtschaftlichen Zusammenarbeit und darüber, welche gesellschaftlichen Veränderungen vor allem in China damit einhergingen. Eins vorweg: Zu Beginn war die Volksrepublik abhängig von Deutschland, heute ist es umgekehrt. Ein Auto spielt dabei eine zentrale Rolle: auf Deutsch Volkswagen genannt und auf Chinesisch Dazhong Qiche.

Felix Lee, Berlin im Januar 2023

1
WENDE IN WOLFSBURG

Chinesen am Werktor

»Wenpo, kannst du noch deine Muttersprache?«, rief ein Mitarbeiter der Presseabteilung von Volkswagen am 17. April 1978 aufgeregt ins Telefon. Wenpo ist mein Vater und zu der Zeit Leiter einer Forschungsabteilung zur Entwicklung sparsamer Motoren bei VW in Wolfsburg. Mit dem ersten durch Alkohol angetriebenen Motor hatte er es unlängst in die *Bild*-Zeitung geschafft. »Neuen Kraftstoffen auf der Spur«, lautete der Titel. Darunter ein großes Foto von ihm. Einspritzmotoren waren eine noch junge Technik, die bis dahin vor allem in teure Fahrzeuge eingebaut wurde. Nun sollte eine Variante entwickelt werden, die für das Massensegment tauglich war, für ein Auto, das jeder bezahlen konnte. Dabei ging es auch um Alternativkraftstoffe. Klimawandel und CO_2-Ausstoß waren zwar noch kein Thema, aber die Ölpreiskrise von 1973 steckte vielen noch in den Knochen. Es gab auch schon die ersten Berichte über sauren Regen und Waldsterben. Und dass es mit den schädlichen Abgaswerten nicht ewig so weitergehen konnte, beschäftigte auch die Abteilung meines Vaters. Zwanzig Jahre später würde der FSI-Motor, an dem sein Team damals arbeitete, im VW Lupo zum Einsatz kommen. Das aber war zu dem Zeitpunkt noch Zukunftsmusik – und auch nicht der Grund des Anrufs an jenem Morgen.

Ob er kommen könne? Am Werktor stünden ein paar Chinesen. Was sie wollen, wisse keiner. Einer von ihnen behaupte, er sei der chinesische Maschinenbauminister.

Natürlich konnte mein Vater noch Chinesisch. Allerdings bezweifelte er, dass ein chinesischer Minister vor dem Werktor stand. Er hielt es nicht einmal für wahrscheinlich, dass es sich um Leute aus der Volksrepublik handelte. Vermutlich waren die Herren eher aus Japan, vielleicht auch aus Südostasien. Sein Kollege aus der Presseabteilung war nicht der Einzige, für den Asiaten alle gleich aussahen. Schon oft war mein Vater für einen Japaner oder einen Vietnamesen gehalten worden.

Mein Vater zog sich sein Jackett an. Die Frühlingssonne schien durch das große Bürofenster. Es war Montag. Das Wochenende klang noch ein bisschen nach, ein Kollege gähnte hörbar, als er mit seinem Kaffee vorbeischlenderte. Auf dem übergroßen Schreibtisch meines Vaters lag eine Konstruktionszeichnung. Computer gab es zwar schon, aber die meisten Ingenieure arbeiteten noch auf Papier. Und dafür brauchten sie Platz. Sein Büro befand sich in einem langgezogenen kastenförmigen Gebäude, außerhalb des eigentlichen Werkgeländes. FE hieß das Gebäude, abgekürzt für »Forschung und Entwicklung«. Alle Wolfsburger kannten das markante weiße Bauwerk mit den vorgelagerten braunen Treppenhäusern. Es war damals das modernste Gebäude der Stadt. Auf dem Weg zu den unerwarteten Besuchern beschäftigten meinen Vater Datenauswertungen und Testergebnisse, ein wenig neugierig, wen er antreffen würde, war er auch, aber dass mit diesem Morgen nicht nur sein Leben ein völlig anderes werden würde, sondern auch deutsche und chinesische Wirtschaftsgeschichte geschrieben würde, ahnte er nicht. Mit China hatte er abgeschlossen.

Wolfsburger Nanjing-Menschen

Eine der ersten Fragen, die einem Leute in China stellen, lautet: Was für ein Mensch bist du? Gemeint ist damit, woher man stammt. Weil das Land so groß ist, geben sich die Menschen nicht mit der Angabe einer Provinz zufrieden, sondern erwarten eine Antwort wie: Qingdaoer, Pekinger, Guangzhouer, Ningboer oder Shanghaier. Ich antworte auf die Frage meistens, dass ich ein Nanjing-Mensch bin. Denn von dort kommt mein Vater. Und wenn dann festgestellt wird, dass mein Chinesisch überhaupt nicht wie der Nanjing-Dialekt klingt, sondern eher wie aus Fujian oder Taiwan auf der gegenüberliegenden Seite der Straße von Formosa, erkläre ich, dass mein Vater schon früh nach Taiwan gegangen ist und ich auch dort viele Verwandte habe. In Südchina und Taiwan werden die im Chinesischen häufig genutzten Sch-Laute wie ein scharfes S ausgesprochen, also si statt shi.

In Taiwan allerdings finden viele, ich klänge wie jemand aus Peking. Denn in Peking werden viele Wörter gerne mit der Zunge gerollt, so wie es Amerikaner mit dem R tun. Das sei nicht verwunderlich, antworte ich dann, schließlich habe ich als Zehnjähriger für zweieinhalb Jahre in Peking gewohnt. In dieser Zeit muss ich wohl den dortigen Slang aufgegriffen haben. Wenn sich die Leute schließlich eine Weile mit mir auf Chinesisch unterhalten haben, merken sie: Nichts von alldem trifft auf mich zu. An meinem etwas limitierten Wortschatz und der einen oder anderen falschen Ausdrucksweise erkennen sie, dass ich überhaupt nicht aus China bin. Tatsächlich bin ich nämlich Wolfsburger.

Obwohl ich von klein auf auch chinesisch aufgewachsen bin: In unserem Wohnzimmer standen ein paar chinesische Vasen aus schwarzer Lacquerware und ein paar Porzellan-Teebecher. Abends wurde meist chinesisch gekocht: Reis und ein paar Gerichte, die meine Mutter aus den Zutaten improvisierte, die sie auf dem Markt vor dem Wolfsburger Rathaus erstand. Mein Bruder und ich lernten, mit Stäbchen zu essen – wobei ich sie bis heute falsch halte. Ich habe schwarze Haare, Schlitzaugen – so sagten wir damals selbst –, und ich bin klein.

Ich habe das lange auf meine chinesische Herkunft zurückgeführt. Später musste ich feststellen: Auch für chinesische Verhältnisse bin ich ziemlich klein. Mein Bruder ist deutlich größer geworden als ich.

Am 17. April 1978 war ich noch nicht ganz drei Jahre alt und ging in einen katholischen Kindergarten. China war weit weg. Für uns, für die anderen Wolfsburger und wohl auch für die Mehrzahl der Westdeutschen. Es gab keine Studentinnen und Studenten aus der Volksrepublik, keine Chinesisch-Sprachkurse an der Volkshochschule und auch sonst kaum Austausch, geschweige denn Geschäftsbeziehungen. China war seit dreißig Jahren völlig isoliert, diplomatische Beziehungen zwischen der Bundesrepublik und der Volksrepublik existierten nicht. Bis 1971 war das chinesische Festland völkerrechtlich nicht einmal anerkannt. Im Sicherheitsrat der Vereinten Nationen vertrat die Regierung der kleinen Inselrepublik Taiwan das große China. Deutsche Zeitungen hatten keine Korrespondenten in Peking oder Shanghai. Die wenigen Berichte, die es in die westdeutschen Medien schafften, handelten von Diktator Mao Tsetung. Für eine kleine Minderheit von linksradikalen Studenten mochte er der »Große Vorsitzende« gewesen sein, der zwischen dem imperialistischen Westen, dem freiheitsraubenden Realsozialismus der DDR und der Sowjetunion einen eigenen Weg gewählt hatte. Für die meisten Westdeutschen war er ein brutaler Machthaber, der viele Menschenleben auf dem Gewissen hatte. Das Einzige, was in Wolfsburg chinesisch war, war das China-Restaurant in der Rothenfelder Straße.

Als Kind mochte ich die chinesische Sprache nicht. Entsprechend schlecht lernte ich sie. Ich verstand meine Eltern zwar, wenn sie mich auf Chinesisch ansprachen, aber meistens antwortete ich auf Deutsch. »Jiang Zhongwen«, habe ich immer noch im Ohr. »Sprecht chinesisch!«, forderten sie meinen Bruder und mich auf. Doch um uns herum sprachen alle deutsch: im Kindergarten, die Nachbarn, Freunde, die zu Besuch kamen. Wenn ich meinen Eltern doch einmal auf Chinesisch antwortete, war jedes dritte Wort ein deutsches. Manchmal unterhalten wir uns in der Familie heute noch so. Verhunztes Chinesisch nenne ich das.

Im Frühjahr 1978 standen meine Eltern kurz davor, ein Einfamilienhaus zu kaufen. Bis dahin wohnten wir in Westhagen, einem komplett neuen Stadtteil. Er war wenige Jahre vor meiner Geburt hochgezogen worden. Hässliche Plattenbauten, wie viele heute meinen. So empfanden es die Westhagener damals aber nicht. Es herrschte Wohnungsnot. Die Hochhaussiedlung lag zudem am Rande eines Waldes, es gab jede Menge Grün und Spielplätze. Die Wohnungen galten als modern. Vor jedem Haus befanden sich ausreichend Parkplätze. Die Straßen waren breit und autofreundlich. Sie waren nach Städten in der DDR benannt, wohl wegen der Ost-West-Annäherung. Kaum einer in Westhagen kam aus Wolfsburg, fast alle waren zugezogen. So ziemlich zur selben Zeit. Die meisten hatten Kinder ähnlich alt wie mein Bruder und ich, alle Familien besaßen mindestens ein Auto, meist einen Golf, Passat oder Polo. Und alle arbeiteten sie bei VW. Eingewanderte gab es auch, viele aus Italien, einige aus Spanien, Griechenland, Jugoslawien oder der Türkei. Ich fühlte mich mit allen Kindern verbunden, die wie ich ausländisch aussahen. Chinesen wohnten nicht in Westhagen. Und auch nicht in der Großen Kley, einer Einfamilienhaus-Siedlung am Stadtrand, in die wir später zogen. Auch hier arbeiteten alle bei VW, anders aber als die Nachbarschaft im Plattenbauviertel Westhagen waren es keine Arbeiter, die am Fließband standen. Die meisten Väter hier waren Abteilungsleiter. Vor jedem Haus standen zwei Autos, meist ein Passat oder Audi vom Vater, als Zweitwagen für die Ehefrau ein Golf oder ein Polo. Am Autokennzeichen konnten wir Kinder erkennen, welchen Rang der Vater im Werk hatte.

In Wolfsburg gab es nur eine weitere chinesische Familie. Und sie war aus Taiwan. Sie betrieb besagtes China-Restaurant in der Rothenfelder Straße. Der alte Vater war der Koch, die Mutter stand hinter der Theke. Der älteste Sohn arbeitete ebenfalls in der Küche, die älteste Tochter kümmerte sich um die Finanzen, die mittlere kellnerte. Die jüngste Tochter war noch Schülerin und nur ein paar Jahre älter als mein Bruder und ich. Samstagabends lud uns die Familie oft zum Essen in ihr Restaurant ein. Gegessen wurde aber erst, wenn die meisten Gäste gegangen waren. Gegen 22 Uhr. Wir Kinder verbrachten die Zeit bis dahin häufig im Lagerraum hinter der Küche. Auf den Kisten stand ein Schwarz-Weiß-Fernseher, auf dem im dritten Programm zu später Stunde Horrorfilme liefen. Wenn beide Familien dann um den runden Tisch mit Drehteller saßen, wurde kräftig aufgetischt. Es gab Suppe, Fisch und Garnelen. Fast immer waren auch meine beiden Lieblingsgerichte dabei: Hühnerfleisch nach Art des Palastwächters, chinesisch Gong Bao Jiding, und Schweinefleisch süß-sauer mit Ananas.

Immer wenn wir zu Besuch kamen, bestand mein Vater darauf, dass wir den alten Koch als Erstes begrüßten. Wir mussten in seine heiße, stickige Küche gehen und ihm die Hand reichen. Zum Dank drückte er uns frisch geröstete Cashewkerne in die Hand, die fürs Hühnchen Gong Bao vorgesehen waren. Dass dieses berühmte Gericht in China meist mit Erdnüssen serviert wird, stört mich bis heute. Für mich ist es nur mit Cashew das wahre Hühnchen Gong Bao. Und alles war immer mit dicker Soße angerichtet. Das ist in China unüblich. Jahre später, wir lebten schon einige Monaten in Peking, fragte ich meinen Vater, wann es denn mal richtiges chinesisches Essen geben würde. Ich vermisste bei den Gerichten in Peking die sämige Soße und beim Hähnchen Gong Bao die Cashewkerne – so wie ich das vom China-Restaurant in der Rothenfelder Straße kannte.

Felix Lee bei seiner Erstkommunion in Wolfsburg-Westhagen,
Frühjahr 1984

Meine Mutter mochte Wolfsburg nicht. Abgesehen vom alten Wasserschloss und einer Kirche aus dem Mittelalter war in Wolfsburg kaum ein Bauwerk älter als vierzig Jahre. Von Adolf Hitler 1938 als »Stadt des KdF-Wagens« (»Kraft durch Freude«) gegründet, ist Wolfsburg eine der jüngsten Städte in der Bundesrepublik. Keine Gründerzeitbauten, alten Gemäuer oder stattlichen historischen Boulevards. Die Straßen wirkten gesichtslos. Selbst die Seen im Umland waren künstlich angelegt. All das entsprach nicht der Vorstellung meiner Mutter von einer mitteleuropäischen Stadt. Während ich das große Feuerwerk, mit dem das vierzigste Stadtjubiläum 1978 im Allerpark gefeiert wurde, genoss.

Sie war als Kind mit ihren Eltern und drei jüngeren Geschwistern vom chinesischen Festland nach Hongkong geflüchtet. Dort lebten sie in einem Dorf namens Rennie's Mill, in dem überwiegend Flüchtlinge wohnten. Meine Mutter war siebzehn, als ein belgischer Missionar sie und andere junge Frauen aus dem Dorf für eine Ausbildung zur Krankenschwester nach Europa vermittelte. Denn dort, vor allem in Mitteleuropa, gab es bereits in den Sechzigerjahren Pflegenotstand. 1967 machte meine Mutter in Remscheid ihren Abschluss. Eine Rückkehr nach Hongkong oder gar auf das chinesische Festland kam für sie nicht infrage. Für sie war klar: Nie wieder Flucht und Armut! Und das hieß auch: Nie wieder China! Sie war froh, es in den wohlhabenden Westen geschafft zu haben, auch wenn sie gern in einer anderen Stadt gewohnt hätte. Sie wollte, dass wir als Familie in Deutschland heimisch werden.

Mein zweieinhalb Jahre älterer Bruder und ich wurden getauft, gingen in einen katholischen Kindergarten, später auf eine katholische Grundschule, meine Mutter engagierte sich in der örtlichen Gemeinde. Wir nahmen an Kirchenfreizeiten im Harz und auf Ameland teil, ich wurde sogar Messdiener. Dass wir als gläubige Katholiken aufwuchsen, hatte damit zu tun, auf welche Weise meine Mutter und, wie zu berichten sein wird, auch mein Vater mit der katholischen Kirche als Helferin und Unterstützerin in Berührung gekommen waren. Dahinter steckte aber auch der Gedanke meiner Eltern, den viele Chinesen zu dieser Zeit im Ausland hatten: Wo knüpft man in einem neuen Land rasch und leicht Kontakte? In der Kirche.

Für mich gab es als Kind lange Zeit nichts Schöneres als die Krippe unter dem Weihnachtsbaum. Mein Vater hatte ein Glühlämpchen in dem kleinen Stall aus Pappmaché angebracht, damit das Christkind angestrahlt wurde. Wenn in der Gemeinde Mutter-Kind-Töpfern angesagt war, töpferte ich Krippenfiguren – selbst im Sommer. Du bist ja katholischer als der Papst, sagte die Tochter unserer Nachbarn einmal zu mir.

Ich kann mich erinnern, dass meinen Vater zumindest phasenweise die Frage nach Herkunft und Identität und wie wir, seine Söhne, damit umgehen mehr beschäftigte als meine Mutter. Sie wollte, dass wir so aufwachsen wie alle anderen Kinder um uns herum. Das klappte auch. Meistens jedenfalls. Zuweilen wurde ich aber daran erinnert, Exot zu sein. Wenn ich etwa mit meiner Mutter in der Innenstadt unterwegs war und Leute mit dem Finger auf mich zeigten: »Oh, wie niedlich, ein Chinese.« Oder: »Guckt mal, ein Schlitzauge.« Ich nahm das durchaus als Beleidigung wahr, hatte aber noch wenig Vorstellungen von Rassismus. Und auch wenn ich »Tsching, Tschang, Tschung« hörte, wusste ich, dass das nicht freundlich gemeint war. Aber ich versuchte, solche Beleidigungen nicht an mich herankommen zu lassen. Schließlich gingen auch meine Eltern darüber hinweg.

Als ich acht oder neun Jahre alt war, sagte mein Vater einmal zu meinem Bruder und mir: »Jungs, wie sehr ihr euch auch als Deutsche fühlt – für die Deutschen werdet ihr immer Ausländer sein.« Wir seien allerdings auch in China immer Fremde. Wenn vielleicht nicht äußerlich, so doch von unserer Art her, unserer Denkweise, würden wir auch dort nie wirklich dazu gehören. Seine Schlussfolgerung: Egal, wo wir sind, wir müssten uns mehr anstrengen als die anderen, immer ein bisschen besser sein.

Später habe ich immer wieder an seine Worte gedacht. Sie basierten auf den Erfahrungen, die er gemacht hatte. Doch trafen sie auch auf mich zu? Irgendwann in der Oberstufe im Kunstunterricht sollten wir auf Linoleumplatten eine Geschichte nachbilden. Mit Schnittmessern und Hohleisen hobelten wir Motive aus, bestrichen die Platten mit schwarzer Farbe und pressten sie auf Papier. Die Technik interessierte mich wenig. Was mich aber berührte, war die Geschichte, die uns der Kunstlehrer vorgegeben hatte. Darin ging es um ein kleines Männchen, das unter furchteinflößenden Riesen aufwächst. Als es sich auf die Suche nach Artgenossen macht und sie schließlich findet, fühlt es sich in der Welt der Ebenbürtigen gar nicht wohl und will zurück. Denn es kannte ja nichts anderes als das Leben unter Riesen. Ich erkannte mich in dieser Geschichte wieder und glaubte, auch den Unterschied zwischen meinem Vater und mir verstanden zu haben. Mein Vater, der das Leben unter Gleichen aus seiner Kindheit kannte, war in Deutschland zunächst völlig fremd. Anpassung musste er sich mühevoll erarbeiten. Ich hingegen kannte nichts anderes, als immer der Andere zu sein. Das Anderssein war für mich die Normalität.

Zugleich war es genau diese Sonderstellung zwischen Deutschland und China, die meinem Vater weitreichende Chancen eröffnen sollte – und mir später auch. Und das begann, nachdem die Presseabteilung sich bei meinem Vater mit der Nachricht gemeldet hatte: Am Tor stehe der chinesische Maschinenbauminister.

Hoher Besuch in der VW-Chefetage

Für meinen Vater gab es bis dahin nur selten Gründe, das berühmte Hauptgebäude des Konzerns mit der braunen Klinkerfassade und dem großen VW-Logo auf dem Dach zu betreten. Es war das höchste Gebäude von Wolfsburg. Ganz oben im zwölften und dreizehnten Stock saßen die Chefs, Vorstandsmitglieder, wie sie offiziell hießen.

Als er das Gebäude erreichte, standen dort tatsächlich fünf Chinesen im Eingangsbereich. Man hatte sie inzwischen vom Werktor hierhergeleitet. Mit einem Blick erkannte mein Vater, dass es sich nicht um Japaner handelte, auch nicht um Taiwaner oder chinesische Einwanderer aus den USA. Vier von ihnen trugen Anzug und Krawatte, einer hatte eine blaugraue Jacke und eine Hose in derselben Farbe an, einem Einheitsanzug, wie er in China seit Gründung der Republik 1912 üblich war.

Die chinesische Delegation in der Empfangshalle des VW-Hauptgebäudes, Wolfsburg, April 1978. In der Mitte der Minister für Land- und Industriemaschinen Yang Keng, rechts neben ihm Wenpo Lee

Günter Hartwich, Produktionsleiter und Mitglied im VW-Vorstand, hielt gerade eine kurze Begrüßungsansprache. Die Männer wirkten etwas hilflos, aber als sie meinen Vater sahen, hellten sich ihre Gesichter auf. Sie waren sichtlich erleichtert, einen Landsmann zu sehen. Und als mein Vater sie dann auch noch auf Chinesisch ansprach, schienen sie geradezu glücklich zu sein. Einer von ihnen hieß Yang Keng, dem Verhalten nach ganz klar der Anführer. Meinem Vater sagte der Name nichts. Warum auch, China war ihm im Laufe der Jahre fast so fremd geworden, wie es den meisten Bundesbürgern immer schon war. Yang Keng stellte sich als Minister der Volksrepublik China vor, zuständig für Land- und Industriemaschinen. »Wir sind hier, weil wir uns für Nutzfahrzeuge interessieren«, sagte er.

Nutzfahrzeuge? Mein Vater wusste nicht, was er davon halten sollte. Er muss irgendwie misstrauisch geblickt haben.

Ohne gebeten worden zu sein, zog der vorgebliche Minister ein abgegriffenes Blatt Papier aus seiner Tasche, auf dem in Schreibmaschinenschrift die Namen der Delegierten standen. Visitenkarten, wie sie heutzutage in China bei jeder Begegnung überreicht werden, hatten sie keine. Hinter dem Namen Yang Keng stand schwarz auf weiß seine Amtsbezeichnung.

Inzwischen war neben dem Mitarbeiter aus der Presseabteilung auch Werner P. Schmidt eingetroffen. Alle im Werk kannten ihn als WP Schmidt, er war der Vertriebschef von VW und die Nummer zwei im Vorstand. Der hohe Besuch überraschte ihn sehr. Für meinen Vater wiederum war es das erste Mal, dass er mit Vorstandsmitgliedern zu tun hatte, abgesehen vom Forschungsvorstand Ernst Fiala, der ihn eingestellt hatte und nun ebenfalls anwesend war. Volkswagen hatte zu der Zeit schon über 60000 Mitarbeiter und war streng hierarchisch aufgebaut. Einem Vorstandsmitglied persönlich die Hand zu schütteln – diese Gelegenheit hatten nicht viele. In jenem Moment beeindruckte meinen Vater das mehr als die Anwesenheit eines chinesischen Ministers, dessen Namen er noch nie gehört hatte.

Schmidt und Fiala wollten das Naheliegende tun und der Delegation das Werk zeigen. Doch der Minister lehnte ab. Er hatte offenbar eigene Vorstellungen. »Bauen Sie hier auch Kleinlaster?«, fragte er und bat meinen Vater zu übersetzen. Schmidt schüttelte den Kopf. Alle Nutzfahrzeuge werden im Werk in Hannover hergestellt, erklärte er dem Minister mithilfe meines Vaters. »Hier im Wolfsburger Stammwerk stellen wir nur Pkws her.« Eine Besichtigung des Werks in Hannover dürfte aber kein Problem sein, könne jedoch erst am nächsten Tag stattfinden. Er solle sich doch inzwischen die Pkw-Produktion anschauen. Etwas zögerlich willigte der Minister schließlich ein.

Am Abend lud der VW-Vorstand die Gäste aus Fernost

zum Essen in den Rothehof ein, das offizielle Gästehaus des Volkswagen-Konzerns. Gastgeber war Vorstandsmitglied Günter Hartwich. Einen professionellen deutsch-chinesischen Übersetzer konnte der Vorstand damals nicht so rasch auftreiben. Heute arbeiten in Wolfsburg Hunderte chinesische Mitarbeiter. Aber bis dahin war es noch ein weiter Weg. Also baten sie meinen Vater zum Übersetzen dazu.

Das Abendessen verlief zunächst recht förmlich. Hartwich fragte den Minister, ob er mit der Unterkunft zufrieden sei und ob ihm das deutsche Essen schmecke. Yang Keng bedankte sich mit einem Kopfnicken. Es wurden weitere Höflichkeiten ausgetauscht, ein Gespräch wollte aber nicht so recht entstehen, geschweige denn ein angeregter Austausch. Die Anwesenden der deutschen Seite wussten so wenig über China Bescheid, dass sie sich kaum trauten, Fragen zu stellen. Auf der chinesischen Seite war es ähnlich. Erst als Hartwich auf ein Glas zum Kamin bat, entspannte sich die Atmosphäre, und der Minister erzählte, was es mit seinem Besuch auf sich hatte. Yang Keng hatte den Auftrag, Chinas Fahrzeugindustrie, die bis dahin weitgehend aus der Herstellung von Traktoren und Lastwagen bestand, auszuweiten auf Nutzfahrzeuge für den Straßenverkehr, also Busse und große Lkws. Unverhohlen gab der Minister zu, dass sein Land technisch sehr rückständig sei, ihnen das Wissen fehle. Deswegen sei er nach Deutschland gekommen. Er wolle sich deutsche Fahrzeughersteller ansehen und von ihnen lernen. Von Kauf war keine Rede.

Im Verlauf des weiteren Abends stellte sich heraus, dass der Besuch Wolfsburgs spontan zustande gekommen war. Eigentlich hatte sich die Delegation nur die Nutzfahrzeugsparte von Mercedes-Benz anschauen wollen. Die chinesische Botschaft in Bonn hatte das für sie organisiert. Doch als sie in und um Stuttgart unterwegs waren, fielen dem Minister die vielen Fahrzeuge mit VW-Logo auf. Auf Nachfrage erfuhr er,

Besichtigung einer Werkhalle während des Besuchs der chinesischen Delegation in Wolfsburg im April 1978. In der Mitte Wenpo Lee, rechts Will Wolf, Mitarbeiter der Presseabteilung, und Yang Keng, Minister für Land- und Industriemaschinen, ganz links Wolfgang Lincke, Leiter Gesamtfahrzeugentwicklung

dass diese Autos in Wolfsburg hergestellt wurden. Ohne die chinesische Botschaft zu kontaktieren, setzte sich Yang Keng mit seiner Gefolgschaft in den Zug und fuhr in die VW-Stadt. Aus deutscher Sicht war auch damals kaum zu glauben, dass ein chinesischer Minister auf offiziellem Auslandsbesuch nicht mal einen landeskundigen Begleiter bei sich hatte. Aber für chinesische Regierungsvertreter waren Auslandsreisen völlig neu, sie selbst unerfahren. Und Reisepläne spontan über Bord zu werfen, fanden sie offenbar normal.

Im Gespräch am Kamin wiederholte der Minister, was er schon am Morgen unmittelbar nach der Begrüßung gesagt hatte: Sein Land sei an Nutzfahrzeugen interessiert – an Pkws nicht. China sei dafür zu arm. Es gebe nicht einmal ausreichend geteerte Straßen. Zudem habe sein Land viel zu viele Menschen, die Städte seien zu eng, es gebe überhaupt keine Parkmöglichkeiten. »Für Autos, in die maximal fünf Personen hineinpassen, ist kein Platz«, betonte Yang Keng, »für eine ganze Pkw-Industrie sein Land nicht geeignet.« Er brauche praktische Fahrzeuge zum Transport von Gütern und kleine Busse für acht Leute aufwärts. Noch während mein Vater das übersetzte, beobachtete er, wie Produktionschef Hartwich mehrfach die Stirn runzelte. Bis dahin hatte er sich zurückgehalten. So ganz wusste er den Besuch aus Fernost offenbar nicht einzuordnen. Doch plötzlich schien Hartwich eine Chance zu wittern. »Ein sich entwickelndes Land braucht doch Pkws«, widersprach er dem Minister. Und dann holte er aus.

Er schilderte, wie zerstört Deutschland nach dem Zweiten Weltkrieg gewesen war, welche Not die Menschen damals litten. In den ersten Jahren nach dem Krieg hatte kaum jemand Geld für ein eigenes Auto, niemand konnte sich vorstellen, dass sich schon bald jede Familie ein eigenes Auto leisten können würde. Genau das hatte sich VW aber seinerzeit zum Ziel gesetzt: einen Wagen fürs Volk, für jeden bezahlbar, ein wahrer »Volkswagen«. Dafür sollte das Auto nicht zu luxuriös sein und auch nicht zu groß, passend für eine vierköpfige Familie. Diese beiden Kriterien erfüllte der VW Käfer zwar schon, aber den meisten Bundesbürgern war er noch immer zu teuer. Um die Produktionskosten zu senken, erhöhte VW die Stückzahl enorm. Denn je mehr Autos vom Band rollen, desto günstiger werden sie – und desto mehr können verkauft werden. Dieses Konzept ging auf. Nicht nur für VW. Die gesamte westdeutsche Wirtschaftsentwicklung nach 1945 war an diesen Aufschwung gekoppelt und profitierte davon. Der Chemiesektor, die Stahlindustrie, die Textilindustrie, der Maschinenbau, die

Elektroindustrie – sie alle hingen zusammen. Der Käfer sei zum Inbegriff des deutschen Wirtschaftswunders geworden, sagte Hartwich. Dann ging er konkret auf die Einwände des chinesischen Ministers in Bezug auf Pkws ein. Pkws seien extrem wichtig für eine sich entwickelnde Volkswirtschaft. Öffentliche Verkehrsmittel wie Busse und Bahnen brauche man zwar auch. Doch in Bussen komme nicht jeder so voran, wie er möchte. Die Bürger einer modernen Gesellschaft brauchten Individualverkehr. Hartwich riet Yang Keng, China solle wie einst Westdeutschland zunächst Pkws bauen und auf einer solchen Pkw-Plattform dann auch Minibusse entwickeln, in denen acht oder neun Leute Platz finden. Genau so war VW mit dem Typ 2 verfahren, dem VW Bulli. Das Kerngeschäft sei aber der Käfer (Typ 1) geblieben. Hartwich schlug vor, dass China ein ähnliches Modell übernehme, bei dem Transporter und Pkws koexistierten.

Der chinesische Maschinenbauminister hörte Hartwichs Ausführungen interessiert zu, stellte auch einige Fragen, äußerte sich aber ansonsten nicht.

Mein Vater war nicht besonders darin geübt zu übersetzen, gab sich aber alle Mühe, zur Verständigung beider Seiten beizutragen. An einigen Stellen musste er etwas weiter ausholen und zusätzliche Erklärungen liefern, simultanes Übersetzen hätte nicht ausgereicht, zu verschieden waren die Welten, in denen die Gesprächspartner lebten.

Mein Vater hatte die Welt, aus der die fünf Delegationsmitglieder kamen, vor dreißig Jahren verlassen. Mit zwölf Jahren war er von China nach Taiwan geflohen. Wie es dazu kam und auf welche Weise er es schließlich nach Deutschland schaffte – davon später mehr. Fakt war, hinter ihm lag ein langer Weg. Seit seiner Ankunft in Deutschland 1962 lief es gut für ihn. Er studierte und promovierte, fand eine Anstellung als Entwicklungsingenieur bei VW. Von seinem ersten Gehalt legte sich mein Vater eine Hi-Fi-Anlage zu. In seiner Studienzeit in Aachen besaß er einen VW-Käfer, den er sich mit einem Kommilitonen teilte, inzwischen fuhr mein Vater einen Passat. In den Siebzigerjahren gab es im Werk nur wenige Ausländer, die es zum Abteilungsleiter geschafft hatten. Und eigentlich war er auch kein Ausländer mehr, seit 1977 besaß er die deutsche Staatsbürgerschaft, war also Deutscher. Als solcher war er vor einigen Monaten erstmals seit seiner Flucht nach China gereist, um seine Eltern wiederzusehen. Möglich gemacht hatte diesen Besuch die beginnende zaghafte Öffnung Chinas seit dem Tod von Mao Tse-tung im September 1976. Nach ein wenig Machtgerangel war Deng Xiaoping 1978 auf dem Weg an die Staatsspitze und hatte bereits erste Maßnahmen seines Modernisierungskurses eingeleitet. Dass eine chinesische Delegation nach Deutschland reiste, um sich einen Einblick in die hiesige Autoproduktion zu verschaffen, kam also nicht aus heiterem Himmel, sondern war Zeichen einer in den nächsten Jahren stetig voranschreitenden Entwicklung.

Mein Vater erzählte dem chinesischen Minister an jenem Abend von seinem Besuch in Nanjing – und welchen Eindruck seine Geburtsstadt auf ihn gemacht hatte. Bei seiner Ankunft am Flughafen hatte es weder einen in absehbarer Zeit fahrenden Bus noch Taxis gegeben. Seine Rückreise hatte er wegen eines Schneesturms mit dem Zug nach Peking antreten müssen. Vom Bahnhof war es ihm nur mit einem motorisierten Dreirad gelungen, den Flughafen zu erreichen. Der Fahrer dieses Gefährts hatte ihn, obwohl er einen warmen Mantel trug, zusätzlich in eine dicke Decke eingewickelt, unter der mein Vater dennoch entsetzlich fror. Auf der Chang'an Allee, Pekings berühmter Prachtstraße, sah er zwei Busse und einige Militärfahrzeuge, sonst nichts.

Und dann die Sache mit dem Schweinefleisch. Für seine Familie war es enorm schwierig gewesen, anlässlich seines ersten Besuchs Schweinefleisch zum Abendessen anbieten zu können. Für einen kurzen Moment überlegte mein Vater, ob er fortfahren sollte. Schließlich hatte er einen kommunistischen Topkader vor sich sitzen. Wie würde er es aufnehmen, wenn mein Vater kritisch über die Misswirtschaft im kommunistischen China sprach? Yang Keng, der hier so bescheiden auftrat, war in seinem Heimatland wahrscheinlich enorm mächtig. Allerdings machte er nicht den Eindruck eines besonders radikalen Anhängers von Mao Tse-tung, der, wie gesagt, inzwischen ja auch gestorben war. Also fuhr mein Vater fort.

Schweinefleisch war im Winter 1977 in Nanjing Mangelware, wie eigentlich fast alles. Um es bei einem Familienessen für meinen Vater servieren zu können, nutzte der Mann einer Nichte meines Vaters seine Kontakte und fuhr in einer Nacht- und-Nebel-Aktion zwanzig Kilometer aufs Land, um dort zwei Kilo Schweinefleisch zu kaufen. Über seine Dienststelle beim Militär gelang es ihm, an einen Laster zu kommen. Öffentliche Verkehrsmittel gab es nicht. Mein Vater erzählte dem Minister nicht, dass das Fleisch aus Furcht vor einer Straßenkontrolle in Munitionskisten versteckt worden war. Schweinefleisch war in China subventioniert. Der Staat regelte die Verteilung. Auf eigene Faust Fleisch vom Land in die Stadt zu bringen, war schlicht illegal.

Warum mein Vater ihm das überhaupt erzählte? Für den Transport von zwei Kilo Fleisch musste ein Militärlastwagen organisiert werden. Zu jener Zeit gab es auf Chinas Straßen nur zwei Typen von motorisierten Fahrzeugen: Geländewagen und Lkws. Beide waren ausschließlich dem Militär vorbehalten. Damit sich ein Land wirtschaftlich entwickelte, brauchte es Pkws, argumentierte auch mein Vater. Doch auch nach diesen Ausführungen schwieg der Minister. Weder gab er meinem Vater recht, noch widersprach er ihm.

Am nächsten Morgen fuhren Yang Keng und seine Beglei-

Wenpo Lee (rechts) und sein Kommilitone vor dem VW-Käfer, den sie sich während der Studienzeit teilten, Aachen, 1964

ter nach Hannover und besichtigten die Fabrik für Nutzfahrzeuge. Nicht geeignet, zu klein, wir brauchen große Lastwagen und Busse, lautete ihre Reaktion nach dem Rundgang. Danach hörte mein Vater nichts mehr von ihnen. Auch Günter Hartwich und WP Schmidt meldeten sich nicht. Mein Vater hakte den Besuch als eine kuriose, wenn auch interessante Begebenheit ab. Mit seinem Forschungsprojekt in Sachen Motoren war er ohnehin vollauf beschäftigt. Und Besucherdelegationen im VW-Werk gab es ständig. Nun war eben zum ersten Mal ein Minister aus China gekommen. Keine große Sache.

2
KINDHEIT IN NANJING

Als mein Vater zur Welt kam, war von der Macht und dem Reichtum des chinesischen Kaiserreichs nicht mehr viel übrig. Jahrhundertelang hatte China zu den wohlhabendsten Ländern der Welt gehört. In Bezug auf Wirtschafts- und Innovationskraft hatte es vor Europa rangiert. Handelsbeziehungen rund um den Globus waren Ausdruck seiner Überlegenheit gewesen. Mit der industriellen Revolution in Europa, Nordamerika und Japan fiel China im Laufe des 19. Jahrhunderts jedoch hoffnungslos zurück. In der alten Kaiserstadt Nanjing standen Mitte der Dreißigerjahre nur noch vereinzelt die Prachtbauten mit den geschwungenen Dächern und den prunkvoll geschmückten Fassaden, die schon Marco Polo im Mittelalter bei seiner Reise durch China beeindruckten. Mein Großvater besaß noch ein paar alte Teetassen und Porzellanschüsseln, Bildrollen und Goldstücke, die von den glänzenden Zeiten zeugten. Doch das Straßenbild war zu jener Zeit vor allem von Flüchtlingen, Bettlern und Armut geprägt. Selbst Leute, die noch Arbeit und ein Dach über dem Kopf hatten, litten oft unter Hunger und Kälte.

Seinem Personalausweis zufolge wurde mein Vater am 13. Februar 1936 in Nanjing geboren, damals die Hauptstadt der Republik China. Ob das wirklich sein Geburtstag ist, weiß keiner mehr. Damals zählte man in China die Tage nach dem Mondkalender, die Jahre wiederum nach dem Kalender der Republik. Sie wurde 1912 gegründet und dieses Jahr als »Jahr eins«

festgelegt. Später hat mein Vater seinen Geburtstag in den gregorianischen Kalender umgerechnet – und sich womöglich dabei vertan. Seine Eltern, meine Großeltern, konnten sich aber auch nach dem chinesischen Kalender nicht mehr an das genaue Datum erinnern. Sie hatten andere Sorgen, als sich die Geburtstage ihrer Kinder zu merken.

Meine Großmutter hat zwölf Kinder zur Welt gebracht. Das galt damals als normal. Normal war allerdings auch die hohe Kindersterblichkeit. Vier ihrer Kinder erreichten nicht einmal das Grundschulalter. Mein Vater war der einzige Sohn, der überlebte. Für die meisten chinesischen Familien zählte ein Sohn zu jener Zeit mehr als eine Tochter. Die Söhne waren es, die die Familienlinie weiterführten. Töchter heirateten und wechselten in die Familie des Mannes. Für sie galt es, einen Ehemann aus gutem Hause zu finden. So dachten in China damals die meisten – auch meine Großeltern.

Mein Großvater besaß in der Innenstadt von Nanjing ein Geschäft für Reis und Getreide. Wohlhabend im heutigen Sinne war er nicht. Aber er hatte Angestellte und verdiente ausreichend, um ein traditionelles Hofhaus zu unterhalten, seine Familie gut zu versorgen und etwas Geld für härtere Zeiten zurückzulegen. Damals kaufte man von den Rücklagen Gold und versteckte es. Damit hatte er mehr als die meisten anderen Leute in Nanjing.

Wer im 19. Jahrhundert oder in der ersten Hälfte des 20. Jahrhunderts in China lebte, war ständig mit Kriegen, Vertreibung und Armut konfrontiert. Den Wendepunkt vom einst stabilen und blühenden Kaiserreich zum armen und rückständigen China stellte der Erste Opiumkrieg von 1839 bis 1842 dar. Britische Soldaten besetzten zur Durchsetzung des britischen Drogenhandels chinesische Hafenstädte im Süden und Osten des Landes. Der Kaiser der seit fast drei Jahrhunderten herrschenden Qing-Dynastie wollte sich das nicht gefallen lassen

Familie Lee um 1926 in Nanjing. Mutter und Vater von Wenpo Lee, Dajie, älteste Schwester (links), und Erjie, zweitälteste Schwester (Mitte)

und schickte mehrere Tausend Soldaten in die Hafenstädte. Doch sie waren der britischen Kriegsflotte und einer kleinen Landstreitmacht bald unterlegen, sodass der Kaiser sich geschlagen geben musste. Die Briten machten Hongkong zu ihrer

Kronkolonie. Was daraufhin im Reich der Mitte folgte, waren Jahrzehnte der Aufstände, Kriege und Hungersnöte. Weitere Angriffe der Europäer führten schließlich zum kompletten Untergang der Qing-Dynastie. Um die Jahrhundertwende tobte in Peking der sogenannte Boxeraufstand. Europäische, US-amerikanische und japanische Machthaber hatten zuvor das große China in weiten Teilen untereinander aufgeteilt und einige für ihren Handel besonders einträgliche Hafenstädte wie Shanghai unter ihre gemeinsame Kontrolle gebracht. Chinesische Freiheitskämpfer wagten einen Aufstand gegen die Übergriffe der Kolonialmächte. Daraufhin rückte eine multinationale Armee aus britischen, französischen, deutschen, italienischen, amerikanischen, österreich-ungarischen, japanischen und russischen Truppen an, um die Rebellion niederzuschlagen. »Boxer« nannten die ignoranten Europäer und Amerikaner die Kämpfer, weil sie ursprünglich aus Schulen der Kampfkunst hervorgegangen waren und man in Europa und Amerika keine Vorstellung von der langen Tradition und den unterschiedlichen Stilen der chinesischen Kampflehre hatte. Diejenigen, die sich der Kolonialisierung entgegenstellen wollten, galten den Invasoren als Unruhestifter und Terroristen. Dass die Kolonialmächte sich in China frei bewegen konnten, obwohl es offiziell keine Kolonie war, zeigte, wie schwach das Kaiserreich zu diesem Zeitpunkt bereits war.

1911 organisierten Anhänger des Revolutionärs Sun Yatsen einen Aufstand anderer Art – nicht gegen die Kolonialmächte, sondern gegen die Elite der regierenden Qing-Dynastie. Sie stürzten den Kaiser und riefen eine Republik aus: 2133 Jahre kaiserlicher Herrschaft gingen damit zu Ende. Der neuen Regierung unter der Nationalen Volkspartei Kuomintang gelang es allerdings nicht, eine neue Ordnung zu schaffen. Stattdessen versank die junge Nation über Jahrzehnte im Chaos: Anhänger des Kaisers kämpften gegen Verfechter der

Familie Lee, 15. Januar 1940, Nanjing. Wenpo Lee stehend in der Mitte, rechts neben ihm sein Vater mit dem früh verstorbenen jüngeren Bruder auf dem Arm und Erjie, zweitälteste Schwester, links neben ihm seine Mutter mit einer jüngeren Schwester auf dem Schoß, daneben Dajie, älteste Schwester, und Sanjie, drittälteste Schwester

Republik, Kommunisten gegen Nationalisten, lokale Machthaber gegen ihre Nachbarn. Warlords, einige von ihnen waren einfach Mafiabosse, beherrschten Teile des Landes, Kommunisten ganze Regionen. Japan kontrollierte immer größere Gebiete in der Mandschurei im Nordosten Chinas. Andere Kolonialmächte hielten die wichtigen Hafenstädte im Osten und Süden des Landes besetzt und kassierten einen Großteil der Steuern. Die junge Republik China war schon bankrott, bevor sie sich ein wenig stabilisieren konnte.

Meine Großeltern, geboren um die Jahrhundertwende, kannten in ihrer Kindheit und Jugend, aber auch später als

Erwachsene, kaum etwas anderes als Krieg, Unruhe und die Angst, das wenige, was sie besaßen, zu verlieren.

Immerhin versuchte die Kuomintang-Regierung in den Regionen, über die sie die Kontrolle hatte – und dazu gehörte die Hauptstadt Nanjing –, einen modernen Industriesektor zu entwickeln, der zu bescheidenem Wirtschaftswachstum führte. Vor der großen Weltwirtschaftskrise erlangte China einen spärlichen Anteil am Welthandel. Die Teilhabe an der beginnenden Globalisierung brach aber 1930 abrupt ein und wurde erst sechzig Jahre später, also nach 1980, wieder in dieser Höhe erreicht. Vor allem der Krieg gegen Japan und der immer wieder aufflammende Bürgerkrieg zwischen Kommunisten und den Nationalisten der Kuomintang-Regierung ab 1927 fügten der chinesischen Wirtschaft massive Schäden zu. Als mein Vater ein Kind war, gehörte China zu den ärmsten Ländern der Welt.

Das Massaker von Nanjing

Am 7. Juli 1937 – zwei Jahre vor dem Überfall der Deutschen auf Polen – begann der Zweite Weltkrieg in Ostasien. Vor den Toren Pekings kam es zum sogenannten Zwischenfall an der Marco-Polo-Brücke. Soldaten der japanischen Armee lieferten sich ein Feuergefecht mit der Armee der chinesischen Republik. Japan nahm den Schusswechsel als Vorwand, China offiziell den Krieg zu erklären. Am 13. Dezember 1937 erreichten japanische Truppen Nanjing. Sieben Wochen wüteten Japans Soldaten dort. Die entfesselte Armee tötete mindestens 70000 Menschen, einige Schätzungen gehen von 300000 aus. Das Massaker von Nanjing ist eines der schlimmsten Menschenrechtsverbrechen des 20. Jahrhunderts in Asien. »Dreimal alles« lautete die Devise der japanischen Befehlshaber: »Alles plündern, alles niederbrennen, alles töten!« Die meisten Opfer waren Zivilisten.

Denn die Kuomintang-Regierung hatte kurz vor dem Massaker Nanjing mit einem Großteil ihrer Armee verlassen und war den Jangtse aufwärts in die Stadt Chongqing geflüchtet.

Mein Vater war noch keine zwei Jahre alt, als seine Familie ebenfalls beschloss, vor den Japanern zu fliehen. Meine Großmutter steckte ihn auf der Flucht in einen Nachttopf, ein Fässchen aus Holz. Bis zu seinen Schultern soll er daringesessen haben. Nur der Kopf habe herausgeschaut, erinnerte sie sich Jahrzehnte später. Die Lücken, die sein kleiner Körper ließ, wurden mit Steckrüben und Gurken befüllt. Außerdem hatte mein Großvater einen Zwischenboden in den Nachttopf gelegt. Darunter versteckte er Gold- und Silbermünzen. Mein Vater saß also auf dem Familienschatz.

Wie viele in China hatten auch meine Großeltern die Erfahrung gemacht, dass Kriege vor allem um Städte geführt wurden. Ziel der Kämpfe war es stets, die Bevölkerungszentren zu beherrschen. Deshalb flüchteten sie aufs Land. Sobald die Kämpfe abgeflaut waren, wollten sie nach Nanjing zurückkehren.

Auf dem Land waren viele Plünderer unterwegs, meistens Banden von fünf bis zehn Männern. Viele von ihnen waren selbst auf der Flucht und hatten kaum genug zu essen. Diese Banden wussten um die flüchtenden Menschen aus den Städten, überfielen sie und raubten sie aus. Auch meine Großeltern gerieten mehrfach in ihre Fänge, blieben aber verschont. Das Gold war gut versteckt. Die Plünderer fanden es nicht.

An Details dieser Flucht erinnert sich mein Vater nicht mehr. Und aus den Erzählungen meiner Großeltern ist nicht überliefert, wohin genau sie während des Massakers flohen. Bekannt ist allerdings, dass das Leben auf dem Land oft noch sehr viel härter war als in den Städten. Die Bauern lebten auf ihren Höfen mit ihren Tieren Anfang des 20. Jahrhunderts nicht viel anders als hundert Jahre vorher. Es gab keinen Strom, kein Leitungswasser, keine Maschinen. Die Menschen waren weitgehend auf sich allein gestellt. Was sie angebaut hatten, reichte oft nicht einmal für die eigene Familie. Flüchtlinge aus den Städten waren daher meist nicht willkommen. Oft begegneten die Dorfbewohner ihnen mit Argwohn bis hin zu Hass. Dennoch waren meine Großeltern überzeugt, das Richtige getan zu haben. Erst später erfuhren sie, dass die japanischen Soldaten auf ihrem Feldzug in Richtung Nanjing auch auf dem Land wüteten und Zehntausende Menschen dabei umbrachten. Reine Glückssache, dass mein Vater, seine Geschwister und Eltern diesem Schicksal entgingen.

Als sie nach Nanjing zurückkamen, waren viele Nachbarn und Bekannte vertrieben oder getötet worden. Während der knapp zweimonatigen Belagerung vergewaltigten die japanischen Soldaten Tausende Mädchen und Frauen, verstümmelten oder pfählten sie mit Bambusstöcken. Innerhalb der japanischen Armee wurde darum gewetteifert, wer mit seinem Säbel am meisten Chinesen köpfte. Viele der Leichen warfen die Soldaten in den Jangtse, andere wurden mit Benzin übergossen und verbrannt. Schätzungen gehen davon aus, dass ein Viertel der Bevölkerung von Nanjing dieses Massaker nicht überlebte.

Ein Nachbar meiner Großeltern, der in der Stadt geblieben war, wurde am ersten Tag der Eroberung Nanjings von japanischen Soldaten an einer Straßenecke verhaftet und mitgenommen. Er sollte mit Tausenden anderen auf einem Platz vor den Toren der Stadt hingerichtet werden. Die Kämpfer des Tenno brachten an diesem einen Tag mehr als 13 500 Menschen um. Zivilisten, darunter Kinder, und Kriegsgefangene wurden mit dem Bajonett erstochen, erschossen oder geköpft. Der Nachbar überlebte die Massenhinrichtung. Ein japanischer Soldat hatte ihn mit dem Säbel nur seitlich am Kopf getroffen. Er hatte sich totgestellt und war nach Einbruch der Dunkelheit aus der Stadt geschlichen.

Wie dieser Nachbar war auch eine kleine Gruppe von Ausländern in Nanjing geblieben, darunter der Deutsche John Rabe, der in der Stadt eine Siemens-Filiale leitete. Er war NSDAP-Mitglied, wollte den Verbrechen aber nicht tatenlos zusehen. Auf dem Firmengelände von Siemens organisierte er zusammen mit anderen Ausländern eine sechs Quadratkilometer große Schutzzone für Zivilisten, zu der Soldaten keinen Zugang haben sollten. Die Japaner erkannten diese Schutzzone jedoch nicht an. Sie drangen immer wieder in das Gelände ein und entführten wahllos Menschen. Dennoch rettete diese Initiative einigen Zehntausend Nanjingern das Leben.

Im Februar 1938 übernahm ein neuer Kommandant den Befehl über die japanische Armee und beendete das Massaker. Doch auch danach hörten die Gräueltaten der Japaner nicht auf. Nanjing blieb bis kurz vor Kriegsende 1945 in ihrer Hand. Offiziell regierte in Nanjing eine Gestalt namens Wang Jingwei, ein ehemaliger Gefährte des Kuomintang-Chefs Chiang Kaishek. Jener Wang hatte sich mit Chiang überworfen und kollaborierte mit den Japanern, die ihn als Statthalter einsetzten.

Alltag um 1940

Zu den ersten Kindheitserinnerungen meines Vaters gehört eine öffentliche Hinrichtung. Mein Vater muss vier oder fünf Jahre alt gewesen sein. Auf den Schultern eines Verwandten, inmitten von Schaulustigen, sah er, wie der Henker hinter einem knienden Mann stand und ihm mit einem Schwert den Kopf abschlug. Der Kopf fiel sofort zu Boden, der Körper sackte erst einen kurzen Moment später zusammen. Die Zuschauer jubelten. Sie hatten Mantou in der Hand, eine Art Dampfbrötchen. Grölend rannten sie auf die Leiche zu, tränkten die Dampfbrötchen in das herausspritzende Blut und aßen sie. »Mantou zhan Xue« hieß das – Mantou in Blut getunkt.

Es wurde gesagt, Menschen, die Angst haben oder schüchtern sind, würden mutig werden, wenn sie Mantou zhan Xue essen. Und es helfe gegen Tuberkulose.

Mein Vater wuchs in einem Siheyuan auf, übersetzt: ein von vier Seiten umschlossener Hof. Dabei handelte es sich um eingeschossige Gebäude, wie sie in chinesischen Städten damals typisch waren, mit einem Innenhof in der Mitte, von dem die Zimmer abgingen. Dicht an dicht reihten sich diese sogenannten Hofhäuser auch in Nanjing. Vom Eingang führte ein überdachter Gang an zwei Zimmern vorbei in den Innenhof, wo sich das gesamte Familienleben der Lees abspielte. Von dort gingen weitere Zimmer ab. Es handelte sich nicht um geschlossene Häuser, wie wir sie in Europa kennen. Nur die Zimmer waren überdacht und auch diese aus heutiger Sicht kaum mehr als Holzhütten. Die Fenster waren oft noch nicht verglast, sondern mit Seidenpapier bespannt.

Nanjing liegt zwar in Südchina, doch die Winter fühlen sich wegen der hohen Luftfeuchtigkeit kalt an. Die nasse Kälte muss damals durch jede Ritze ins Innere der Zimmer gedrungen sein.

Die Küche bestand aus einem gemauerten Tresen im Innenhof, daneben war eine Feuerstelle. Auf dem Tresen gab es Platz für einen großen und einen kleinen Wok. Im großen wurde der Reis gekocht, im kleinen die Gerichte aus Gemüse. Wasser musste von öffentlichen Brunnen geholt werden. Wasserleitungen gab es nicht. Meine Großeltern hatten Glück, der nächste Brunnen war nicht weit von ihrem Haus entfernt. Andere mussten dafür täglich weite Strecken zurücklegen. Heißes Wasser, etwa für Tee, kauften meine Großeltern von einem Händler, der das Wasser für sie abkochte. Das mussten die Kinder dann in großen Kesseln nach Hause tragen. Duschen waren daher völlig unbekannt. Im Winter wurden den Kindern abends vor dem Schlafengehen nur die Füße und der Hintern gewaschen. Und morgens ab und zu der Hals und das Gesicht. Die meisten Leute zogen sich während der kalten Monate zum Schlafen nicht aus, sondern trugen alles, was sie besaßen. Oft haben sich die Menschen deswegen auch gar nicht gewaschen. In besseren Jahren füllte meine Großmutter einen Bottich mit warmem Wasser, das sich die Kinder mit einem Lappen ins Gesicht spritzen durften. Das empfanden dann alle als großen Luxus.

Nanjing ist neben Wuhan und Chongqing in China bekannt als eine der sogenannten Ofen-Städte. Die Winter mögen kalt sein, doch die Sommer entlang des Jangtse-Flusses sind brütend heiß. Wegen ihrer Kessellage weht in diesen Städten nicht einmal ein laues Lüftchen. Die Jungs und Männer liefen halbnackt herum, die Frauen waren lediglich mit einer Bluse und einer kurzen Hose bekleidet. In den Zimmern ließ es sich wegen der stickigen und schwülheißen Luft überhaupt nicht aushalten, auch nachts nicht. Daher schliefen alle auf der Straße. Vor jedem Haus hatten die Familien Bambusbetten aufgestellt, kleine Tische und Bänke. Dort wurde auch gegessen. Die Menschen lebten im Sommer praktisch auf der Straße. Mein Vater liebte diese Abende. Bis spätabends war immer viel los. Renao hieß es dann. Das ist ein auf Chinesisch positiv besetztes Wort für »lebhaft« oder »viel los«. Wörtlich bedeutet es »heiß« und »laut«. Erst als mein Vater mir von diesen Sommerabenden aus seiner Kindheit erzählte, verstand ich, woher das Wort ursprünglich kommt.

Das Viertel, in dem die Familie meines Vaters lebte, hieß Xinjiekou und liegt mitten im Zentrum der Stadt. Es war während des Massakers nicht zerstört worden. Mein Großvater durfte unter der japanischen Besatzung seine Geschäfte weiterbetreiben. Im Verhältnis zu vielen anderen Nanjingern waren die Lees dadurch etwas besser gestellt und hatten bis zum Kriegsende ausreichend zu essen. Dennoch war auch ihr Leben von Mangel und großer Einfachheit geprägt. Mein Vater besaß als Kind kaum Kleidung. Für die Schule hatte er eine etwas bessere Hose. Kaum war er zu Hause, musste er sie ausziehen. Im Winter trugen er und seine Schwestern unter ihren Jacken Sachen, die aus Stoffresten zusammengenäht waren. Zum Spielen gingen sie oft zu einer alten Lagerhalle für Getreide und Reis direkt hinter dem Haus. Die Halle soll es bereits in der Ming-Dynastie gegeben haben, also seit dem 16. Jahrhundert, und sie gehörte der Stadt. Unter dem Holzboden war ein Hohlraum zum Lüften, damit die Ware nicht verschimmelte. Kühlräume gab es noch nicht. Das Gelände war ein idealer Platz, um Fangen und Verstecken zu spielen.

Not macht erfinderisch, lautet ein deutsches Sprichwort. Der Satz passt aber auch gut nach China. Vor allem meiner Großmutter werden besondere, teilweise gewagte Improvisationskünste nachgesagt. Da es zu jener Zeit keinerlei Medikamente gab, griff sie auf Hausmittel zurück, die sie aus ihrer Kindheit kannte, in der ihre Eltern der Not auch schon mit Erfindungsreichtum begegnet waren. Gut möglich, dass es sich hierbei um Familienlegenden handelt, aber mein Vater erinnert sich, dass einige ihrer Rezepte zu wirken schienen. Als er einmal gegen einen Topf mit heißem Fett stieß und sich schlimme Verbrennungen am Arm zuzog, salbte seine Mutter die Brandstellen mit Rattenöl ein. Mit der Feder einer Gans aufgetragen, fühlte sich dieses Öl auf der Haut angenehm kühl an. Einige Tage später war seine Haut verheilt, ohne dass von der Verletzung die üblichen Brandnarben zurückblieben.

Das Rattenöl hieß nicht nur so. Es handelte sich tatsächlich um ein Gemisch aus Öl und Ratten. Im Speicher des Hofhauses sollen mehrere Gläser davon gestanden haben. Zur Herstellung dieses eigentümlichen Balsams wurden neugeborene Ratten verwendet, die meine Großmutter lebend in Speiseöl einlegte.

Meine Großmutter hatte noch weitere Rezepte auf Lager, die aus heutiger Sicht kurios erscheinen. Als Kind hatte mein Vater, wie viele andere Kinder damals in Nanjing, Pusteln auf dem Kopf, die wahrscheinlich auf mangelnde Ernährung und Hygiene sowie die Hitze im Sommer zurückzuführen waren. Bei den meisten Kindern hinterließen diese Pusteln bleibende Narben. Oft wuchsen an diesen Stellen keine Haare mehr. Nicht bei meinem Vater. Dank Gänseeiern mit Spinnengift, wie er selbst heute noch glaubt.

In dem Lagerhaus, in dem mein Vater und seine Geschwister Verstecken spielten, gab es außer Getreide und Reis auch jede Menge Spinnen. Mein Vater musste sie regelmäßig einsammeln, lebend und unbeschädigt. Je größer die Spinnen waren, desto besser. Meine Großmutter köpfte dann vorsichtig ein Gänseei und steckte zwei oder drei Spinnen lebendig in das rohe Ei. Die Öffnung verschloss sie mit nassem Papier und dämpfte das Gänseei mit den Spinnen in heißem Wasser. Anschließend nahm sie das Papier ab und pulte die inzwischen toten Spinnen heraus. Was daran so besonders war? Während des Dämpfens bewegten die Spinnen ihre Beine panisch hin und her und vermischten auf diese Weise das Eigelb mit dem Eiweiß. Dabei sonderten sie Gifte ab. Gift gegen Gifte, lautete der Gedanke dahinter. Nachdem mein Vater die Eier mit dem Spinnengift mehrmals gegessen hatte, verschwanden diese Pusteln.

Träume, Rikschas, Priester

Bis zu seinem zwölften Lebensjahr kannte mein Vater keine andere Stadt als Nanjing. Es war ein Nanjing der Lastenträger und Rikschas. Die Straßen gehörten in ihrer ganzen Breite den Fußgängern. Von motorisierten Fahrzeugen, wie er sie von Bildern aus Europa und den USA kannte, konnte er nur träumen.

Und das tat er auch. In den langen Sommernächten stellte er sich oft vor, wie ein modernes Nanjing aussehen würde, mit Doppeldeckerbussen, Limousinen und Motorrädern – der Traum von einem motorisierten China also. Aus Erzählungen wusste er, dass es in Shanghai die ersten Busse, Straßenbahnen und auch Autoverkehr gab. Heute braucht man für die rund dreihundert Kilometer von Nanjing nach Shanghai etwa drei Stunden mit dem Auto. In der Kindheit meines Vaters eine schier unüberwindbare Distanz, um sich – wie er damals fand – die moderne Welt mit eigenen Augen ansehen zu können.

Vorerst musste er sich mit Nanjing begnügen. Und den Geschichten, die man sich dort erzählte. Hinter dem Wohnhaus der Lees lebte eine ältere Frau, die den Kindern abends von persönlichen Erlebnissen oder Anekdoten, von denen sie gehört hatte, berichtete. Im Viertel gab es zudem einen alten Mann, der professioneller Geschichtenerzähler war. Er saß meist vor einem Teehaus und erzählte von alten Zeiten. Die eigenen Lesekenntnisse meines Vaters waren da noch bescheiden. Das war in den wirren Kriegszeiten bei vielen Kindern in China so. Schon bei einem geregelten Schulbesuch vergingen fünf, sechs Jahre, bis sie die mindestens zweitausend Schriftzeichen beherrschten, die zum Lesen einer Zeitung oder eines Romans notwendig sind. Doch wegen der politischen Unsicherheit und des Krieges gab es für die meisten Kinder gar keinen regelmäßigen Unterricht. Mein Vater war aber ein guter Zuhörer und er verschlang alles, was die Frau und der alte Mann am Teehaus erzählten. Vor allem Märchen, Gespenstergeschichten und alte Überlieferungen gefielen ihm. Gebannt hörte er zu, wenn der Geschichtenerzähler mit vielen Cliffhängern und Soundeffekten die Sage vom Affenkönig Sun Wukong erzählte, wie er im Alleingang den Himmel gegen den Jadekaiser eroberte.

Sein erstes Schuljahr verbrachte mein Vater noch an einer konfuzianisch geprägten Schule. Die Kinder begannen in der

Regel mit fünf Jahren, klassische Schriftzeichen zu lernen. Im Mittelpunkt stand geduldiges Auswendiglernen. Sie sagten im Chor alte Gedichte und Texte auf, die sie später allein und aus dem Gedächtnis herunterzurasseln hatten. Sie hatten weder Unterricht in Mathematik noch in Kunst, Musik oder Naturwissenschaften. Die Schulausbildung bestand aus bloßem Auswendiglernen von Texten in klassischem Chinesisch.

Wie so oft in dieser Zeit waren es vor allem Priester und Missionare, die sich um die sozialen Belange der Menschen kümmerten. In dem Viertel, in dem mein Vater aufwuchs, gehörten sie zur katholischen Kirche, die eine Kathedrale in der Nachbarschaft errichtet hatte. Im Vergleich zu den Kathedralen in Europa war sie klein und kaum größer als eine Dorfkirche. Aber weil dort ein Bischof (damals noch ein Apostolischer Vikar) residierte, war es eine Kathedrale. Mein Vater hat sie trotz ihrer geringen Größe durchaus als ein prächtiges Gebäude in Erinnerung, mit Hof, Garten und einem großen Ginkobaum. Auf dem Kirchengelände lebten auch einige chinesische Nonnen, und der Bischof erlaubte den Kindern des Viertels, auf dem Kirchengelände zu spielen. Sonntags wurde nach dem Gottesdienst Essen und Trinken angeboten. Und wer bis zum Nachmittag blieb, durfte an der Sonntagsschule teilnehmen. Für meinen Vater war das ein riesiger Kontrast zum konfuzianisch geprägten Unterricht während der Woche. Denn an der Sonntagsschule unterhielten sich die Lehrer mit den Schülern, brachten ihnen die viel einfacheren lateinischen Buchstaben bei – und sie sangen mit ihnen.

Mein Vater erinnert sich jedoch vor allem an ein Sammelalbum mit Karten. Jede dieser Karten erzählte eine Geschichte, einige davon stammten aus der Bibel. Auf diese Weise lernte er die Welt der christlichen Geschichten kennen – und sie gefielen ihm. Denn darin ging es um Fürsorge, Liebe und Barmherzigkeit, Dinge, die es im Nanjing seiner Kindheit viel zu wenig gab. Einige Jahre später ließ sich mein Vater in Taiwan taufen, obwohl niemand in seiner Familie vorher Christ gewesen war. Die Gebete und Geschichten aus der Bibel kannte er da bereits. So durchschaubar die Methoden der Missionierung waren und immer noch sind, für meinen Vater waren die Sonntagnachmittage in der Kirche kostbar und die ersten Berührungspunkte mit der westlichen Welt.

Der Kontrast zum heutigen Nanjing könnte nicht größer sein. Als ich 2019 eine deutsche Reisegruppe begleitete, die mit dem Bus von Shanghai nach Hamburg die Strecke der antiken Seidenstraße abfuhr, war unser erster Zwischenstopp die Geburtsstadt meines Vaters und unsere Unterkunft ein schickes Fünf-Sterne-Hotel im Zentrum. Auf einer Tour durch die Umgebung entdeckte ich inmitten der Hochhäuser eine kleine alte Kirche und begriff, dass es sich um genau das Viertel handelte, in dem mein Vater aufgewachsen war und meine Großeltern ihr gesamtes Leben verbracht hatten. Der große Garten rund um die Kathedrale war weg, der Teepavillon, von dem mein Vater erzählt hatte, ebenso und auch sämtliche Hofhäuser, die das Stadtbild von Nanjing lange Zeit prägten. Die Kathedrale wirkte winzig im Schatten der glitzernden Wolkenkratzer und der Shopping-Malls mit ihrer Leuchtreklame. Die Kommunisten hatten die Kirche während der Kulturrevolution entweiht und zwischenzeitlich als Textilfabrik genutzt. Heute finden wieder Gottesdienste in ihr statt. Die Kirche ist das einzige Gebäude aus der Kindheit meines Vaters, das heute noch steht.

3
JUGEND IN TAIWAN

Chinesischer Bürgerkrieg

Die Kindheit meines Vaters endete abrupt. Mit zwölf Jahren musste er seine Heimatstadt verlassen und ohne Eltern nach Taiwan fliehen. Das hatte niemand vorhersehen können. Viele erwarteten, dass sich das Leben mit dem Ende des Zweiten Weltkriegs im Fernen Osten beruhigen würde. Doch es kam anders. Nur wenige Tage nach der Kapitulation Japans am 9. September 1945 flammte der Bürgerkrieg zwischen der Kuomintang-Regierung (KMT) unter General Chiang Kai-shek und der Kommunistischen Partei (KP) unter ihrem Anführer Mao Tse-tung wieder auf. Im Krieg gegen Japan sah sich General Chiang zwar gezwungen, seine Jagd auf die ihm verhassten Kommunisten einzustellen. Er machte aber keinen Hehl daraus, dass er weiterhin in Mao seinen Erzfeind sah. Während Chiangs Truppen versuchten, die japanischen Invasoren aufzuhalten, gelang es Mao in den Kriegsjahren, seine Popularität vor allem bei den Menschen auf dem Land auszubauen. Militärisch galten die Kuomintang-Truppen als überlegen. Mit über 3,5 Millionen Mann befehligte General Chiang fast viermal so viele Soldaten wie Kommunistenführer Mao. Zudem unterstützten die USA die Kuomintang. Ihre Waffen und Ausrüstung waren moderner und schlagkräftiger als die der Sowjets, die Mao Beistand leisteten. Die großen Städte im Süden und Osten des Landes waren nach wie vor in der Hand von General Chiang. Er wusste die Bankiers, Unternehmer und Händler hinter sich. Kaum jemand in den urbanen Zentren konnte sich vorstellen, dass die Kommunisten, deren Anhänger vor allem aus ungebildeten und armen Bauern bestanden, die Macht erlangen würden. Ein Irrtum, wie sich herausstellen sollte.

Die Kämpfe im Land wogten bis 1949 zwischen Siegen und Niederlagen der beiden Kriegsparteien hin und her. Maos Kommunisten gewannen mit ihren listigen Strategien an Boden, doch sie mussten auch immer wieder Rückschläge hinnehmen. Im März 1947 nahmen die Nationalisten Yan'an ein, einen hochsymbolischen Ort in der unwirtlichen Bergregion der zentralchinesischen Provinz Shaanxi. Mao hatte sich hier zehn Jahre zuvor auf der Flucht vor den Truppen der Republik verschanzt. Hier sammelte er nicht nur seine Soldaten, sondern schaffte auch die Grundlagen für seine Herrschaft über ganz China, ein System, das in seinen wesentlichen Zügen bis heute Bestand hat. Yan'an war Maos militärische und ideologische Ausbildungsstätte.

In Nanjing, nach dem Rückzug der Japaner wieder offizieller Regierungssitz der Kuomintang, ließ sich Chiang für den Sieg bei Yan'an feiern. Mao, der seine einstige Festung zu Pferde verlassen hatte, zog sich in den Norden zurück. Er gab sich gelassen, denn er hatte eine neue Strategie: Mithilfe der angrenzenden Sowjetunion wollte er Chiangs Truppen in Chinas Nordosten locken und sie dort herausfordern. »Wir geben Chiang die Stadt Yan'an, er gibt uns China«, beruhigte er seine Anhänger. Und er behielt recht. Denn Chiangs Macht und die der Kuomintang bröckelten, selbst in Nanjing. Immer mehr Menschen sympathisierten mit Mao. Chiang und seine Führung galten als elitär und korrupt. Er konnte sich nicht mehr sicher sein, ob eine Mehrheit der Bevölkerung überhaupt noch zu ihm halten würde. Maos Anhängerschaft hingegen war groß genug, um den Griff nach der Macht im ganzen Land zu wagen.

Über den Verlauf des Bürgerkriegs waren meine Großeltern schlecht informiert. Was bei ihnen ankam, waren Gerüchte. Sie wussten nicht, wer wann welche Schlacht gewonnen oder verloren hatte. Zeitungen gab es in China noch nicht viele, die Berichterstattung war unausgewogen und wenig umfassend. Die Menschen in Nanjing waren sicher nur zu einem kleinen Teil überzeugte Kommunisten, denn Maos Basis waren die Bauern auf dem Lande. Doch auch die bürgerliche Kuomintang-Regierung war vielen Nanjingern fremd. Meine Großeltern waren keine Anhänger der Kuomintang. Mein Großvater war aber Händler. Und mit Kommunismus konnte er gar nichts anfangen.

Vielleicht war China nach dem Zweiten Weltkrieg ähnlich instabil wie Deutschland 1918. Die Demokratie und die Verfassung der Weimarer Republik waren nach dem Ende des Kaiserreichs und dem Ersten Weltkrieg neu, teilweise unverstanden und Strukturen nicht gefestigt. Seit dem Ende des chinesischen Kaiserreichs 1911 hatten sich ebenfalls keine gesellschaftlichen und politischen Strukturen etablieren können. Erst 1946 war die Kuomintang-Regierung von Chongqing nach Nanjing zurückgekehrt – nach fast zehn Jahren im Exil. Sie war daher auch in ihrer einstigen Hochburg nicht mehr wirklich verwurzelt.

Mein Vater erinnert sich, dass zu jener Zeit immer mehr Flüchtlinge in die Stadt kamen. Auf den Straßen gab es viele Menschen, die bettelten und keine Bleibe hatten, darunter auch Leute von weit her. Meine Großeltern warnten meinen Vater und seine Geschwister, sich nicht zu weit vom Hofhaus zu entfernen. Sie hatten Angst, dass ihre Kinder entführt werden könnten. Immer wieder gab es Berichte über Menschenhandel und Missbrauch. An den vielen Bettlern auf der Straße merkten sie, dass der Krieg wieder näher rückte.

Als sich die Kommunisten in der zweiten Hälfte des Jahres 1948 auf Nanjing zubewegten, befürchteten meine Großeltern, dass es wieder zu Gewaltausbrüchen kommen würde. Sie sorgten sich vor allem um das Leben meines Vaters, ihres einzigen Sohnes und wollten ihn in Sicherheit wissen.

Die Flucht

Als die Kuomintang einsehen musste, dass Maos Plan aufgegangen war und sie die Kämpfe im Nordosten von China zu viel Kraft und Reserven gekostet hatten, begannen sie ihren Rückzug zu planen. Dazu gehörte ein Projekt von enormer Tragweite. Die KMT-Regierung sollte zusammen mit dem gesamten Verwaltungsapparat auf die Insel Taiwan evakuiert werden. Weil es auf den Schiffen nicht genug Plätze gab, sollten zunächst nur Anhänger der eigenen Partei dabei sein. Die Lees gehörte nicht zu den Privilegierten. Jedoch war der Ehemann der ältesten Schwester meines Vaters sowohl Mitglied der Kuomintang als auch Soldat bei der Luftwaffe. Damit griffen die Mechanismen chinesischer Beziehungsgeflechte: Mein Großvater bat die Familie seines Schwiegersohnes, meinen Vater mitzunehmen. Und da seine älteste Tochter wahrscheinlich bald Kinder bekommen würde und sich nicht allein um ihren kleinen Bruder kümmern konnte, sollte die drittälteste ebenfalls mitgehen. Sie war nur zwei Jahre älter als mein Vater und stand ihm von allen seinen sieben Schwestern am nächsten. Mein Vater nannte sie »Sanjie«, das heißt »dritte Schwester«. Sie war gerade erst vierzehn geworden, hatte gute Noten in der Schule und sollte dafür sorgen, dass mein Vater auch in Taiwan zur Schule ging. »Egal, wo du bist, lerne«, sagte seine Mutter zu ihm. Das habe oberste Priorität.

Wie viele, die durch Krieg oder Verfolgung aus ihrem Elternhaus vertrieben werden, erwarteten mein Vater und seine Familie, die Trennung würde nur vorübergehend sein. Doch es sollte Jahrzehnte dauern, bis er zurückkehren konnte.

Wenpo Lee 1950,
Taizhong, Taiwan

Dass die ganze Familie nach Taiwan auswanderte, kam nicht infrage. Mein Großvater hätte sein gesamtes Hab und Gut verkaufen müssen. Über dreihundert Säcke Mehl und Reis hatte er im Lager. Das war für damalige Verhältnisse ein gewaltiges Kapital. Dazu noch das Geschäft, das Lagerhaus, das Wohnhaus und das Grundstück. Mein Großvater hielt es für unmöglich, alles innerhalb kürzester Zeit an den Mann zu bringen und anschließend in Taiwan für sich und die ganze Familie ein neues Leben aufzubauen. Er war damals Anfang fünfzig. Wer hätte wohl ein solches Wagnis auf sich genommen?

Für meinen Vater ging es zunächst mit dem Zug nach Shanghai, von dort weiter mit dem Schiff nach Taiwan. Am Bahnhof von Nanjing herrschte Chaos. Tausende versuchten gleichzeitig, die Züge zu besteigen. Mein Vater wurde durch ein Fenster in den Zug gereicht. Keiner kontrollierte, wessen Kind er war oder ob er irgendwelche Papiere bei sich hatte. Selbst das Dach des Zuges war voll mit Menschen. Als sich der Zug in Bewegung setzte, traten der Abschied von den Eltern und die Trauer darüber für meinen Vater in den Hintergrund. Er hatte das Gefühl, auf eine abenteuerliche Reise zu gehen. So jedenfalls erinnerte er den Moment viele Jahre später.

Von Shanghai hatte er viel gehört: die modernste Stadt Chinas mit prächtigen Gebäuden im Kolonialstil am Bund, der Promenade entlang des Huangpu-Flusses, elegant gekleidete Leute, Autoverkehr. In China gab es zu der Zeit nicht viele reiche Menschen. Wer es aber zu Wohlstand gebracht hatte, lebte in Shanghai. Allerdings gab es hier auch mehr Bettler und Flüchtlinge auf den Straßen als in Nanjing. Da mein Vater und die Schwiegerfamilie seiner Schwester den Status von »Evakuierten« hatten und damit nicht als Flüchtlinge galten, bekamen sie in der Sporthalle einer Schule einen kleinen Abschnitt zugeteilt, den sie mit Schnüren abspannten. Dort bereiteten sie sich in der Nacht einen Schlafplatz. Die meisten Menschen waren nach Shanghai ohne Unterkunft gekommen. Sie schliefen auf der Straße.

Die Turnhalle war voller Menschen. Es war eng, laut, die Luft stickig. Alle schwitzten. Es stank nach Urin. Die Mehrzahl der Chinesen hatten zu jener Zeit noch keine Koffer. Sie wickelten ihre Sachen in Tücher, die sie über der Schulter trugen. Mein Vater hatte nicht einmal das. Schon zu Hause hatte er so gut wie keine persönlichen Gegenstände besessen. Das Wichtigste außer der Kleidung, die er am Leib trug, war nun eine gefütterte Decke. Egal, wo er gerade war, konnte er sie auf den Boden legen und sich darin einwickeln.

Ungefähr eine Woche musste er in der Turnhalle ausharren. Die Leute um ihn herum redeten über die Ausschreitungen in der Stadt. Es gab eine massive Geldentwertung, Millionen hatten nicht genug zu essen und gingen auf die Straße. Meinen Vater berührte das wenig. Von den politischen Verhältnissen hatte er kaum eine Vorstellung und auch nicht davon, was den meisten Menschen Angst einjagte. Er wusste gar nicht, so erzählt er heute, wie sich Angst anfühlte. Es kam ihm eher so vor, als würde er in eine der aufregenden Geschichten eintauchen, wie der alte Mann im Teepavillon in Nanjing sie erzählt hatte.

Ende Oktober 1948 kam die Ansage, dass das Schiff für die Überfahrt angelegt hatte. Auf die ersten Schiffe nach Taiwan durften nur Regierungsangehörige, deshalb war es auf Deck nicht so überfüllt wie auf der Zugfahrt von Nanjing nach Shanghai oder in der Turnhalle. Alles ging geordnet zu. Spätere Überfahrten wurden von Leuten gestürmt, als ginge es um Leben und Tod. Und in gewisser Weise war es ja auch so. Sobald die Schiffe voll waren, legten sie ab. Jeder, der es an Deck schaffte, kam mit. Viele schafften es nicht. Sie blieben in der Volksrepublik zurück, die sich bald darauf abriegelte. Die Lebenswege der Chinesen, die nach Taiwan gingen, und derjenigen, die auf dem chinesischen Festland blieben, trennten sich ab diesem Punkt vollständig. Am 7. November kamen mein Vater und seine Schwestern in Taiwan an.

In den Straßen von Dajia und Taipeh

Fast zwei Millionen Zivilisten vom chinesischen Festland, darunter viele Intellektuelle und Vertreter der Wirtschaftselite, folgten der Kuomintang 1948 und 1949 nach Taiwan, das zu jener Zeit weniger als fünf Millionen Einwohner zählte. Man war der Auffassung, der Aufenthalt in Taiwan sei eine Vorsichtsmaßnahme, bis die bürgerliche Partei das Land wieder unter ihre Kontrolle brachte. Chiang Kai-shek wollte von Taiwan aus das Festland zurückerobern.

Wer aber stattdessen das Festland eroberte, waren die Kommunisten. Am 1. Oktober 1949 rief Mao auf dem Tiananmen-Platz, dem Platz des Himmlischen Friedens, eine Volksrepublik aus und machte Peking zur Hauptstadt. Die Kuomintang auf Taiwan behielten in ihrem Sprachgebrauch die Bezeichnung »Republik China« bei. Beide erhoben für sich den Anspruch, als Einzige das »wahre China« zu vertreten. Völkerrechtlich war nur die Republik China anerkannt, also die Regierung auf Taiwan. Erst 1971 nahmen die Vereinten Nationen die Volksrepublik offiziell als Mitglied auf – auf Kosten der Republik China auf Taiwan, die seitdem völkerrechtlich von den allermeisten Staaten nicht mehr anerkannt wird.

Mein Vater und die meisten anderen Evakuierten vom Festland trafen auf Taiwan alles andere als gute Verhältnisse an. Außer Landwirtschaft und ein bisschen Überseehandel hatte die subtropische Insel vor Chinas Südostküste wirtschaftlich nicht viel zu bieten.

Das Verhältnis der alteingesessenen Bevölkerung zu den neu angekommenen Anhängern der Kuomintang-Regierung, in deren Kielwasser auch mein Vater auf die Insel kam, war von Anfang an angespannt, das Misstrauen groß. Als die Nationalisten unter Chiang Kai-shek ab 1945 versuchten, die Insel unter ihre Kontrolle zu bringen, traten sie eine Widerstandsbewegung los, die gegen den Einfluss der Festlandchinesen revoltierte. Ein Streit zwischen einer Zigarettenverkäuferin und einem Zollbeamten am 27. Februar 1947 löste gar einen mehrwöchigen Aufstand aus, den die Kuomintang-Regierung, zu der Zeit noch von Nanjing aus, blutig niederschlug. Dafür entsandte sie Soldaten auf die Insel. Zwischen 10 000 und 30 000 Zivilisten und Soldaten sollen bei diesem Aufstand ums Leben gekommen sein.

Als die gesamte Kuomintang-Regierung und ihre Anhänger bis Ende 1949 nach Taiwan kamen, setzten sie die Repression gegen die Taiwaner fort. Nicht zuletzt wegen des 1947er Aufstands, vor allem aber nach ihrer Niederlage gegen die Kommunisten herrschte in der Kuomintang-Regierung eine geradezu paranoide Angst vor Umsturzversuchen. Taiwan war ihr letzter Rückzugsort. Entsprechend autoritär regierte General Chiang über die Insel. Der Machthaber wollte sich nicht noch mehr nehmen lassen. Er verhängte einen allgemeinen Ausnahmezustand, erließ Notverordnungen und untersagte jegliche Opposition. Auch die Medien durften nicht frei berichten. Zudem verfügte er, dass bis zur Rückeroberung Chinas die bei der letzten gesamtchinesischen Wahl 1948 gewählten Abgeordneten ihre Mandate behalten sollten. Da die Abgeordneten dieses Parlaments wiederum allesamt der Kuomintang angehörten, bedeutete das eine Einparteienherrschaft.

Industrie war kaum vorhanden, es mangelte an Ingenieuren und Fachkräften. Zumindest das wollte die Kuomintang-Regierung ändern und setzte ganz massiv auf Bildung. Sie startete eine Bildungsoffensive und errichtete viele neue Schulen und Universitäten. Davon profitierte später auch mein Vater. Doch bis dahin hatte er noch einige Hürden zu überwinden.

Die Flucht von Shanghai nach Taiwan hatte meinen Vater, seine beiden Schwestern und die Schwiegerfamilie zunächst in die Hafenstadt Keelung geführt. Von dort aus wurden sie auf Lkws weiter nach Taichung gebracht, damals noch die zweitgrößte Stadt in Taiwan, in der die Regierung ein provisorisches Lager für die ankommenden Familien errichtet hatte. Später sollten sie nach und nach auf die gesamte Insel verteilt werden. Für meinen Vater und seine Schwestern trennten sich die Wege hier. Denn er bekam einen Schulplatz in Dajia zugeteilt, einem kleinen Ort außerhalb von Taichung, während die Schwestern mit der Schwiegerfamilie in die Inselhauptstadt Taipeh ziehen durften.

In Dajia wohnte er zusammen mit vier anderen Schülern in einem Lagerraum. Sie schliefen in Stockbetten und mussten weitgehend für sich selbst sorgen. Zwei Gemüsesorten und ein bisschen Reis konnten sie sich am Tag leisten: Meistens waren das Wasserspinat, der quasi am Wegesrand wuchs, und Weißkohl. Mein Vater war froh, einen Schulplatz und eine Unterkunft bekommen zu haben. Doch zum ersten Mal in seinem Leben musste er nicht nur ohne seine Eltern auskommen, sondern auch ohne seine beiden älteren Schwestern.

Er war jetzt dreizehn Jahre alt und am Zielort seiner Flucht unerwünscht. Ohne die schützenden familiären Strukturen musste er sich allein durchschlagen. Er bekam Heimweh und es beschlich ihn das Gefühl, die Rückkehr nach Nanjing könnte sich doch eine Weile hinziehen.

Mein Vater verbrachte ungefähr ein halbes Jahr in Dajia. Anfangs finanzierte seine ältere Schwester den Schulbesuch, doch noch vor dem Ende des Schuljahres erklärte sie, sich die zusätzlichen Ausgaben nicht mehr leisten zu können. Deshalb musste er die Schule in Dajia vorzeitig abbrechen und zog zu seinen Schwestern nach Taipeh. Dass ihm acht Goldstücke vielleicht geholfen hätten, weiter zur Schule gehen zu können, erfuhr er erst viele Jahre später. Seine Mutter hatte sie in eine wattierte Jacke eingenäht, die sie ihm mit auf die Reise gab. Wahrscheinlich war das Gold von der Familie seines Schwagers gleich zu Beginn der Flucht nach Taiwan gestohlen worden. Nur wenige Monate nach der Ankunft in Taipeh kauften sie sich ein eigenes Haus, was sich von den Evakuierten kaum jemand leisten konnte. Nicht immer blieb ein Familienschatz unentdeckt. Vielleicht war der doppelte Boden im Nachttopf auch das bessere Versteck gewesen.

In Taipeh versuchte mein Vater, obwohl er noch ein Kind war, eine Arbeit zu finden. Genau wie seine Schwester Sanjie. Doch es gelang ihnen nicht. Zehntausende junger Leute waren gerade erst vom Festland nach Taiwan gekommen und suchten einen Job. Es sollte noch Jahrzehnte dauern, bis Taiwan zu einem Boomland wurde. Vorerst gab es ein Überangebot an Arbeitskräften.

Dajie, die älteste Schwester, wohnte zusammen mit ihrem Mann in einer winzigen Wohnung. Mein Vater musste nachts im Flur auf dem Fußboden schlafen, weil das Geld für eine weitere Matratze fehlte. Sanjie hatte ein kleines Zimmer mit einem Bett als einzigem Möbelstück. Beide wären viel lieber weiter zur Schule gegangen, aber das war zu diesem Zeitpunkt unmöglich.

Zumindest für meinen Vater trat eine überraschende Wendung ein. In einem in der Nähe der Wohnung seiner Schwester gelegenen Fahrradladen gelang es ihm, als Lehrling anzuheuern. Geld verdiente er zwar nur wenig, aber der Inhaber des Ladens gewährte Kost und Logis. Obwohl er und seine Familie selbst wenig Platz hatten, erlaubte er meinem Vater, in einem der Zimmer eine Matte auszulegen. Die Mahlzeiten nahmen sie gemeinsam ein. Diesem Fahrradmonteur blieb mein Vater sein Leben lang dankbar. Er hatte ihm zeitweise den Vater und die Familie ersetzt und ihm, einem mittellosen Flüchtling, ein Dach über dem Kopf geboten. Umso eifriger versuchte mein Vater, alles zu lernen, was man über das Reparieren von Rädern wissen muss. Er flickte Reifen, bog Pedalen zurecht und hatte das erste Mal in seinem Leben mit Werkzeug zu tun. Die Arbeit machte ihm Spaß. Er lernte die Namen der Werkzeuge und der Maschinen und den richtigen Umgang mit ihnen. Von Autos träumte er damals nur. Aber er entwickelte in dieser taiwanischen Fahrradwerkstatt ein Grundverständnis für Technik. Wenn im Geschäft einmal weniger los war, saß er davor und las in den Schulbüchern, die er sich besorgt hatte. Denn so ganz hatte er die Hoffnung nicht aufgegeben, wieder eine Schule besuchen zu können.

Und irgendwann war es so weit: Gegenüber dem Laden befand sich die Technische Fachhochschule von Taipeh. Viele Schüler und Lehrer ließen ihre Räder von meinem Vater reparieren oder kamen kurz vorbei, um ihre Reifen aufpumpen zu lassen. Eines Morgens betrat eine der Lehrerinnen den Laden. Warum er hier arbeite, statt zur Schule zu gehen, fragte sie ihn. »Weil ich es mir nicht leisten kann«, antwortete mein Vater verlegen. Er war ihr und ihrem Mann, der auch Lehrer war, schon vor einer Weile aufgefallen. Es beeindruckte sie, dass er während der Arbeitspausen Schulbücher las. Ob er denn Lust auf Schule habe, fragte die Lehrerin weiter. Und als sie hörte, dass das sein größter Wunsch war, beschlossen sie und ihr Mann, meinen Vater aufzunehmen und ihm den Schulbesuch zu ermöglichen.

Sie hatten eine kleine Einzimmerwohnung direkt neben der Turnhalle der Schule. Einen zusätzlichen Schlafplatz für ihn gab es in ihrer Wohnung nicht. Sie kauften ihm ein Bambusbett, das abends in die Turnhalle getragen und dort zum Schlafen aufgestellt wurde. So verbrachte er den Tag in der Wohnung des Lehrerehepaars und die Nacht in der Sporthalle.

Mein Vater lebte ein paar Monate so. Er half nachmittags nach dem Unterricht für einige Stunden im Fahrradladen aus und machte danach noch bis spätabends Hausaufgaben und lernte mit Unterstützung des Lehrerehepaars für die Aufnahmeprüfung. Er bestand sie und konnte anschließend eine der besseren Oberschulen in Taipeh besuchen.

Seine älteste Schwester und ihr Mann fanden einige Zeit später eine größere Wohnung. Sanjie bewarb sich für einen Job in der Zentraldruckerei, die unter anderem Geldscheine druckte. Eigentlich war sie für die Arbeit noch zu jung. Sie gab an, zwei Jahre älter zu sein – und bekam den Job. Sie unterstützte daraufhin meinen Vater finanziell. Wenn sie, das Lehrerehepaar und die Familie des Fahrradladenbesitzers nicht gewesen wären – sein Leben wäre anders verlaufen. Sanjie konnte nie wieder eine Schule besuchen.

Mehr als sechzig Jahre später suchte mein Vater in Taipeh die Gegend auf, wo sich einst der Laden und die Schule befunden hatten. Er wollte sehen, ob sie noch da waren. Die Schule gab es noch, den Fahrradladen nicht mehr. Mein Vater fragte in den umliegenden Geschäften insbesondere die älteren Betreiber nach seinem ehemaligen Meister. Und siehe da: Einige erinnerten sich noch an ihn. Er war später Vorsitzender des

Wenpo Lee und der zwei Jahre jüngere Sohn des Fahrradhändlers,
der ihn um 1950 bei sich als Lehrling aufnahm, Taipeh, 2022

Taiwanischen Fahrradverbands geworden. Inzwischen war er
jedoch gestorben. Doch sein Sohn lebte noch und betrieb einen kleinen Laden in der Nähe, in dem er Jadeschmuck und
Gebetsketten verkaufte. »Wen-Po«, rief er, als mein Vater vor
ihm stand. Sie waren damals beide noch Kinder gewesen, aber

er erkannte meinen Vater nach so vielen Jahren sofort wieder. Beim Abschied schenkte er ihm eine Kette mit Holzperlen, wie man sie in Taiwan als Glücksbringer trägt.

Mao isoliert China

Mao Tse-tung isolierte die Volksrepublik China in den folgenden Jahrzehnten von der Außenwelt. Wer es wagte, Kontakt zu den »Klassenfeinden« im Ausland aufzunehmen, dem drohten heftige Strafen.

Trotzdem unternahm meine Großmutter einmal den Versuch, meinen Vater zu besuchen. 1957. Unter großer Gefahr. Mein Großvater riet ihr davon ab, aber sie widersetzte sich ihm und fuhr mit dem Zug nach Süden, um nach Hongkong und von dort nach Taiwan zu gelangen. Sie hatte große Sehnsucht nach ihrem Sohn. Doch auch die Einreise nach Hongkong war zu dieser Zeit für Festlandchinesen nicht mehr erlaubt. Die Grenze war mit Stacheldraht abgesperrt. Meine Großmutter fand jedoch einen Schmuggler, der ihr half, den Grenzfluss, den Shenzhen-River, zu überwinden. So schlich sie sich in die britische Kronkolonie. Ohne lesen und schreiben zu können – sie war Analphabetin – kam sie dort aber nicht weiter. Alle ihre Versuche, nach Taiwan Kontakt aufzunehmen, blieben erfolglos. Nach einem Monat gab sie auf, ließ sich wieder illegal über die Grenze bringen und fuhr mit dem Zug zurück nach Nanjing.

Der Kontakt meines Vaters zu seiner Familie in Nanjing brach komplett ab. Er hatte nicht die geringste Ahnung, wie es seinen Eltern und anderen Schwestern seit seiner Flucht nach Taiwan ergangen war. Erst fünfzehn Jahre später, als er bereits in Deutschland lebte und von dort aus Briefkontakt aufnehmen konnte, und noch einmal weitere fünfzehn Jahre später, als er seine Eltern das erste Mal besuchen durfte, erfuhr er, was sie erlebt hatten.

Nach Jahrzehnten der Kriege gelang es Mao ab 1949 tatsächlich die aufgeheizte politische Stimmung zu beruhigen. Der Diktator gab sich anfangs milde, geradezu großzügig: Die Kommunisten teilten das Land der Grundherren unter den Bauern auf. Viele empfanden das als gerecht. Schließlich wurden die Felder seit jeher von den Bauern und nicht von den Landbesitzern bestellt. In den Städten gewährten die Kommunisten Frauen in einem Umfang Rechte, wie sie bis dahin in China unvorstellbar gewesen waren. Zudem bekämpfte die neue Führung die Korruption. Sie ging sogar gegen die mächtigen Mafia-Bosse und Warlords vor, die vor allem in den großen Städten in Südchina ihr Unwesen trieben.

Mao schaffte es in den ersten drei Jahren nach seiner Machtübernahme sogar, die Wirtschaft zu beleben. Die Produktion stieg, und die Bauern fuhren gute Ernten ein. Zuversicht machte sich breit, auch bei denen, die keine glühenden Anhänger von Mao waren.

Gleichzeitig gab es deutliche Anzeichen dafür, dass es Mao keineswegs nur darum ging, die Wirtschaft anzukurbeln. Er plante die Zerschlagung jeglichen Grundbesitzes und setzte dabei zunächst in den ländlichen Regionen an. Bereits ab der zweiten Hälfte des Jahres 1950 kamen – aufgehetzt von kommunistischen Scharfmachern – überall in den Dörfern Menschen zusammen, um den Grundbesitzern »den Prozess zu machen«. Bauern prügelten, folterten und töteten ihre einstigen Herren. Geschätzte fünf Millionen Landbesitzer kamen in dieser ersten Phase der »Umgestaltung der chinesischen Gesellschaft«, wie Mao es nannte, ums Leben.

In den Städten schienen es die neuen kommunistischen Herrscher mit dem Aufbau des Sozialismus nicht ganz so eilig zu haben. Zunächst übernahmen gemäßigte Kader das Ruder. Geschäftsinhaber wie mein Großvater durften ihre Läden sogar behalten. Die Parteispitze ging anfangs davon aus, dass die

Staatsunternehmen die private Wirtschaft nach und nach von sich aus verdrängen würden.

Rasch zeigte sich jedoch, dass die von unerfahrenen Kadern geführten Staatsbetriebe sehr unrentabel waren. Sie verschwendeten dringend benötigte Rohstoffe und hatten viel zu viele Beschäftigte. Aus Furcht, die ökonomischen Schwächen des Kommunismus könnten offensichtlich werden, preschte Mao mit radikalen Enteignungen auf Stadtebene vor.

Am 24. September 1952 erklärte Mao in einer Rede, dass es in fünfzehn Jahren eine Privatwirtschaft nicht mehr geben werde. So lange sollte es nicht dauern. Vielmehr markierte die Rede das sofortige Ende jeglichen privaten Unternehmertums in der Volksrepublik. Maos Worte wirkten wie Blitzeinschläge auf die kleinen Geschäftsleute wie meinen Großvater.

Nun ging es auch in den Städten Schlag auf Schlag. Maos Propagandaapparat schürte den Klassenkampf, wo es nur ging: Besitzlose gegen Besitzende, Tagelöhner gegen Grundbesitzer, Arbeiter und Angestellte gegen Geschäftsinhaber und Unternehmer. Auch rief Mao offen zur Gewalt auf: »Habt keine Angst, Leute zu exekutieren!« hieß es in einer seiner folgenden Reden. »Erschütterung und Terror« – so lautete die Devise. Er erteilte seinen Anhängern damit einen Freibrief, gegen all jene vorzugehen, die ihm nicht mit genügend Enthusiasmus und Gehorsam folgten. Oft bedeutete das schlicht, das die vorgeblichen Klassenfeinde auf offener Straße totgeschlagen wurden. Zwei Millionen Menschen wurden bis 1955 in den Städten umgebracht. Weitere Millionen starben in den darauffolgenden Jahren im Zuge weiterer grausamer Kampagnen. Mao hatte im Laufe der Fünfzigerjahre mehr Menschenleben auf dem Gewissen als der Sowjetdiktator Josef Stalin während des sogenannten Großen Terrors in den Dreißigerjahren, als politische Säuberungen massiv um sich griffen und vermeintliche Regimegegner verfolgt und ermordet wurden. Die Regeln der

Zivilisation galten bereits in den ersten Jahren des Maoismus nicht mehr.

Mein Großvater litt schon unter den Kommunisten, als die Volksrepublik noch gar nicht ausgerufen war. Sie hatten Nanjing im April 1949 eingenommen. In der Übergangsphase bis zum 1. Oktober kam es immer wieder zu Versorgungsengpässen. Die Nachbarn wussten von den Vorräten meines Großvaters. Als Händler betrieb er ein Lager, in dem noch einhundertzwanzig Säcke Mehl und Reis lagen. Einen Teil davon hatte ihm die Kuomintang-Regierung vor ihrer Flucht aus Nanjing überlassen und ihn beauftragt, die Ware im Viertel zu verteilen. Bevor die Kommunisten kamen, übernahmen Mitglieder eines in Nanjing bekannten Verbrechersyndikats die Kontrolle über die Stadt, viele von ihnen kräftig gebaute Schläger, für die Gewalt zum Alltag gehörte. In der ganzen Stadt kam es zu Plünderungen, die Menschen waren eingeschüchtert. Mein Großvater erzählte meinem Vater später, dass er in dieser Zeit seine Läden verbarrikadiert und sich mit der Familie zu Hause verschanzt hatte. Sie blieben zwar verschont, ins Lagerhaus aber drangen die Männer ein und raubten fast alle Vorräte.

Dann kamen die neuen kommunistischen Verwalter. Sie nahmen die Plünderer fest und ließen einige von ihnen auf der Straße öffentlich hinrichten. Mein Großvater wurde ebenfalls verhaftet. Die neuen Machthaber lasteten ihm an, er habe Getreide veruntreut. Er musste für drei Monate ins Gefängnis und das verschwundene Getreide bezahlen. Das Geld dafür besaß er natürlich nicht. Daraufhin beschlagnahmten die Behörden sein Geschäft. Nach seiner Entlassung aus dem Gefängnis durfte er den Laden zwar wieder öffnen, aber um die ihm auferlegten Kosten zu begleichen, musste er sich Geld leihen und den Betrieb als Sicherheit stellen. Der Laden gehörte damit nicht mehr ihm, sondern der Regierung. Für das Inventar und das Lager, das sich noch in seinem Besitz befand, gab ihm die

Regierung wertlose Schuldscheine. Eine Wahl hatte er nicht. Als im Juni 1950 der Koreakrieg begann, musste jede Familie einen Mann für den Kriegseinsatz stellen. Da mein Großvater niemanden vorzuweisen hatte, forderten ihn die örtlichen Behörden auf, Geld zu spenden. Doch zu diesem Zeitpunkt besaß er nur noch die Schuldscheine, die ihm die Regierung für den ihm gebliebenen Besitz ausgestellt hatte. Sie wurden als Kriegsbeitrag eingezogen. So verlor mein Großvater schließlich alles, was er sich aufgebaut hatte. Er durfte zwar weiter in seinem ehemaligen Laden arbeiten und konnte als Betriebsleiter einige ehemalige Mitarbeiter wieder einstellen. Aber von da an war er nur noch ein Angestellter im eigenen Geschäft. Das blieb er bis zu seinem Ruhestand.

Die Vorwürfe und Unterstellungen gegenüber meinem Großvater dienten den Regierungsbehörden als Rechtfertigung seiner Enteignung. Wenige Monate später ließ Mao – ohne derlei Umwege – alle Ladeninhaber und Geschäftstreibende zwangsenteignen. Auf diese Weise verstaatlichte die kommunistische Führung in den darauffolgenden Jahren die gesamte Kleinwirtschaft in China. Seitdem gehört auch aller Grund und Boden dem Staat.

Doch auch mit den Enteignungen gab sich Mao nicht zufrieden. Auf dem Land wagte er immer radikalere Experimente, mit denen er in die Lebensweise der Menschen eingriff. Nach der Machtübernahme hatte die Kommunistische Partei den Bauern einen Klassenstatus zugewiesen. Sie sollten als Kollektiv das Sagen haben. Doch die Übertragung aller Ackerflächen auf die Bauern brachte nicht den erhofften Segen. Die Ernteerträge stagnierten und fielen zum Teil unter das ohnehin niedrige Niveau der Dreißigerjahre zurück. Die Kollektivierung geriet immer mehr zum Misserfolg.

Die Kooperativen, in denen sich die Bauern zusammenzuschließen hatten, umfassten oft viele hundert Haushalte, zum

Teil ganze Dörfer. Die Bauern durften ihr Vieh aber nicht mehr selbst halten und ihr Getreide auch nicht mehr selbst verkaufen, sondern mussten das Kadern überlassen, die meist unerfahren darin waren. Gegen ihren Willen wurden sie Teil einer umfassenden Planwirtschaft, und es entstand in kurzer Zeit eine ausufernde Bürokratie, die vor allem Ressourcen fraß. Die schiere Größe der Volkskommunen sorgte an vielen Orten für Verwaltungschaos, denn einstige Bauerndörfer waren plötzlich Großbetriebe.

Die Folge: Auf den Märkten gab es immer weniger zu kaufen, die Unzufriedenheit wuchs. Als Gegenmittel verordnete Mao dem Land im Jahr 1958 ein weiteres Experiment. Mit dem »Großen Sprung nach vorn« wollte er Chinas Industrieproduktion an die Weltspitze katapultieren. Innerhalb weniger Jahre sollte die Volksrepublik von einem rückständigen Entwicklungsland zu einer führenden Industrienation aufsteigen, binnen fünfzehn Jahren gar mit Großbritannien gleichziehen. Mao schwärmte von einer neuen Gesellschaft und kommunistischen Menschen, die das Kollektiv über das Individuum stellen: »Opferbereit, voller Leidenschaft für die Revolution!«

Zu diesem Ziel sollten auch die Bauern beitragen, indem sie angehalten wurden, in jedem Dorf Hochöfen zur Herstellung von Stahl zu errichten. Es gab jedoch gar kein Erz, das sich hätte einschmelzen lassen. Um die Planziele zu erreichen, mussten die Bauern alle auffindbaren Metallgegenstände in die Glut der dilettantisch errichteten Hochöfen werfen: Kochtöpfe, Werkzeug, Fahrräder, Sensen, Pflugscharen. Hunderttausende Tonnen landwirtschaftlicher Geräte wurden in den folgenden zwei Jahren eingeschmolzen. Der Stahl war minderwertig oder von vornherein Schrott. Weder Traktoren noch Lkws ließen sich daraus bauen. Und weil dann auch Gerätschaften fehlten, lag die Landwirtschaft in weiten Teilen des Landes ebenfalls brach.

Die große Hungersnot 1959 bis 1961

Anfang 1959 mehrten sich die Anzeichen dafür, dass es im Land nicht mehr genug zu essen gab. Meinen Großvater erreichten Gerüchte von Hungertoten in der zentralchinesischen Provinz Henan, ursprünglich die Kornkammer des Landes. Im darauffolgenden Frühjahr häuften sich ähnliche Meldungen aus anderen Provinzen. Es gab Unruhen, Plünderungen und Kannibalismus.

Das Ausmaß der Katastrophe und vor allem ihre Gründe blieben meiner Familie in Nanjing weitgehend verborgen. Es existierten nur Propagandazeitungen, die mit keiner Zeile etwas von Hungersnöten berichteten. Auch in den Städten war die Situation angespannt, doch die Regierung ließ die Menschen dort vorrangig beliefern. Sie führte Lebensmittelmarken ein, zunächst für Reis und Mehl, später für sämtliche Nahrungsmittel und Güter. Mein Großvater schaffte es auch in dieser Zeit, seine Familie zu versorgen. Seine Kontakte zu Zwischenhändlern aus früheren Jahren halfen ihm dabei. Dass auf Nanjings Straßen wieder Bettler unterwegs waren, deutete er als sicheres Zeichen dafür, dass es irgendwo im Land rumorte.

Gemäßigten Kräften innerhalb der kommunistischen Führung gelang es, auf die Missstände im Land hinzuweisen und Maos Einfluss zurückzudrängen. »Die Kleidung ist von schlechter Qualität, das Essen ist miserabel, die Wohnverhältnisse sind übel. Der Lebensstandard hat sich allenthalben verringert«, schimpfte Maos Widersacher Deng Xiaoping, der Mao später einmal beerben sollte. »Vieles, was gesagt worden ist, war überhitzt. Man hat den Mund zu voll genommen«, kritisierte Deng in einer Rede vor der kommunistischen Jugendliga im Herbst 1960. »Die Kampagne war ein bisschen zu links.« Chinas damaliger Staatspräsident Liu Shaoqi wagte gar offene Kritik an seinem einstigen Weggefährten Mao: »Es gibt keinen großen Sprung nach vorn, wir sind weit zurückgefallen.« Mao musste die abenteuerliche Kampagne 1961 schließlich vorzeitig abbrechen. Es war die schlimmste von Menschen verursachte Hungerkatastrophe des 20. Jahrhunderts. Zwischen dreißig und fünfundvierzig Millionen Menschen starben in dieser Zeit.

Bildungsoffensive in Taiwan

Die Insel Taiwan hatte bisher nur als Teil größerer Länder funktioniert und musste als eigenständiger Staat überhaupt erst einmal aufgebaut werden: eine neue Verwaltung, eine eigenständige Wirtschaft. Die meisten Taiwaner waren bis 1949 Bauern, Händler oder Beamte in der Verwaltung. Es gab praktisch keine Industrie. Die Kuomintang unter ihrem General Chiang Kai-shek regierte die Insel zwar unter Kriegsrecht und ebenfalls als autoritärer Einparteienstaat, anders als in China entwickelte sich die Wirtschaft in Taiwan nach dem Krieg jedoch sehr gut. Die Landwirtschaft boomte, es entstanden neue Industriezweige. Und anders als Mao in der Volksrepublik setzte die Kuomintang-Regierung auf eine Öffnung vor allem zum westlichen Ausland und ganz massiv auf eine Stärkung des Bildungssystems.

1949 gab es auf der ganzen Insel nur eine Hochschule, die Universität von Taiwan. Als mein Vater 1953 die Oberschule beendete, waren es schon über ein Dutzend. Die meisten seiner Mitschüler studierten. Dadurch gab es in den nächsten Jahren allerdings auch zu viele Hochschulabsolventen für zu wenig passende Jobs. Viele Absolventen wanderten daher aus, insbesondere in die USA.

Es kam Kritik auf: Taiwan bilde die Talente für die USA aus. Der damalige Vizepremier Wang Yunwu antwortete darauf: Wenn nur einer der zehn, die in die USA gehen, irgendwann zurückkommt, dann reicht das zum Aufbau des Landes.

Interessanterweise machte Deng Xiaoping knapp zwanzig Jahre später eine ähnliche Bemerkung. Der damalige US-Präsident Jimmy Carter war zu Gast in Peking und fragte Deng, ob er keinen Braindrain befürchte, wenn so viele junge chinesische Studenten das Land verließen. »Wenn nur ein paar von ihnen zurückkommen, ist dem Land schon gedient«, gab Staatsoberhaupt Deng zurück.

Auch mein Vater wollte nach Amerika auswandern. Er hörte von den Karrierechancen, die das Land für Migranten mit hohem Bildungsgrad biete. Doch um den Weg nach Übersee überhaupt in Erwägung ziehen zu können, musste er es nach der Oberschule auf eine von Taiwans Hochschulen schaffen. Weil ihm das Geld für eine der regulären Einrichtungen fehlte, entschied er sich für den Besuch einer Militärhochschule. Dort musste er keine Studiengebühren zahlen, sondern erhielt sogar Zuschüsse für Kleidung, Essen und Unterkunft. Als Gegenleistung musste er zwei Jahre Militärdienst leisten.

Nichts fürchtete die KMT-Regierung mehr, als dass die Kommunisten Taiwan angreifen könnten. 1958, als mein Vater seinen Dienst ableistete, waren weite Teile des bergigen Inlands der Insel für die Zivilbevölkerung gesperrt. Auch Küstenabschnitte gehörten zum militärischen Sperrgebiet. Er wurde auf einer der beiden von Taiwan kontrollierten Kinmen-Inseln stationiert. Sie sind nur wenige Kilometer vom chinesischen Festland entfernt. Er konnte von dort also seine Heimat sehen.

Schon als Schüler war mein Vater in den naturwissenschaftlichen Fächern am besten. Unter seinen Mitschülern galt er als Technikfan. Ihn faszinierten die Berichte über die ersten, damals noch riesigen Computer in den USA, die physikalischen Grundlagen der Kernenergie oder die Raketentechnologie der NASA. Er träumte davon, in die Weltraumforschung zu gehen und Astronaut zu werden. Letzterer Wunsch verband ihn mit den Träumen vieler junger Menschen auf der ganzen Welt. Es war die Zeit der großangelegten Weltraumprogramme sowohl in den USA als auch in der UdSSR. 1957 sendete die Sowjetunion mit Sputnik 1 den ersten Erdsatelliten ins Weltall und 1961 mit Juri Gagarin den ersten Menschen. Die Amerikaner arbeiteten fieberhaft an ihrer Apollo-Mission und der Entsendung des ersten bemannten Raumschiffs zum Mond. Freilich machte mein Vater sich wenig Hoffnungen, dass die NASA unter den vielen Anwärtern ausgerechnet einen Chinesen als Ersten ins All schicken würde. Jedoch war es 1957 zwei Chinesen in den USA gelungen, den Nobelpreis für Physik zu bekommen. Einer von ihnen besuchte Taiwan und hielt einen Vortrag, von dem mein Vater ganz begeistert war.

Die meisten aus dem Umfeld meines Vaters wollten damals Fächer wie Physik, Chemie und Elektrotechnik studieren, außerdem Kernphysik und Materialtechnik. Plastik war im Kommen. Die Zeit war geprägt von einem großen Hunger nach neuen Energiequellen. In Atommeilern sahen viele bereits eine Zukunft mit unbegrenzt verfügbarem und günstigem Strom. Während in der Sowjetunion, in Großbritannien und in den USA die ersten Reaktoren anliefen, war Taiwan noch Lichtjahre von so hoch entwickelter Technik entfernt. Wer sich jedoch schon früh auf diese Fächer spezialisierte, erhöhte seine Chancen, an einer US-Universität angenommen zu werden, womöglich gar ein Stipendium zu ergattern. Das war auch der glühende Wunsch meines Vaters.

Die Militärhochschule, auf die er ging, war damals die einzige Hochschule in Taiwan, an der man Fahrzeugtechnik studieren konnte. Ziel war es, Militärfahrzeuge bedienen und instand halten zu können. Dass sich Taiwan technologisch weiterentwickelte, war Regierungsdirektive. Allerdings dachte an eine eigene Automobilindustrie noch niemand. Dafür hielt sich die Insel für zu klein und unterentwickelt. Trotzdem wollte es mein Vater mit diesem Fokus versuchen und Autoingenieur werden. Sein Kindheitstraum von einem motorisierten China wirkte in dieser Zeit unrealistischer denn je. Dennoch ließ er nicht davon ab. Sein Studium neigte sich bereits dem Ende, als er Professor Cai Du Gong kennenlernte, der in München Maschinenbau studiert hatte und der ihn nach seinen weiteren Plänen fragte. Motorentechnik, war die Antwort meines Vaters. Daraufhin empfahl ihm der Professor Europa. Motorentechnik in Europa? Wie seine Kommilitonen wollte mein Vater in das Land, das führend im Autobau war: die USA. Die Amerikaner seien gut im Bau von großen Karosserien, gab der Professor zu bedenken, aber an Motoren hätten sie nur noch wenig Interesse. Zu Beginn der Sechzigerjahre überwog in den USA tatsächlich die Auffassung, dass die Motorentechnik weitgehend ausgereift sei. Verbrauch und Umweltschutz spielten zu der Zeit kaum eine Rolle. Was stattdessen zählte: Je größer die Fahrzeuge, desto angesagter. An Leistung mangelte es den bis dahin entwickelten Motoren nicht. Keine der großen Universitäten in den USA bot die Fachrichtung Motorentechnik noch an, nicht einmal die University of Michigan in Detroit, dem Mekka der Automobilindustrie. General Motors und Ford gaben sich zufrieden mit den großen Schlitten, die sie herstellten. Wichtig war ihnen vor allem die Optimierung der Fertigung, also billiger in noch größeren Mengen zu produzieren.

Wie mein Vater später feststellen sollte, hatten die Deutschen in jener Zeit eine ähnliche Auffassung wie die Amerikaner. Volkswagen hatte den Käfer. Und auch dort galt der Motor als so ausgereift, dass für eine weitere Entwicklung keine Notwendigkeit mehr gesehen wurde. VW investierte ebenfalls kräftig in die Fertigungstechnik, um die Stückzahl zu erhöhen. Keiner wollte mehr über Motoren wissen. Hauptsache, sie funktionierten. Der Ölpreis war kein Thema, von Treibhauseffekt würde erst viele Jahre später gesprochen werden. Aber immerhin konnte man in Europa überhaupt noch Motorentwicklung studieren. Der Professor meines Vaters empfahl zwei Universitäten: Graz in Österreich und die Rheinisch-Westfälische Technische Hochschule Aachen.

Mein Vater entschied sich für Deutschland. Es gab keine Studiengebühren, und er hatte gehört, dass es dort einfacher sei, einen Nebenjob zu finden, um sich das Studium zu finanzieren. In den Sechzigerjahren herrschte in Westdeutschland Arbeitskräftemangel. Ausländer hatten es leicht, ins Land zu kommen und eine Stelle zu finden. Die Angst vor Überfremdung war noch kein Thema. Die Behörden machten Menschen aus dem Ausland viel weniger Probleme, als das später der Fall war.

4
AUFBRUCH

Die Überfahrt

Anders als dreizehn Jahre zuvor bei seiner Flucht von Nanjing nach Taiwan, auf der er nur eine Decke bei sich hatte, besaß mein Vater für seine Reise nach Deutschland einen Koffer. Aus Leder. Hochwertig. Es war für ihn der teuerste Gegenstand, den er sich bis dahin gekauft hatte. Freunde rieten ihm davon ab: So ein edler Koffer werde bestimmt gestohlen. Um das zu verhindern, schrieb er mit dicken Buchstaben seinen Namen drauf: Lee Wen-po. Dieser Koffer steht bis heute im Keller meines Vaters. Das Leder ist inzwischen porös, aber die dicken Buchstaben sind noch immer zu erkennen.

Kommilitonen hatten ihn gewarnt, dass die Winter in Deutschland sehr kalt sein würden. Da man im subtropischen Taiwan keine Wintersachen benötigte, musste mein Vater improvisieren: Das einzige Kleidungsstück von besserer Qualität, das er hatte, war ein Paar Stiefel vom Militärdienst. Das Leder war immerhin wasserdicht. Ebenfalls vom Militärdienst besaß er noch eine Wolldecke. Daraus ließ er sich einen Mantel nähen. Weil die Farbe ein Militärgrün war, ließ er den Stoff vorher schwarz einfärben. Außer diesen beiden Sachen packte er noch ein paar Fachbücher in den Koffer. Denn er hatte gehört, dass Bücher in Deutschland teuer seien. In Taiwan gab es sie in kopierten Versionen. Mit diesen Habseligkeiten bestieg er im Juni 1962 das Schiff.

Es war das gängige Verkehrsmittel für Fernreisen. Direkte Flugverbindungen von Taiwan nach Deutschland gab es nicht,

Flugzeuge konnten so lange Strecken noch gar nicht fliegen. Mein Vater setzte zunächst mit einem Schiff von Taiwan nach Hongkong über und ging dort an Bord eines großen Passagierschiffs für die einmonatige Überfahrt nach Europa.

Es gab nur drei Schiffe, die überhaupt zwischen Hongkong und Europa verkehrten. Sie hießen »Laos«, »Saigon« und »Kambodscha« und wurden von einer französischen Linie betrieben. Mein Vater hatte ein Ticket für die »Laos«, das kleinste und günstigste von ihnen. Es war dennoch ausgelegt für mehrere hundert Passagiere. Mein Vater teilte sich eine Kabine in der dritten Klasse mit fünf anderen Passagieren. Vier von ihnen waren Studenten und hatten wie er vor, in Europa zu studieren. Einer wollte nach Paris, ein anderer auf ein Priesterseminar nach Spanien. Nur einer hatte bereits einen Beruf. Er war Koch, deutlich älter und der Einzige, der ebenfalls nach Westdeutschland wollte. Er hatte keinen Koffer, sondern reiste, wie es mein Vater aus seiner Kindheit kannte, mit einem Bündel. Darin hatte er keinerlei Anziehsachen, sondern zwei Woks, Kellen, Schneidemesser und ein Hackbeil. Heutzutage würde er wegen der scharfen Gegenstände gar nicht durch die Kontrollen kommen. Er wollte als Koch bei einem China-Restaurant anheuern.

Von Hongkong sollte es nach Saigon gehen, dann weiter nach Singapur, Bombay, Jemen, über das Rote Meer und den Suezkanal nach Alexandria, schließlich schräg übers Mittelmeer bis nach Marseille. Mein Vater kannte diese Städte nur aus Büchern, ihre Namen klangen für ihn exotisch. Nun würde er sie mit eigenen Augen sehen.

Mein Vater genoss die Tage an Bord. Auf Deck trafen sich viele junge Leute, die in Taiwan oder Hongkong studiert hatten und auf Heimreise waren. Sie kamen aus Singapur, Vietnam, Malaysia oder von den Philippinen. Fast alle hatten chinesische Wurzeln, ihre Familien lebten aber schon seit Generationen in

Koffer von Wenpo Lee, mit dem er 1962 an Bord der »Laos« ging und in ein neues Leben aufbrach

Südostasien. Es handelte sich um Huaqiao, das chinesische Wort für Überseechinesen, meist wohlhabende Familien, die gut untereinander vernetzt waren. Huaqiao würden schon bald wichtige wirtschaftliche Verbindungen zwischen Taiwan, Hongkong und den Ländern Südostasiens herstellen, später wichtige Geldgeber in der Volksrepublik sein. Das wusste mein Vater natürlich noch nicht. Was ihn aber an diesen Leuten schon damals beeindruckte: ihre gute Laune und eine gewisse Aufbruchstimmung. Zu ihnen wollte er auch gehören.

Je mehr sich das Schiff auf dem Südchinesischen Meer Singapur und der Straße von Malakka näherte, desto heißer wurde es in den Kabinen. Tagsüber saß mein Vater mit den anderen auf dem unteren Deck und döste. Abends, wenn die Sonne nicht mehr so knallte, gingen sie aufs Oberdeck. Dann war Party angesagt. Die jungen Chinesen aus Südostasien konnten gut singen, einige hatten Gitarren dabei. Es wurde getanzt. Mein Vater kannte diese Art des Feierns nicht. Er war sechsundzwanzig Jahre alt, und das waren die schönsten Momente, die er bis dahin erlebt hatte.

In Saigon und Singapur musste das Schiff aufgetankt, die Vorräte aufgestockt werden. Mein Vater schaute sich die Häfen und Innenstädte an, kaufen konnte er sich nichts. Nicht einmal etwas zu essen. Er hatte nur vierzig US-Dollar bei sich. Die wollte er nicht antasten. Besonders Saigon gefiel ihm: Die Menschen waren freundlich, die Kolonialbauten im europäischen Stil hübsch hergerichtet. Das steigerte seine Vorfreude auf Europa.

Nach dem Zwischenstopp in Singapur änderte sich die Stimmung an Bord. Die fröhlichen jungen Leute waren ausgestiegen, auf dem Indischen Ozean wurde es sehr schwül, die Luft zunehmend stickig. Als das Schiff auf dem Golf von Aden Djibouti ansteuerte, zog ein schwerer Sturm auf. Mein Vater und allen anderen in der Kabine wurden furchtbar seekrank. Was jedoch das Schlimmste war: An Bord gab es kein Trinkwasser mehr. Vorher standen zu jeder Mahlzeit im Speiseraum neben einer Flasche französischen Weins stets ein paar Flaschen Wasser auf den Tischen. Nun gab es nur noch Wein. Um nicht zu dehydrieren, blieb meinem Vater nichts anderes übrig, als den Rotwein zu trinken. Natürlich ging es ihm danach noch schlechter. Über Jahre konnte er keinen Rotwein anrühren.

Wenn mein Vater später von dieser Überfahrt erzählte, erwähnte er immer den angehenden Priester, mit dem er die Kabine teilte. Obwohl es ihm während des Sturms selbst schlecht ging, erzählte er mit ruhiger Stimme von Sun Yat-sen, dem Republikgründer, der ein halbes Jahrhundert zuvor gleich dreimal mit dem Schiff zwischen China und Europa hin- und hergefahren war, mehrfach auch über den Pazifik in die USA, um für die junge Republik China zu werben. Damals hätten die noch kleineren Schiffe sehr viel mehr geschwankt. »Wir werden in Europa studieren«, ermutigte er seine Mitreisenden und sich selbst. »Das sind tolle Perspektiven, die viele andere in Taiwan und China nicht haben. Wir halten durch!« An diese Worte musste mein Vater später denken, wenn er in schwierigen Situationen war.

Am 5. August 1962 ging mein Vater im Hafen von Marseille mit seinem braunen Lederkoffer, ein paar Kleidungsstücken, raubkopierten Fachbüchern und vierzig US-Dollar an Land. Gemeinsam mit dem Koch, der sein Bündel voller Kochutensilien auf dem Rücken trug, lief er vom Hafen zum Hauptbahnhof, um einen Zug nach Deutschland zu nehmen.

Kulturrevolution in China

Während in Westdeutschland der wirtschaftliche Aufschwung und die Konsolidierung der Lebensverhältnisse in vollem Gange waren, verschlimmerten sich auf dem chinesischen Festland die Wirtschaftslage und die Bedingungen, unter denen die Menschen leben mussten, nahezu täglich. Verlässliche Wirtschaftsdaten aus dieser Zeit in China gibt es keine. Aber Millionen litten Hunger. Chinas berühmtes Wirtschaftswunder lag noch in weiter Ferne.

Nach dem Desaster des Großen Sprungs war Mao zwar Vorsitzender der Kommunistischen Partei geblieben, aber er war politisch geschwächt und musste mit seiner schleichenden Entmachtung rechnen, zumal sich um seine Widersacher Deng Xiaoping, der Vizepremier war, und Staatspräsident Liu Shaoqi immer mehr führende Politiker versammelten. Im Politbüro hatte Mao im Frühjahr 1966 mit seiner Regierungsweise keine Mehrheit mehr, die lokale Parteiführung in Peking hatte sich bereits von ihm abgewandt und veranlasst, dass er in den Zeitungen keine Erwähnung mehr fand.

Doch Mao kämpfte um seinen Machterhalt und inszenierte im Frühjahr 1966 eine Kampagne, die bis 1976 andauerte und als Kulturrevolution oder auch »Zehn Jahre Chaos« in die chinesische Geschichte einging. Im Chaos blühte Mao auf. Am 16. Mai 1966 rief er zur »Großen Proletarischen Kulturrevolution« auf. In seinen Reden wandte er sich an Schüler und Studenten und stachelte sie auf, indem er den Generationenkonflikt zum »Klassengegensatz« erhob: die revolutionäre Jugend gegen die reaktionären Erwachsenen. Mao beherrschte die Kunst der Demagogie trotz seines inzwischen hohen Alters von zweiundsiebzig Jahren immer noch perfekt. Sein Aufruf wirkte: Zehntausende Jugendliche versammelten sich in Peking auf dem Tiananmen-Platz und jubelten mit einem kleinen roten Buch voller Mao-Zitate in der Hand ihrem Großen Vorsitzenden zu. Bald bildeten sich landesweit Rote Garden, Gruppen radikaler Jugendlicher, die nicht mehr zum Unterricht gingen, sondern alles Bestehende infrage stellten. Schüler quälten ihre Lehrer zu Tode, Studenten demütigten ihre Professoren, Jugendliche zertrümmerten jahrhundertealte Tempel und Denkmäler und scheuten nicht einmal davor zurück, ihre Eltern öffentlich an den Pranger zu stellen. Denn Eltern, Lehrer und Professoren galten als »alte« Autoritäten, die aus Maos Sicht zu bekämpfen waren. Eine neue Kultur, forderte Mao, sollte China »reinigen«. China verlor während der Kulturrevolution viele namhafte Akademiker, Wissenschaftler und Pädagogen, die der Forschung und der Lehre im Land auf Jahre fehlen würden. Mao war beeindruckt von sich selbst: »Ich werde die größte Unordnung unter dem Himmel schaffen«, schrieb er am 2. Juni 1966 in einem Brief an seine noch radikalere Frau Jiang Qing, »um die größte Ordnung zu schaffen.«

Millionen Jugendliche rebellierten, prügelten, randalierten und mordeten, weil sie der greise Mao dazu ermutigt hatte. Millionen Städter wurden aufs Land verbannt, um dort politisch zu neuen Menschen erzogen zu werden. So wie die viertjüngste Schwester meines Vaters, die Fünftgeborene, weswegen sie in der Familie Xiao Wu, die kleine Fünf, genannt wurde. Gemeinsam mit ihrem Mann arbeitete sie in einer Fabrik in Nanjing, die elektronische Geräte für das Militär herstellte. Eines Tages beschloss die Regierung, das Werk aufs Land zu verlegen. Mao hatte Angst vor einem Atomkrieg mit der Sowjetunion. Sein Verhältnis zum großen Nachbarn hatte sich, seit Nikita Chruschtschow Vorsitzender der KPdSU geworden war, massiv verschlechtert, weil beide um den Führungsanspruch in der kommunistischen Welt stritten. Der Streit endete 1958 mit einer Spaltung, und in den nächsten Jahren kam es wiederholt zu offenen Anfeindungen. Um besonders wertvolle Produktionsstätten bei nuklearen Angriffen auf Städte zu schützen, ließ Mao sie umsiedeln, oft mitten in die Berge. Ein Teil von Nanjings Fabriken wurde in die rückständige Provinz Jiangxi verbracht, inklusive der Arbeiter, darunter meine Tante und ihre Familie. Sie mussten dort während der Jahre der Kulturrevolution in Armut leben. Oft litten sie unter Hunger und waren Misshandlungen ausgesetzt.

Der Mann meiner Tante wurde von jungen Rotgardisten an den Pranger gestellt, schließlich verhaftet und geschlagen. Die Begründung: Er habe einen Schwager im feindlichen Ausland. Meinen Vater. Welche Verbindung es zwischen ihm und dem Klassenfeind gebe, wurde er beim Verhör gefragt. Es gab keine, er hatte meinen Vater nie getroffen. Wie auch? Als mein Vater Nanjing verließ, war Xiao Wu sechs Jahre alt. Die Rotgardisten glaubten ihm nicht und schlugen so brutal auf ihn ein, dass er schwer verletzt mit gebrochenen Rippen zu Boden ging. Der Mann meiner Tante konnte später nicht mehr aufrecht stehen. Die Rotgardisten hätten ihn aus reiner Langeweile misshandelt, erzählte er später. Die Schulen waren geschlossen, die Lehrer gedemütigt und oft vertrieben. Die Jugendlichen zwangen ihre Opfer dazu, Selbstkritik zu üben. Sie sollten ihre Verbrechen gegen die Revolution gestehen.

Wer nichts zu gestehen hatte, musste sich etwas ausdenken. Es machte keinen Unterschied, ob man gestand oder nicht. Die Rotgardisten beschimpften, bespuckten, schlugen ihre Opfer ohnehin.

Mein Großvater musste den Rotgardisten den gesamten Briefverkehr mit meinem Vater vorlegen. Was machte er im Ausland? Hatte er irgendwas mit Politik zu tun? Was plante der Verräter gegen das chinesische Vaterland? Die Briefe waren zum Glück harmlos. Der Druck der Rotgardisten auf die Familie wuchs dennoch. Obwohl sie schon alles verloren hatte, forderte die Rote Garde mehr. Meine Großmutter war eine fromme Buddhistin. In ihrem Zimmer stand ein Altar mit einer Porzellanfigur von Guanyin, der Göttin des Mitgefühls. Man wollte sie zwingen, diese Figur abzugeben, als Beweis dafür, dass sie mit der alten Kultur gebrochen hatte. Sie weigerte sich und zerschlug – als man ihr mit einer Gefängnisstrafe drohte – die Figur auf der Tischkante. Nur weil meine Großmutter schon alt war, ließen die Rotgardisten von ihr ab.

Auch Erjie, die zweitälteste Schwester meines Vaters, wurde mit ihren vier Kindern aufs Land zwangsumgesiedelt. Sie sollte das bourgeoise Großstadtleben ablegen und stattdessen von Bauern, die als die wahren Revolutionäre galten, lernen. Sie und ihre Kinder mussten Schweine hüten und das Feld bestellen. Da sie ursprünglich aus der Stadt stammten, galten sie in ihrem Dorf als Außenseiter und mussten ein noch schlechteres Leben fristen als die einheimischen Landwirte. Als China sich Ende der Siebzigerjahre öffnete und mein Vater Nanjing besuchen konnte, lebte dieser Zweig der Familie noch immer in großer Armut auf dem Land. Mein Vater nutzte den 1978 geknüpften Kontakt zum Minister für Land- und Industriemaschinen Yang Keng in Peking, damit seine Schwester Erjie und ihre Familie nach mehr als einem Jahrzehnt nach Nanjing zurückkehren durften.

So wie Millionen andere Familien spaltete die Kulturrevolution auch meine Verwandtschaft. Neben den drei älteren Schwestern hatte mein Vater vier weitere Schwestern. Die beiden jüngsten hatte er vor seiner Flucht kaum kennengelernt. Sie wurden während der Kulturrevolution zu begeisterten Anhängerinnen von Mao. Seine jüngste Schwester schloss sich mit ihrem ebenso jungen Mann sogar den Rotgardisten an. Sie wurde in der Familie Xiao Jiu genannt, die kleine Neun. Sie war in der Reihenfolge der Geschwister eigentlich die Nummer acht. Aber weil die Acht im chinesischen Aberglauben als keine gute Zahl betrachtet wird, nannte die Familie sie die kleine Neun. Mit anderen Rotgardisten zogen sie durchs Land, um die Lehren Maos zu verbreiten. Kostenlos durften sie mit dem Zug reisen. Die Dorfvorsteher wurden angewiesen, die jungen Rotgardisten zu verköstigen und ihnen Unterkünfte zu bieten. Von der Ideologie hatten sie nicht viel Ahnung. Sie wollten einfach Spaß haben – und den hatten sie anfangs auch. Doch mit der Zeit drehte sich der Wind. Die langjährigen Vertreter der Partei, die die Verantwortung für ihre Landkreise und Dörfer trugen, empfanden die Rotgardisten bald als lästig und ideologisch verbohrt. Je länger die Kulturrevolution andauerte, desto weniger waren die Älteren geneigt, den jungen Leuten Essen vorzusetzen. Den Rotgardisten fiel es zunehmend schwer, Dörfer zu finden, die sie unterstützten. Wochenlang wanderten sie umher, wussten nicht, wo sie bleiben sollten. Xiao Jiu und ihr Mann wurden krank und hungerten. Schließlich kehrten sie ausgezehrt nach Nanjing zurück.

Ich habe diese Schwester meines Vaters Anfang der Achtzigerjahre kennengelernt. Sie war freundlich und hilfsbereit, kochte immer für die gesamte Großfamilie. Aber sie hatte auch ständig Magenschmerzen. Seit ihrer Rückkehr von der Roten Garde war sie chronisch krank. Sie selbst und die Familie waren davon überzeugt, dass die Torturen, die sie unschuldigen Men-

schen angetan hatte, und die Entbehrungen der Vagabunden-
jahre sie seelisch und körperlich beschädigt hatten. 1983 starb
sie mit gerade einmal fünfunddreißig Jahren an Krebs.

Leben in Deutschland –
Besuch in Nanjing 1977

1972 war es meinem Vater von Deutschland aus erstmals möglich, Kontakt mit seinen Eltern in Nanjing aufzunehmen. Er
hatte inzwischen in Aachen Maschinenbau mit Schwerpunkt
Motorentechnik studiert und promoviert. Bei einem Fest chinesischer Studenten war er meiner Mutter begegnet. Sie hatten geheiratet und waren gemeinsam nach Wolfsburg gezogen,
weil er eine attraktive Stelle als Ingenieur bei Volkswagen er-
gattert hatte.

Eines Abends schrieb er einen Brief an seinen Vater. Er
war bewusst allgemein gehalten, ohne zu persönliche Angaben, politische Aussagen unterließ er ganz. Er wollte seine
Familie in China nicht in Gefahr bringen. Der Höhepunkt der
Kulturrevolution war zwar überschritten, Mao hatte dazu auf-
gerufen, zur Normalität zurückzukehren, doch mein Vater befürchtete trotzdem, dass seine Nachricht kontrolliert werden
würden. Und das wurde sie auch.

Wenige Wochen später lag ein Brief aus China in seinem
Briefkasten – mit Mao-Briefmarke, im typischen chinesischen
Umschlagformat, zugestellt vom Postboten in Wolfsburg. Es
gab wieder Kontaktwege von China in die Welt. Mein Vater
legte den Brief zunächst vor sich hin auf den Küchentisch,
ohne ihn zu öffnen. Es war das erste Lebenszeichen seines
Vaters seit fast einem Vierteljahrhundert, das ihn erreichte.
Als sie sich das letzte Mal sahen, war er noch Kind. Jetzt wurde
er selbst Vater: Mein Bruder war unterwegs.

Wie schon der Brief meines Vaters an seine Eltern war

auch ihre Antwort allgemein gehalten. Jegliche politische oder gesellschaftliche Aussage fehlte. Aber mein Vater konnte den Zeilen entnehmen, wie glücklich seine Eltern waren, von ihm zu hören. Es entspann sich ein regelmäßiger Briefwechsel, doch ein Wiedersehen sollte erst fünf Jahre später möglich sein.

Trotz der spärlichen Berichterstattung in westlichen Medien über die Kulturrevolution hatte mein Vater in Deutschland mitbekommen, wie sehr die Menschen auf dem chinesischen Festland darunter gelitten hatten. Aus Quellen vor allem in Hongkong wusste er von den Denunziationen und Hungersnöten – und dass das Land industriell brachlag. Als er im Dezember 1977 das erste Mal in seine Heimatstadt zurückkehrte, war der Zustand Nanjings dennoch ein Schock für ihn: So ziemlich alles war noch genauso wie im Herbst 1948, die dicht gedrängten Häuser, die engen Gassen, das gesamte Stadtbild – nichts hatte sich verändert. Alles war nur noch verfallener, verschmutzter und ärmlicher. Kein Vergleich mit dem raschen Aufbau und dem technischen Höhenflug in Deutschland seit dem Zweiten Weltkrieg oder dem beginnenden Aufschwung in Taiwan Mitte der Fünfzigerjahre.

Das fiel ihm bereits bei seiner Ankunft am Flughafen auf. Hoch oben hingen zwei große Porträtbilder: Das eine zeigte den gerade verstorbenen Mao, das andere seinen Nachfolger Hua Guofeng. Das Terminalgebäude war klein wie eine Baracke. Auf dem Parkplatz davor standen ausschließlich Militärfahrzeuge. Taxis gab es nicht. Zwei Schwager meines Vaters waren zum Flughafen gekommen, um ihn abzuholen – mit ihren Fahrrädern. Was heute erfreulich ökologisch klingen mag, war damals ein Zeichen des niedrigen Lebensstandards. Es fuhr zwar ein Bus in die Innenstadt, aber nur wenn ein Flugzeug gelandet war. Was selten geschah. Und auch dann fuhr dieser Bus nicht immer. Wenn sie auf ihn warten würden, meinte einer der Schwager, könnte es sein, dass sie noch am späten Abend vor dem Flughafen stünden. Er schnallte den schweren Koffer meines Vaters auf seinen Gepäckträger. Und dann holperten sie – mein Vater auf dem Gepäckträger des anderen Schwagers – auf einer Straße aus Sand mit jeder Menge Schlaglöcher Richtung Innenstadt. Es war die Hauptstraße vom Flughafen ins Zentrum von Nanjing.

Sie waren gerade einmal ein paar hundert Meter gefahren, da begann mein Vater trotz seiner dicken Winterjacke zu frieren. Erst da fiel ihm wieder ein, wie sehr die feuchte Kälte des südchinesischen Winters einem in die Glieder kroch.

Auf der gesamten Strecke waren kaum Autos zu sehen. Nur ab und zu donnerten Lastwagen an ihnen vorbei oder Jeeps, also ausschließlich Militärfahrzeuge. Die Leute waren nicht mobil. Irgendwann kam die mächtige Stadtmauer von Nanjing in Sicht, von der einige Abschnitte noch aus der Ming-Dynastie stammten, also über vierhundert Jahre alt waren. Sie passierten das große Guanghua-Tor. Dahinter erstreckten sich die engen Gassen des Zentrums. Auch hier hatte sich nichts verändert. Die Straße, in der das Hofhaus stand, in dem mein Vater aufgewachsen war, sah noch genauso aus, wie er sie aus seiner Kindheit in Erinnerung hatte – nur kaputter.

Seine Eltern waren alt geworden, beide über siebzig. Als er sie das letzte Mal gesehen hatte, waren sie in ihren Vierzigern. Es ist wahrscheinlich unmöglich, sich auf einen solchen Zeitsprung vorzubereiten.

Es hätte viel zu besprechen gegeben: wie die Eltern die drei zurückliegenden Jahrzehnte überlebt hatten, die Enteignung durch die Kommunisten, die Hungersnöte, die Kulturrevolution, wie es meinem Vater in Taiwan und Deutschland ergangen war, wer wen geheiratet hatte, die Kinder, die inzwischen geboren worden waren. Doch als sie am Abend zusammensaßen, war das Hauptgesprächsthema die Zimmerdecke. Draußen regnete es in Strömen, und das Wasser tropfte gleich an mehreren Stellen durch das Dach in die Zimmer des Hofhauses. Seine Schwestern waren damit beschäftigt, Eimer und Schüsseln darunter zu stellen und sie, wenn sie voll waren, auszuleeren. Das Problem bestand offenbar schon lange. An einigen Stellen konnte man die Wolkendecke sehen, die über Nanjing hing.

Mein Vater hatte als Student in Aachen bei einem Maurer ausgeholfen, um sich finanziell über Wasser zu halten. Er wisse, wie man eine Mauer verputzt, sagte er zu seinen Eltern und schlug vor, gleich am nächsten Tag Mörtel, Zement und Dachziegel zu besorgen. Er habe genug Bargeld eingetauscht und könne gleich mit der Reparatur beginnen.

Doch sein Vater lehnte ab. Alle Häuser gehörten jetzt dem Staat. Es gebe kein privates Eigentum mehr. Dem Einzelnen war es nicht erlaubt, Reparaturen selbst durchzuführen. Wenn etwas kaputtging, mussten die Betroffenen eine Ausbesserungsmaßnahme beim Nachbarschaftskomitee beantragen. Irgendwann kam dann jemand, der die kaputten Stellen reparierte. Die Warteliste sei aber lang, sagte mein Großvater. Sehr lang. In der Stadt gebe es zu viele kaputte Häuser, als dass man sie alle reparieren könne. Baumaterialien gab es keine, auch keine Geschäfte dafür oder Stände auf den Märkten wie früher. Dass den Leuten sogar die Eigeninitiative verwehrt war, die China immer ausgemacht hatte, erschütterte meinen Vater sehr. Wie auch die Tatsache, dass Traditionen und Rituale nahezu komplett aus der chinesischen Gesellschaft verschwunden waren. Bei einer Hochzeitsfeier verstand er, wie radikal Mao die Bräuche bekämpft hatte.

Sie fand in einer großen Halle mit mehreren großen runden Tischen statt. An jedem der Tische konnten zwölf Leute sitzen. Außer dem Brautpaar trug niemand mehr traditionelle Kleidung, wie er das noch aus seiner Kindheit kannte. Immerhin hatte die Braut ein Qipao an, das traditionelle lange Seidenkleid mit hoch geschlossenem Kragen. 1977 konnte sich kaum noch jemand ein Qipao leisten. Es war aber keineswegs nur eine Frage des Wohlstands. Chinesen waren in ihrer langen Geschichte immer stolz darauf gewesen, die Grundfesten ihrer Kultur trotz aller Umbrüche, trotz aller Wechsel der Dynastien bewahrt zu haben. Dazu gehörten bei der Hochzeit die traditionellen Teezeremonie, das Hochzeitsbankett, die feierlichen Reden. Mit Mao verschwand all das. Keines dieser Rituale gab es mehr. Stattdessen hatten die Gäste große Taschen und Töpfe dabei. Als Einziger sollte mein Vater eine Rede halten, sozusagen als Ehrengast aus dem Ausland. Er war vorbereitet und hatte ein Blatt mit Notizen in seiner Jackentasche stecken. Aber weil das Essen schon auf den Tischen stand und er nicht wollte, dass die Gerichte kalt werden, fasste er sich kurz. Er bemerkte auch, dass es alle Gäste irgendwie eilig hatten. Kaum hatte er seinen Toast auf das Brautpaar ausgebracht, stürzten sich alle Anwesenden auf das Essen. Keiner unterhielt sich mit seinem Tischnachbarn, alle hatten ihre Köpfe gesenkt und aßen konzentriert, geradezu systematisch. Mein Vater ließ sich in seinen Stuhl fallen. Chinas soziales Gefüge war zerrissen.

Bevor alle mit dem Essen fertig waren, kamen die Kellnerinnen und stellten große Waschschüsseln auf die Tische: »Schluss jetzt, die Zeit ist um«, brüllte eine von ihnen und begann das Geschirr einzusammeln. Die Gäste reagierten routiniert auf dieses Signal. Sie holten eilig die Töpfe und Taschen hervor und begannen, die Reste einzupacken. Binnen weniger Minuten war alles abgeräumt. Alle standen auf und gingen. Damit war das Hochzeitsfest vorbei.

Auf dem Nachhauseweg redete keiner über das frisch vermählte Paar, auch nicht über die anderen Anwesenden. Thema war allein das Essen. Wer hatte von dem besonders saftigen Gericht etwas abbekommen, wer nicht?

In den fast dreißig Jahren hatte sich in Nanjing äußerlich wenig verändert, die Straßen nicht, nicht die Häuser, nicht einmal die großen Platanen am Wegesrand. Was sich aber verändert hatte, waren die Menschen. Mein Vater erkannte ihr Verhalten nicht wieder, nicht einmal das seiner Eltern.

Was hatte Mao getan? Schon vor der Machtübernahme der Kommunisten gab es die Überlegung, China werde sich nur modernisieren können, wenn es den Muff von 2200 Jahren Kaiserzeit ablegte. Schließlich lähmten ein unveränderlicher Bildungskanon und das Festhalten an jahrtausendealten Ritualen die Gesellschaft und die Wissenschaft. Eine allzu traditionell eingestellte Gesellschaft verhindert auch soziale Mobilität und Innovation. Doch keiner der politischen Denker der späten Kaiserzeit und der kurzen Phase der Republik hätte an einen so radikalen Bruch gedacht. Die Beispiele Südkorea, Japan und Taiwan haben im Rückblick gezeigt, dass wirtschaftlicher Erfolg auch möglich ist, wenn ein Teil der Traditionen bewahrt wird.

Auch wenn Konfuzius eine halb mythische Figur ist, und auch wenn seine wenigen überlieferten Schriften der Interpretation des jeweiligen Herrscherhauses unterlagen, die Betonung der gesellschaftlichen Ordnung zog sich durch 2200 Jahre chinesische Geschichte – bis exakt 1949. Die gebildete Klasse verständigte sich auf Grundlage der konfuzianischen Texte, die alle kannten. Mao hat diese Traditionen und Werte aus dem gesellschaftlichen Bewusstsein verdrängt. Durch seinen fanatischen Kampf gegen die Rituale und Glaubenssätze der Vergangenheit ging der chinesischen Gesellschaft das Gewebe verloren, das sie so lange zusammengehalten hatte. Im Geist des alten China hatte jeder seinen Platz, seine Rolle und seine Verpflichtungen gegenüber der Allgemeinheit. Die Gesellschaft bestand aus einem Netz von Querverbindungen familiärer und beruflicher Art. Das war einengend und entspricht nicht dem Ideal einer modernen Gesellschaft, in der die persönliche Freiheit eine der Grundfesten ist. Doch die Zerstörung dieses Gewebes ließ den Einzelnen ohne Maßstab für sein Verhalten allein. In der Gesellschaft tat sich eine spirituelle Leerstelle auf.

5

EIN RIESE ERWACHT

China lässt nicht locker

Der Besuch des chinesischen Ministers im April 1978 hätte zumindest in den *Wolfsburger Nachrichten* für eine gewisse Aufregung sorgen müssen. Doch nichts dergleichen geschah. Er fand allenfalls in einer Randspalte Erwähnung. Mein Vater und auch sonst niemand im Werk hörte in den darauffolgenden Monaten etwas aus Fernost. Die Sache war fast schon ein wenig in Vergessenheit geraten, als sich im Herbst desselben Jahres eine zweite Delegation aus der Volksrepublik ankündigte. Wieder meldete sich der Vorstand bei meinem Vater. Ob er an den Gesprächen teilnehmen könne? Natürlich konnte er.

Am 13. November stand mein Vater frühmorgens am Haupteingang des VW-Hochhauses, um erneut eine chinesische Delegation zu begrüßen. Dieses Mal war der Besuch mit einem gewissen Vorlauf organisiert worden. Mit vierzehn Personen war die Gruppe sehr viel größer als die im April. Auch der Wirtschaftsattaché der chinesischen Botschaft gehörte dazu. Dennoch: Als er die Gruppe sah, konnte sich mein Vater nicht so recht vorstellen, dass es einmal zu einer intensiven Zusammenarbeit zwischen China und Volkswagen kommen würde. Denn wieder standen die Chinesen in schlechtsitzenden Anzügen etwas verloren herum und machten nicht den Eindruck, Regierungsvertreter der bevölkerungsreichsten Nation der Welt zu sein.

Von VW-Seite waren an diesem Montag Vorstandschef Toni Schmücker, Werner P. Schmidt, Vertriebsvorstand, und

Mitarbeiter der Abteilung für internationale Zusammenarbeit anwesend. Als sie den Gästen ihre Visitenkarten überreichten, gab es von chinesischer Seite wieder nur ein Blatt, auf dem die Namen der Delegationsteilnehmer und ihre Funktionen aufgeführt waren. Keine Adressen, keine Telefonnummern oder sonstige Angaben, um Kontakt aufnehmen zu können. Später gestand einer der Delegierten meinem Vater: In ganz Peking habe es keine Möglichkeit gegeben, rechtzeitig vor der Abreise Visitenkarten drucken zu lassen.

Die Delegation bezeichnete sich offiziell als »China Machinery Industry Inspection Team«. Geleitet wurde sie von Zhou Zijian, dem Minister für Maschinenbau, zuständig für Automobilbau. Offenbar hatten Günter Hartwichs Worte überzeugt: Nicht mehr Nutzfahrzeuge wie bei Yang Keng, der Wolfsburg ein halbes Jahr zuvor besucht hatte, standen im Vordergrund, sondern Pkws. Bei den anderen Teilnehmern handelte es sich um Beamte und Parteisekretäre auf Provinz- und Lokalebene. Sie waren allesamt aus den Bereichen Verkehr und Infrastrukturaufbau.

Der Übersetzer, den der Minister dabeihatte, war von Anfang an überfordert. Deutsch sprach er überhaupt nicht. Sein Englisch war so schlecht, dass ihn kaum einer verstand. Ständig schaute er nervös auf seinen Block, auf dem er versuchte, alles Gesagte wortwörtlich mitzuschreiben. Man merkte ihm an, dass seine Dienste bis dahin offenbar nur wenig in Anspruch genommen worden waren: Ziel der Auslandsreise dieser Delegation sei es, den Status und die Entwicklung der ausländischen elektromechanischen Industrie zu besichtigen und kennenzulernen, übersetzte er in umständlichem Englisch. Immerhin: Aus dem ersten Gespräch ging hervor, dass die Delegation vorher in der Tschechoslowakei und Ungarn gewesen war, damals sozialistische Bruderstaaten von China. Westdeutschland war ihre dritte Station.

Schnell wurde klar, dass mein Vater wieder als Übersetzer einspringen musste. Und wieder nahm ihm keiner übel, dass er nicht immer wortwörtlich übersetzte, sondern gegebenenfalls zusätzliche Informationen mitlieferte. Bis dahin leitender Ingenieur der Forschungsabteilung, war mein Vater plötzlich in zentrale Unternehmensentscheidungen involviert. Ob damit ein Karrieresprung verbunden sein könnte, daran dachte er in jenem Moment aber nicht. Stattdessen fiel ihm auf, wie unsicher die chinesischen Regierungsvertreter auftraten. Dreißig Jahre vollständige Abschottung hatten Spuren bei den Menschen hinterlassen.

Im Unterschied zum Minister der ersten Delegation zeigte Zhou Zijian beim Rundgang durch die Produktionshallen sehr viel mehr Sachverstand. Ein Teilnehmer fiel meinem Vater in der ansonsten eher schüchternen Runde auf. Jiang Tao hieß er und war Direktor des Büros für Elektromechanische Industrie der Stadt Shanghai. Während die anderen dem Minister stumm hinterherliefen, stellte Jiang Tao jede Menge Fragen und machte ab und zu sogar einen Scherz. Zwischenzeitlich hatten die Volkswagen-Vertreter den Eindruck, er sei der Leiter der Delegation. Eine unbewusste, aber richtige Vorahnung. Jiang stieg später zu einer der wichtigsten Figuren im China-Geschäft von Volkswagen auf und würde ein umfangreiches Zuliefersystem aufbauen. Zu Recht wird er in China noch heute als »Vater des Santana« bezeichnet, das erste und auch erfolgreichste VW-Modell in der Volksrepublik. Beim Besuch in Wolfsburg ging Jiang gleich auf meinen Vater zu und erzählte freigiebig über die Hintergründe der Mission. Mein Vater war dankbar, dass Jiang Tao dabei war. Viele Gepflogenheiten im kommunistischen China kannte mein Vater nicht. Er hatte keine Ahnung, was es mit den Hierarchien im System der Kommunistischen Partei auf sich hatte, dass etwa ein Parteisekretär mehr zu sagen hat als ein Abteilungsleiter. In der

Volksrepublik gibt es zu jeder Behörde, jedem Amt und auch jedem Ministerium parallel eine Parteieinheit, geleitet von einem Parteisekretär, der immer mehr zu sagen hat als etwa der Bürgermeister, Provinzgouverneur oder Minister. In Büchern ließ sich diese Rangfolge und ihre jeweilige Bedeutung damals noch nicht nachlesen.

Ein Delegationsteilnehmer fiel meinem Vater hingegen an jenem Tag überhaupt nicht auf. Er hieß ebenfalls Jiang mit Nachnamen. Er hatte sich als Direktor der Abteilung für Auswärtige Angelegenheiten im Maschinenbauministerium vorgestellt und ansonsten so gut wie kein Wort gesagt. Später würde er die steilste Karriere von allen machen. Sein vollständiger Name: Jiang Zemin, zwischen 1993 und 2003 Staatspräsident der Volksrepublik. Als er schon einige Jahre im Amt war, kam es 1996 zu einer bemerkenswerten Szene auf der Automesse in Peking. Mein Vater leitete zu dieser Zeit das China-Hauptquartier von VW in Peking. Der Messerundgang des Präsidenten war eine hochformale Angelegenheit, begleitet von zig seiner Topbeamten, Sicherheitskräften und Journalisten. Als Jiang Zemin zum VW-Stand kam, wollte mein Vater mit seiner vorbereiteten Begrüßungsrede ansetzen. Doch der Präsident unterbrach ihn: »Wir kennen uns doch.« Mein Vater hatte Jiang mehrfach erlebt, als er noch Bürgermeister von Shanghai war – allerdings nur aus der Ferne. Jiang spürte die Verunsicherung meines Vaters: »Junger Mann, haben Sie es vergessen? Wir kennen uns seit 1978. Sie waren der einzige Chinese bei Volkswagen und hatten einen Doktortitel.« Das habe er für einen Chinesen im Ausland als sehr ungewöhnlich gefunden. Er freue sich, dass mein Vater inzwischen in Peking lebe. »Wie geht es der Familie?«, fragte er noch und ob mein Vater schön wohne. Ein Sicherheitsbeamter tippte meinem Vater auf die Schulter und zischte ihm zu, er solle seine Antworten kurzhalten, sie müssten weiter. Aber Jiang wiegelte ab: »Wir sind alte Freunde.«

Jiang Zemin (Mitte) am VW-Stand auf der Automesse in Peking, 1996, links neben ihm Wenpo Lee

Zurück ins Jahr 1978: VW-Vorstandschef Toni Schmücker hatte sich vor dem Eintreffen der Delegation schon über eine mögliche Zusammenarbeit mit China Gedanken gemacht. Schmücker schlug vor, sich nicht bloß auf eine Montagelinie zu beschränken, sondern den Bau einer ganzen Fabrik in China in Erwägung zu ziehen mit der Aussicht, Fahrzeuge nach ganz Ost- und Südostasien zu exportieren. Produkte »Made in Germany« seien für den asiatischen Markt zu teuer und wären mit zusätzlichen Transportkosten verbunden. Direkt in Asien hergestellte Autos könnten sehr viel günstiger sein. Ob China nicht an einem solchen Modell Interesse hätte? Der Minister antwortete: »Warum nicht?« Jegliche Form der Zusammenarbeit sei möglich, einschließlich Joint Ventures. Joint Ventures?

In Wirtschaftskreisen ist dieser Begriff heute wegen des boomenden China-Geschäfts jedem geläufig. Damals hörte mein

Vater ihn zum ersten Mal. Dass diese Form der Zusammenarbeit einmal der Schlüssel nicht nur für Volkswagen, sondern für beinahe alle westlichen Unternehmen sein würde, die sich in der Volksrepublik engagieren wollten, konnte er zu diesem Zeitpunkt nicht ahnen. Und nicht nur das: Joint Ventures wurden ein Kernelement von Chinas Reform- und Öffnungspolitik.

Schwarz oder weiß –
Hauptsache eine Katze fängt Mäuse

Um sich vor Augen zu führen, wie aberwitzig der Plan damals erschien, in China Autos produzieren zu lassen, genügt ein Blick auf Maos wirtschaftliches Erbe. Durch seine Experimente hatte Mao völlig zerstörte Strukturen hinterlassen. Im China des Jahres 1978 gab es kaum geteerte Straßen, von Autobahnen oder Schnellstraßen ganz zu schweigen. Auch der Schienenverkehr lag nahezu brach. Für wenige hundert Kilometer brauchte ein Zug einen ganzen Tag. Viele Städte waren gar nicht ans Schienennetz angeschlossen, ganze Landstriche kaum erreichbar, einige Dörfer gar nicht. Sie waren weitgehend auf sich allein gestellt. Doch selbst Bauern, denen es möglich war, in die Städte zu reisen, machten davon nur wenig Gebrauch. Denn es war ihnen ohnehin verboten, ihr Obst und Gemüse in der Stadt zu verkaufen. Das galt als kapitalistisch. Märkte, auch im ursprünglichen Sinne des Wortes mit Ständen auf einem Marktplatz, waren quasi nicht mehr vorhanden. Allein der Staat war zuständig für die Versorgung, die jedoch extrem ineffizient organisiert war. Noch Mitte der Fünfzigerjahre hatten die Menschen mehr Getreide pro Kopf für die Ernährung zur Verfügung als 1978. Das durchschnittliche Einkommen eines Chinesen lag Ende der Siebzigerjahre bei nicht einmal zweihundert US-Dollar im Jahr. Mehr als ein Viertel der Bevölkerung lebte in Armut.

Auch weite Teile der Produktion waren in den Jahren der Kulturrevolution zusammengebrochen, alle Fabriken verstaatlicht worden. Den Verwaltungen wiederum fehlte es an versierten Fachkräften. In den Führungsetagen saßen oft Parteisekretäre, die sich zwar in den komplizierten Gefilden der Kommunistischen Partei auskannten, von Chemiefabriken, Stahlwerken und Bauunternehmen aber keine Ahnung hatten. Die Regierung legte fest, was in den Fabriken hergestellt wurde und in welchen Mengen. Diese vom Staat ausgearbeitete Planwirtschaft führte dazu, dass kein Betriebsleiter dafür sorgte, Gewinne einzufahren oder sparsam mit Ressourcen umzugehen. Machte ein Betrieb Verlust – und das machten sie fast alle –, glich die Regierung den Fehlbetrag aus. Weil die Beschäftigten ebenfalls nicht nach Leistung bezahlt wurden, gaben sie sich bei der Arbeit nur wenig Mühe oder machten gleich blau. Die meisten Staatsbetriebe waren zu monströsen Einrichtungen angewachsen, beschäftigten viel zu viele Arbeiter und Angestellte, stellten aber kaum noch brauchbare Waren her.

Chinas Fahrzeugbau war zu diesem Zeitpunkt völlig unterentwickelt. In der zweiten Hälfte der Siebzigerjahre stellte das Land für seine rund eine Milliarde Einwohner gerade einmal 150 000 Fahrzeuge pro Jahr her. Es handelte sich fast ausschließlich um Lastwagen und Busse, sieben Prozent davon waren Geländewagen für das Militär. Der Anteil der Pkw-Produktion lag bei knapp drei Prozent. Für das Riesenland gab es dafür gerade einmal zwei Herstellungsstandorte. Der eine lag weit im nebligen und kalten Norden des Landes in der Stadt Changchun. Hier befand sich das Werk von First Automotive Works (FAW), die erste Anlage zur Fahrzeugherstellung, die Mao nach Gründung der Volksrepublik unter kommunistischem Vorzeichen aufbauen ließ. Seitdem war nur ein zweiter Standort hinzugekommen. In der Mitte des Landes, in der Provinz Hubei, gab es mit SAW (Second Automotive Works) ein Kombinat, das aber nur Lastwagen baute.

Doch es kündigten sich Veränderungen an: Auf einer Arbeitstagung der kommunistischen Führung im Dezember 1978 in Peking trat ein kleiner Mann auf, der sich in den letzten zwei Jahrzehnten als innerparteilicher Gegner Maos einen Namen gemacht hatte. Er wurde dafür mehrfach von Mao gestürzt und verbannt, aber immer wieder in die Führung zurückgeholt. Sein Name: Deng Xiaoping. Die Botschaft, die er auf dieser Sitzung verkündete, fand wenig Beachtung, obwohl sie es in sich hatte: »Die Partei muss sich von Utopien trennen und künftig die Wahrheit in den Fakten suchen.« Er erklärte hohes Wirtschaftswachstum für ein erstrebenswertes Ziel.

Zwei Jahre nach Maos Tod war es Deng gelungen, den noch von Mao bestimmten Nachfolger Hua Guofeng zu entmachten und sich selbst zum Führer der Partei und des Staates zu machen. Offiziell hielt Deng sich im Hintergrund, doch kontinuierlich und nahezu geräuschlos hatte er sämtliche wichtigen Posten mit seinen Anhängern besetzt.

Einen Masterplan hatte Deng nicht. Er wollte nach Jahrzehnten des Planungswahns auch keinen. Er und die gesamte neue Führung erwiesen sich als ausgesprochen pragmatisch. »Ganz gleich, ob die Katze schwarz ist oder weiß – Hauptsache sie fängt Mäuse, dann ist sie eine gute Katze«, lautete eine Devise, die er schon Anfang der Sechzigerjahre ausgab. Nicht zuletzt dafür wurde er von Mao während der Kulturrevolution bestraft. Nun wurden seine Worte zur Staatsdoktrin. Deng war bereit, sein Land wirtschaftlich zu öffnen und westliche Investoren hineinzulassen. Im Jahr darauf kündigte er an, dass sich das Jahreseinkommen pro Kopf bis zur Jahrtausendwende verfünffachen werde.

Gleichzeitig war Deng schlau genug, nicht komplett mit dem Kommunismus zu brechen. Denn er selbst war ein Urgewächs der Partei. Das System abzuschaffen hätte seinen eigenen Sturz bedeutet. Zudem befürchtete er ein Machtvakuum, das das Land womöglich über Jahre ins Chaos gestürzt hätte. Denn eins war Mao trotz seiner ideologischen Experimente gelungen: Der Diktator hatte das Riesenreich unter die Kontrolle der Kommunistischen Partei gebracht. Diese Machtbasis wollte Deng unbedingt erhalten und für sich nutzen. Reformen ja, aber keinen Systemwechsel.

Der Besuch der zweiten chinesischen Delegation in Wolfsburg wenige Wochen vor der gewichtigen Arbeitssitzung der KP fiel genau in die Zeit dieses Wandels. Außerdem hatte sich die Planungs- und Entwicklungskommission, ein innerhalb der kommunistischen Führung bis heute sehr wichtiges Gremium, gemeinsam mit dem Außenhandelsministerium und dem Staatsrat im Sommer 1978 für eine weitere Autofabrik ausgesprochen. Eine vielversprechende Ankündigung. Gleichzeitig verfügte China, was die Produktionsmethoden anging, damals lediglich über ein Wissen aus den Fünfzigerjahren, hinkte also rund dreißig Jahre hinterher. Bekannt war die sogenannte Rote Fahne, eine schwere Limousine, die Mao in Auftrag gegeben hatte. Aber auch bei diesem Ungetüm war die Technik völlig veraltet, jede einzelne Schraube mussten die Arbeiter per Hand eindrehen. Denn Maschinen dafür besaß China nicht. Entsprechend klein war die jährlich hergestellte Stückzahl. Veraltete Technik, keine Maschinen, das waren aus deutscher Sicht schlechte Voraussetzungen für einen Markteintritt. Außerdem stand in den Sternen, wann sich ganz normale Leute in China überhaupt ein eigenes Auto würden leisten können. Ein Auto kostete 1978 mindestens das Hundertfache des sozialistischen Einheitslohns.

Im Zuge dieser Ankündigung erreichte meinen Vater die Nachricht, dass die chinesische Regierung eine Montagelinie aus dem Ausland kaufen wolle, also eine komplette Fabrik.

Man hoffte, auf diese Weise technologisches Wissen aus dem Ausland zu erhalten. Vizemaschinenbauminister Rao Bin, mit dem mein Vater im Kontakt stand, schlug Shanghai als Standort vor. Denn dort hatte Shanghai Automotive Industry Corporation (SAIC) eine Fabrik, ein Provinzunternehmen der Stadt Shanghai. Bis zu 150 000 Fahrzeuge könnte SAIC in einem Jahr produzieren, hieß es laut Rao Bin. Der größte Teil davon sollte exportiert werden, was bedeutete, China brauchte dringend Devisen. Für den heimischen Markt waren wegen der so geringen Kaufkraft nur wenige tausend Stück vorgesehen. 150 000 Fahrzeuge und der Großteil für den Export? Für VW war da auf den ersten Blick nicht viel zu holen. Mein Vater sah dennoch eine Chance.

Bei seinem Besuch in China im Winter 1977 hatte er die Erfahrung gemacht, vor welche Schwierigkeiten man gestellt war, wenn es nicht einmal Taxis gab. Ein Privatautomarkt würde zwar in absehbarer Zeit nicht entstehen, doch mit der Bevölkerungszahl von über einer Milliarde Menschen könnte es sich für ein Unternehmen wie VW schon lohnen, Pkws auf den chinesischen Markt zu bringen, selbst wenn sie zunächst nur als Taxis eingesetzt würden. Mit diesem Gedanken wandte sich mein Vater an den VW-Vorstand: Selbst wenn nur ein Teil der Menschen in China demnächst einmal im Monat mit dem Taxi führe, entstünde dadurch ein tragfähiger Markt. Dazu käme der Regierungsapparat. Bereits die Anschaffung weniger Dienstwagen für einen Teil der unzähligen Behörden bedeutete in absoluten Zahlen viele, viele Autos, die VW nach China verkaufen könnte. Eine Übergangslösung, bis sich eine Kooperation vor Ort realisieren ließe. Seine Chefs schauten ihn skeptisch an.

Zauberwort Joint Venture

Wie mein Vater später erfuhr, war VW keineswegs der einzige Kandidat, mit dem die chinesische Regierung in Verhandlungen stand. Sie hatte bei Mercedes-Benz angeklopft, bei General Motors und Ford in den USA, ebenso bei Renault und Peugeot in Frankreich sowie bei Toyota und Nissan in Japan. Der Regierung ging es bei der Wahl des Kooperationspartners von Beginn an nicht nur darum, dass die Autofirmen ihre Fahrzeuge in China bauten und verkauften, sondern die Chinesen sollten auch von der westlichen Automobilindustrie lernen.

Toyota wollte nicht in eine solche Kooperation einsteigen, weil es zu dieser Zeit Gespräche mit Taiwan führte. Das kleine Taiwan mit nicht einmal einem Fünfzigstel der Einwohnerzahl Chinas war damals viel lukrativer. Mercedes-Benz erklärte, man würde prinzipiell keine Technologie ans Ausland weitergeben. Die beiden französischen Unternehmen erwogen die Zusammenarbeit immerhin, sahen aber gravierende Probleme beim Export in Chinas Nachbarländer. Schließlich war Chinas Währung im internationalen Handel ein isolierter Sonderfall. Der Yuan ließ sich weder überweisen noch umtauschen. Nissan und Ford machten Vorschläge, die für die chinesische Regierung nicht akzeptabel waren. Letztlich konnte sich keiner der großen Autobauer vorstellen, mit dem bevölkerungsreichsten Land der Welt eine Zusammenarbeit einzugehen. Nur General Motors zeigte ein gewisses Interesse. Doch die Amerikaner wollten in China nur Laster herstellen. Und wenn Pkws, dann nur Kleinwagen, bei denen alle Teile aus Amerika kommen sollten. Auch GM fand den chinesischen Markt zunächst zu klein.

Das auch für Volkswagen größte Problem bei der Erwägung einer Zusammenarbeit mit China stellte das politisch-wirtschaftliche System des Landes dar. Als ein streng kommunistisches Land erlaubte die Volksrepublik kein Eigentum und keine privaten Unternehmen. Grund und Boden gehörten dem Staat. Er kassierte auch alle Gewinne der staatseigenen Fabriken. Zwar gehört auch Volkswagen zum Teil dem Land Niedersachsen. VW ist dennoch privatwirtschaftlich organisiert, muss den Aktionären Rechenschaft ablegen und ihnen Gewinne und Dividenden zahlen. Wie staatliche Unternehmen eines kommunistischen Landes mit Unternehmen der freien Marktwirtschaft ins Geschäft kommen könnten, darauf hatte auch mein Vater zunächst keine Antwort.

Zhou Zijian, der Minister in der zweiten chinesischen Delegation, hatte bei seinem Besuch in Wolfsburg jedoch das Modell eines Joint Venture ins Spiel gebracht. Der Begriff stammt aus der US-amerikanischen Rechtssprache. Insbesondere nach dem Zweiten Weltkrieg hatten US-Unternehmen ihren Handel mit anderen Staaten dadurch ausgeweitet, dass sie mit Partnerunternehmen im Ausland kooperierten. Genau genommen beschreibt der Begriff die Zusammenarbeit zweier Unternehmen, die gemeinsam zu gleichen Teilen ein drittes besitzen. Der Vorteil dieses Konstrukts: Beide Mutterunternehmen bleiben eigenständig nach der Rechtsform ihres Heimatlandes und müssen sich trotz unterschiedlicher Rechtssysteme nicht verbiegen. Es war der Amerikaner Thomas Aquinas Murphy, damaliger Vorstandschef von General Motors, der diese Rechtsform unter veränderten Vorzeichen auch im kommunistischen China einführte. Murphy reiste zusammen mit einer Gruppe von GM-Vertretern im Oktober 1978 persönlich nach China, um die Lage zu sondieren. Er war bis 1972 für die Lkw-Sparte zuständig, bevor er den Pkw-Bereich leitete und 1974 Vorstandschef wurde. Murphy war zugleich aber auch ein Finanzexperte. Nachdem er sich vor Ort informiert hatte, erwog GM den Bau einer Lkw-Fabrik in China, und Murphy schlug eine neue Form des Joint Venture vor: Auf der chinesischen Seite sollte statt eines Privatunternehmens ein Staatsunternehmen in das Joint Venture einsteigen.

Konkret sah Murphys Modell vor, dass der ausländische Partner Kapital in das Gemeinschaftsunternehmen einbrachte, außerdem das technische Wissen, die Marke und die Managementfähigkeiten. Die chinesische Seite stellte wiederum Grundstücke, die Fabrikgebäude und die Arbeiterinnen und Arbeiter zur Verfügung. Geführt würde das Unternehmen von Vertretern beider Seiten. So schwierig es für Murphy war, dem GM-Vorstand eine solche Kooperation in einem kommunistischen Land zu vermitteln, so schwierig war es auch auf der chinesischen Seite. Die Führungsetage des chinesischen Staatsbetriebs SAICS war skeptisch und konnte sich eine solche Art der Zusammenarbeit mit einem Unternehmen aus dem kapitalistischen Ausland schwer vorstellen. Die Kulturrevolution war noch nicht lange her. Was ihnen Mao über die Kapitalisten eingebläut hatte, steckte in ihren Köpfen: die Lehre von den bösen Absichten westlicher Unternehmen, von der Überlegenheit des Sozialismus und vom Streben nach Autarkie.

Doch Deng Xiaoping höchstpersönlich gefiel das Format des staatlich-privaten Gemeinschaftsunternehmens ausgesprochen gut. Er war felsenfest davon überzeugt, dass China sich nur mithilfe des westlichen Auslands entwickeln konnte. Dafür brauchte er ausländische Investoren. Dem Prinzip der Staatswirtschaft tat das aus seiner Sicht keinen Abbruch. Zumindest stellte er es so dar: Das Gemeinschaftsunternehmen blieb ja im Grunde »sozialistisch«. Zugleich konnte die chinesische Seite vom kapitalistischen Unternehmertum lernen. Ein Joint Venture sei wie eine Ehe, warb Murphy für sein Modell. Wenn das Gemeinschaftsunternehmen erfolgreich ist, verdienen beide Seiten daran, wenn es scheitert, verlieren auch beide. Deng machte das Joint Venture daraufhin zum Modell für jedes ausländische Unternehmen, das in China investieren wollte. Doch GM gelang es erst 1997, eine solche Kooperation mit einem chinesischen Partner einzugehen, also zwanzig Jahre später.

VW will nach China – hü und hott

Im Mai 1979 kam eine weitere, sechsköpfige Delegation aus China nach Wolfsburg, diesmal ohne einen Minister. Der offiziellen Lesart zufolge hatten die Verhandlungen noch nicht begonnen, sondern es wurde sondiert. Während der Gespräche kam ein Vertreter der Finanzabteilung von VW auf meinen Vater zu: »Herr Lee, könnten Sie die Gäste fragen, ob sie überhaupt wissen, wie viel Geld es kostet, eine Fabrik für 150 000 Autos zu bauen?« Er habe sich Chinas volkswirtschaftliche Statistik angeschaut. Ein durchschnittlicher Chinese könne sich selbst dann kein Auto leisten, wenn er sein ganzes Leben auf Essen und Trinken verzichtet. Er bezweifelte, dass die Chinesen tatsächlich über ausreichend Geld verfügten.

Aus betriebswirtschaftlicher Sicht war die Frage völlig berechtigt. Mein Vater wiegelte dennoch ab, er werde diese Frage nicht übersetzen. »Welche Antwort erwarten Sie denn?«, fragte er den Finanzexperten. »Wenn unser Gast sagt: China hat kein Geld. Sollen wir das Treffen dann beenden? Und wenn er antwortet: Es ist Geld da. Wollen Sie dann Belege sehen? Eine solche Frage würde uns im Moment nicht weiterhelfen, sondern nur die Annäherung erschweren. Das ist unser erstes Treffen. Wir sollten uns erst einmal kennenlernen.«

Meinem Vater war da bereits klar, dass es sich bei der Zusammenarbeit mit China nicht um eine Geschäftsbeziehung handeln werde, wie man sie in Wolfsburg bislang kannte. Wenn VW die Zusage für ein Montagewerk erhalten würde, war das eine politische Entscheidung Chinas. VW würde unmittelbar sicherlich keine großen Gewinne machen, gab mein

Vater zu, führte aber gegenüber dem Kollegen aus der Finanzabteilung aus: Er habe die Erfahrung gemacht, dass der Erfolg von Verhandlungen keineswegs nur von objektiven Bedingungen abhänge, sondern auch davon, ob die Chemie stimmte. Dann erzählte mein Vater von seinem Besuch im Winter 1977 bei seiner Familie in Nanjing: »Ja, es ist ein armes Land, komplett heruntergewirtschaftet. Aber ich spüre dort Aufbruchsstimmung.«

Die Gespräche liefen gut. Nach drei Tagen des gegenseitigen Beschnupperns unterzeichneten beide Seiten eine Absichtserklärung. Sie einigten sich darauf, in Shanghai ein Montagewerk zu errichten und dort zunächst 30 000 Pkws im Jahr zu bauen. Die Einzelteile würden allesamt aus Deutschland geliefert. Denn eine Zulieferindustrie war in China zu diesem Zeitpunkt nur rudimentär vorhanden. Für die weitere Planung des Projekts sollten Arbeitsgruppen gegründet werden, die sich um die Details kümmerten. Mein Vater konnte es kaum fassen. VW würde tatsächlich nach China gehen!

Im Jahr darauf drohte plötzlich schon wieder das Aus. Am 19. November 1980 wurde mein Vater vom Bereichsleiter der Abteilung für Beteiligungen im Ausland und dem Hauptabteilungsleiter der Qualitätssicherung gebeten, einen Brief an Vizemaschinenbauminister Rao Bin zu verfassen. Darin sollte auf möglichst höfliche und freundliche Weise der Ausstieg von VW aus der Zusammenarbeit mit China mitgeteilt werden.

Mein Vater war überrascht. Hatte VW wirklich nur einen so kurzen Atem? Er hielt den Abbruch der Gespräche für einen großen Fehler. Denn er kannte die chinesische Mentalität: Hatte sich die chinesische Führung erst einmal für eine Zusammenarbeit entschieden, war das für sie von höchster Priorität. Eine Absage wäre aus ihrer Sicht ein herber Gesichtsverlust. Scheiterten diese Verhandlungen, würde es in absehbarer Zeit keinen neuen Anlauf geben, befürchtete mein Vater. Doch der

Bereichs- und der Hauptabteilungsleiter argumentierten mit dem Kostendruck bei VW, mit der niedrigen Kaufkraft der Chinesen und der unsicheren Marktlage. Beide gehörten dem gerade erst gegründeten Arbeitsteam China an, hatten die Volksrepublik 1979 zwei Mal besucht und waren dem Vorstand mit ihren Abteilungen direkt unterstellt.

Die Position meines Vaters innerhalb des Konzerns hätte es eigentlich gar nicht zugelassen, dass er den beiden Leitungsmitgliedern der China-Arbeitsgruppe, der er selbst nicht angehörte, widersprach. Bei VW ging es, wie gesagt, zu der Zeit streng hierarchisch zu. Und normalerweise akzeptierten die Topmanager nur selten Widerworte, schon gar nicht von Leuten, die nicht einmal zur Abteilung gehörten. Mein Vater wagte es dennoch. China sei von der Fläche ungefähr genau so groß wie die USA. Mit einer Milliarde Menschen habe das Land bereits dreimal so viele Einwohner wie Nordamerika. Davon müsse nur ein Bruchteil ein Auto nachfragen, um das Projekt tragfähig zu machen, rechnete er ihnen vor. Fahrzeuge für den Personenverkehr machten zwar bisher nur einen Bruchteil des Marktes aus, waren aber stark im Kommen. Denn der Eisenbahnverkehr war durch die eingleisige Schienenführung unzureichend, eine Erweiterung auf absehbarer Zeit aufwändig und kostspielig. Der Bedarf an Transportmitteln sei sehr groß, gab mein Vater zu bedenken. Selbst vor dem Peking Hotel, zur damaligen Zeit das einzige Hotel der chinesischen Hauptstadt für Geschäftsleute aus dem Ausland, müssten die Gäste doch oft Stunden auf ein Taxi warten. Und was die fehlende Kaufkraft betraf: Die Löhne in China seien derzeit zwar niedrig. Aber in immer mehr sozialen Schichten werde die Kaufkraft in den nächsten Jahren steigen.

Schließlich verwies mein Vater darauf, dass es sich bei China keineswegs um ein beliebiges rückständiges Entwicklungsland handele. Die Armut dort sei real. Zugleich hätten die chinesischen Ingenieure auch unter Mao in manch nationalem Kraftakt bewiesen, dass sie zu konkurrenzfähigen Leistungen imstande waren. Sechzehn Jahre zuvor hatten sie schließlich die erste Atombombe des Landes in einer abgelegenen Wüste getestet. Schornsteine von Industrieanlagen ragten selbst in entlegenen Dörfern am Rande der Wüste Gobi oder in den Regenwäldern Yunnans in die Höhe, weil Mao es so wollte. Das Land hatte vor allem eines: ungenutztes Potenzial.

Woher mein Vater plötzlich den Optimismus nahm? Schließlich hatte er sich bis vor Kurzem selbst kaum vorstellen können, dass Chinesen einmal ganz selbstverständlich mit dem Auto durch die Gegend fahren. Im Zeitalter der Mao-Jacken, des Lebens in Volkskommunen oder Schlafsälen von Arbeitseinheiten erschien der individuelle Wunsch nach Mobilität völlig realitätsfremd. Doch bei seinem letzten Besuch in China hatte mein Vater erlebt, wie stark das aufgestaute Bedürfnis der Menschen nach solchen privaten Annehmlichkeiten war. Deshalb hielt er an der Idee fest, dass VW es in China mit einem Werk schaffen könnte. Ein gewagtes Experiment. Aber eines, das für das kommunistische China revolutionär sein könnte.

So kenne ich meinen Vater bis heute: Wenn er sich etwas in den Kopf gesetzt hat, lässt er nicht locker. Nicht immer hatte das einen positiven Ausgang. Aber dazu später mehr.

Schon jetzt wisse niemand genau, wie viel Vermögen Einzelne in China bereits besitzen, setzte er damals seinen Überzeugungsmarathon beim Bereichsleiter der Auslandsabteilung und beim Hauptabteilungsleiter der Qualitätssicherung fort, die ihm mit Blicken auf ihre Armbanduhren signalisierten, dass seine Redezeit abgelaufen war. Doch mein Vater sprach unbeirrt weiter: Chinesen seien es nicht gewohnt, ihr Geld auf die Bank zu bringen. Es gebe weder Giro- noch Sparkonten. Sein eigener Vater in Nanjing habe sein Vermögen in Form von Goldstücken, die er noch in der Zeit vor Gründung der

Volksrepublik erworben hatte, unter dem Holzboden seines Schlafzimmers versteckt. Vermutlich kein Einzelfall. Einen regen Schwarzmarkt für Gold, Devisen und anderen Wertsachen hatte es selbst zu Zeiten des Großen Sprungs und der Kulturrevolution gegeben. »Wir dürfen auf keinen Fall aussteigen!«, redete er auf die beiden ein. »Wenn wir jetzt absagen, wird die Tür für uns in China für immer verschlossen sein.«

Meinem Vater war keineswegs entgangen, dass vor allem das Auslandsgeschäft von VW in dieser Zeit nicht gut lief. Der Verkauf in den USA, dem damals noch wichtigsten Auslandsmarkt für VW, war zurückgegangen. Der Käfer war nicht mehr zeitgemäß. Der Golf, sein Nachfolger, hatte sich noch nicht so richtig durchgesetzt. Jede zusätzliche Investition wurde im Konzern mehrfach hinterfragt. Mein Vater schlug vor, das Volumen der Produktion in Shanghai ein weiteres Mal zu verkleinern. Das verringere sowohl den finanziellen als auch den personellen Aufwand. Ein Anfang wäre aber gemacht. Außerdem erspare sich Volkswagen eine harte Absage gegenüber dem potenziellen Partner.

Wirkten die beiden Manager anfangs abweisend, schienen sie ihm doch immer aufmerksamer zuzuhören. Am Ende nickten sie immerhin ein paar Mal. Die Argumente leuchteten ihnen offenbar ein. Doch der Vorstand habe seine Entscheidung getroffen. Da sei nichts zu machen. Wie stünde man denn da, wenn etwas bereits Beschlossenes wieder rückgängig gemacht würde. Doch mein Vater gab nicht auf. Mit »Gesichtsverlust« kannte er sich schließlich aus. Im Umgang mit Chinesen ist das ständig Thema. Es müsse doch einen Weg geben, den Vorstand umzustimmen, ohne ihn bloßzustellen, sagte er und schlug vor, einzeln mit den Vorstandsmitgliedern zu sprechen, um eine erneute Kehrtwende herbeizuführen. Produktionsvorstand Günter Hartwich war dabei gewesen, als die erste chinesische Delegation in Wolfsburg war. Er hatte der chinesischen

Seite den Rat gegeben, nicht nur an Nutzfahrzeuge zu denken, sondern auch daran, dass China mittelfristig Pkws brauchte. Ihn zu überzeugen, sollte nicht schwierig sein. Vertriebsvorstand Werner P. Schmidt dürfte ebenfalls kein Problem sein, führte mein Vater gegenüber den Managern aus. Auch er hatte die chinesischen Delegationen kennengelernt und stünde einer Zusammenarbeit mit China grundsätzlich aufgeschlossen gegenüber, sonst hätte er sich auf die Gespräche mit ihnen gar nicht eingelassen. Er wolle versuchen, mit Hartwich und Schmidt zu reden, kündigte mein Vater an, und auch mit Ernst Fiala, Vorstand für Forschung und Entwicklung. Um die anderen Vorstände sollten sich seine beiden Gesprächspartner kümmern. Sie schauten meinen Vater argwöhnisch an, sein Auftritt war ihnen offenbar zu forsch. Doch dann willigten sie ein. »Versuchen können wir's ja.«

Die Erleichterung meines Vaters wich jedoch schnell einer gewissen Nervosität. Hatte er den Mund nicht zu voll genommen? Um die Gespräche mit Hartwich, Schmidt und Fiala kam er aber nun nicht mehr herum. Also rief er noch am selben Tag bei den jeweiligen Vorzimmerdamen an und bat um Termine, die er binnen weniger Tage bekam. Auch der Leiter der Abteilung für Beteiligungen im Ausland und sein Kollege arbeiteten ihren Teil des Plans ab. Wann genau im Vorstand und im Verwaltungsbeirat darüber diskutiert worden und wie es zu einem Umdenken gekommen war, wurde meinem Vater nicht mitgeteilt. Nur so viel: In der Causa China machte der Vorstand seine Entscheidung rückgängig. Das Projekt erhielt grünes Licht. Aus der katastrophalen Absage wurde eine wertschätzende Zusage von Vorstandschef Toni Schmücker. Sie sollte darüber hinaus nicht schnöde per Post geschickt, sondern vom Leiter der Abteilung internationale Beteiligungen bei Vizemaschinenbauminister Rao Bin in Peking persönlich überreicht werden. Und mein Vater sollte dabei sein.

Es war ein Experiment, das wussten alle Beteiligten in Wolfsburg. Zur Chefsache wollte Vorstandschef Toni Schmücker die Zusammenarbeit mit China, anders als sein Nachfolger Carl Hahn, nicht machen. Erst Jahre später wurde klar, wie bedeutend dieser erste Schritt gewesen war. Volkswagen gelang es in China einzusteigen, als dort die Weichen für den wirtschaftlichen Aufstieg gestellt wurden.

Parallel zu VW hatte Rao Bin auch mit Renault und Peugeot in Verhandlung gestanden. Wäre VW damals ausgestiegen, hätte ein französischer Konkurrent die Lücke geschlossen. So aber konnten die Franzosen erst viele Jahre später in den chinesischen Markt eintreten. Es gelang ihnen allerdings nicht mehr, den Vorsprung von VW aufzuholen. Auch eine deutsche Autofirma verpasste den frühzeitigen Einstieg in China: Erst fünfundzwanzig Jahre später waren Autos mit dem Mercedes-Stern in großer Zahl auf Pekings Straßen zu sehen.

Ein chinesischer Name
für Volkswagen

Irgendwann zu Beginn der Zweitausenderjahre, als der Verkauf von Markenartikeln in China längst zum Milliardengeschäft geworden war, erschienen in mehreren deutschen Zeitungen Artikel zur Namensgebung für deutsche Produkte in China. Das ist keineswegs trivial: Die Firmen müssen Schriftzeichen finden, die entweder den Sinn oder den Klang eines Markennamens widerspiegeln – im Idealfall beides. Die Verfasser der Artikel hatten einiges an der Wahl der Schriftzeichen durch deutsche Konzerne auszusetzen. Sinologen machten sich besonders über »Bensi« für Mercedes-Benz lustig, was im Chinesischen unpassenderweise »zu Tode eilen« bedeutet. Das Unternehmen hat den Namen später in »Benchi« geändert. Das bedeutet »galoppieren« – immerhin etwas besser.

Volkswagen bekam dagegen für »Dazhong Qiche« uneingeschränktes Lob. »Dazhong« heißt Volksmasse und »Qiche« heißt Auto. »Volks-Wagen« ist hier also treu übersetzt. Für Chinesen, die im Kommunismus aufgewachsen sind, klingt das vertraut, mehr wie eine eigene Marke als ein internationaler Import. Mehr noch: Die Schriftzeichen von »Dazhong« 大众 ähneln in verblüffender Weise dem VW-Logo. Wer sich das rechte Zeichen ansieht, kann darin die übereinandergestapelten Buchstaben V und W erkennen.

Die Experten für China-Marketing waren sich einig, dass die »zugkräftige« Namenswahl, wie die *WirtschaftsWoche* es nannte, zum Erfolg der Marke VW in China beigetragen hat. Ein »großartiger« Name wie dieser »spare Millionen an Werbung« ein, hieß es in der *Welt*. Einer freute sich besonders über diese Artikel: mein Vater. Denn er war der Namensgeber für die chinesische Bezeichnung von VW.

Die Namensgebung geht auf das Jahr 1979 zurück. Meinem Vater wurde angetragen, sich etwas zu überlegen. Beraten konnte er sich intern mit niemandem, denn er war damals der einzige chinesischsprachige Mitarbeiter im gesamten Konzern.

Schon bei dem zweiten Treffen mit einer chinesischen Delegation im November 1978 hatte er darüber nachgedacht, wie der chinesische Name von Volkswagen lauten könnte. In Taiwan und Hongkong wurden bis dahin vereinzelt schon Volkswagen verkauft. Dort hieß die Marke »FoSi«, damit der Name die Anfangslaute von Volkswagen widerspiegelte. Mein Vater mochte diese Übertragung aber nicht. »Si« klingt auf Chinesisch nach Tod. Er dachte deshalb – etwas abgewandelt – zunächst an »Fu Shi«, das hat auf Chinesisch schon eine ganz andere Bedeutung, nämlich Gentleman. Aber er fand, das kam dem Namen der US-Marke Ford auf Chinesisch, »FuTe«, zu nahe und entsprach dem Anspruch von Volkswagen nicht, kein exklusives Produkt für Privilegierte sein zu wollen, sondern für jedermann erschwinglich.

Auch die Übersetzung von VW-Käfer, die mein Vater in einem Artikel in der chinesischen Version von *Reader's Digest,* erschienen in den Siebzigerjahren in Hongkong, fand, gefiel ihm nicht. Der Autor des Artikels übersetzte Volkswagen mit »Nationalauto«. Auch auf Chinesisch hatte das eine deutlich nationalistische Konnotation. Die korrekte Übersetzung von Volk wäre »Renmin« gewesen. Diesen Begriff wiederum hatten die Kommunisten in allen nur erdenklichen Zusammenhängen bereits verwendet. »Renmin« wurde praktisch überall angefügt: Volksregierung, Volksbank, Volkszeitung, alles mit der Vorsilbe »Renmin«. Hätte er Volkswagen auf Chinesisch mit »Volksauto« übersetzt, hätten alle Chinesen gedacht, es sei ein »kommunistisches Auto«. Das wollte mein Vater natürlich nicht. Er brauchte einen Namen, der griffig und unverkennbar war, sinnhaft und elegant klang, der keine politische Färbung hatte und auch in einigen Jahrzehnten noch zeitgemäß sein würde. Er kam schließlich auf das chinesische Schriftzeichen für »Menschenmasse«, bestehend aus »zhong«, Ansammlung von Menschen, und »da« für »groß«. Später stellte er dem chinesischen Verhandlungsteam die Bezeichnung »Dazhong« vor. Sie waren begeistert. Ein chinesischer Name für VW war gefunden.

Deng Xiaoping baut China um

Deng Xiaoping baute unbemerkt von der Weltöffentlichkeit das chinesische Wirtschaftssystem um. Er fand es wichtig, zuerst die Landwirtschaft in Gang zu bringen. Mehr als achtzig Prozent der Bevölkerung lebten von der Feldarbeit. Trotzdem war die Landwirtschaft Ende der Siebzigerjahre das Schlusslicht der chinesischen Wirtschaft. Und das wollte etwas heißen. Denn eigentlich waren alle Branchen abgewirtschaftet. Die Landwirtschaft hatte aber unter Maos Experimenten besonders gelitten. Er hatte die Bauern in Volkskommunen gezwungen, wie in einem industriellen Großbetrieb sollten sie die Äcker bestellen. Doch das funktionierte nicht. Die Erträge gingen drastisch zurück.

Deng sah nur eine Möglichkeit: Die Bauern sollten ihre Äcker wieder selbst bewirtschaften. Er gestattete erste Reformen in der Landwirtschaft: Bauern durften ihre auf Pachtland erwirtschafteten Überschüsse frei verkaufen. Das Zentralkomitee der Kommunistischen Partei hatte Dengs Pläne noch gar nicht verabschiedet, die Ankündigung am 31. Mai 1980 genügte schon, um die Dinge in Gang zu bringen. Deng löste mit dieser Maßnahme eine ungeheure Dynamik aus. Hunderttausende Bauern bestellten schon bald wieder ihre Felder auf eigene Rechnung. Prompt schossen die Ernteerträge in die Höhe. Die Erfolge in der Landwirtschaft nach nur zwei Ernten ermutigten ihn, weitere Reformen auch in anderen Sektoren zu wagen.

Doch die Beharrungskräfte der Mao-Kader, von denen viele noch ihre Ämter hatten, waren groß. Bei der Liberalisierung der Landwirtschaft hatten sich zwar rasch Erfolge eingestellt. Als Deng sie bei der Reform der Industrie wiederholen wollte, gestaltete sich das schwieriger als gedacht.

Nach dem Fall des Eisernen Vorhangs unterzogen sich sozialistische Länder in Osteuropa einer radikalen Privatisierungskur. Eine der Folgen war ein massives Sterben der nicht mehr rentablen Schwerindustrie. Eine solche Schocktherapie hatten führende US-Ökonomen zehn Jahre zuvor auch China empfohlen. Deng hielt das für zu radikal und lehnte die Vorschläge der Chicago School ab. Die großen Unternehmen in China sollten in Staatshand bleiben.

Um dennoch Wettbewerb und konkurrenzfähige Unternehmen zu etablieren, erlaubte Deng die Gründung von Privatfirmen – ein Novum in einem kommunistischen Staat. Die Staatsunternehmen sollten das als Ansporn begreifen und selbst effizienter wirtschaften und auf eigenen Füßen stehen. Dazu erlaubte Deng Staatsunternehmen, Gewinne einzubehalten. Die Betriebsleiter und Parteisekretäre erhielten mehr Befugnisse. Das führte allerdings dazu, dass sich die großen Staatsunternehmen schrittweise gesundschrumpfen und unrentable Bereiche schließen mussten. Wenn auch nicht ganz so radikal, wie es die US-Ökonomen vorgeschlagen hatten, bedeutete auch dieser Weg einen großflächigen Abbau von Arbeitsplätzen. Arbeitslosigkeit sah der Kommunismus aber nicht vor.

Neue Arbeitsplätze sollten im Dienstleistungssektor entstehen. Der war in China zu der Zeit noch völlig unterentwickelt. Mao hatte die Konsum- ebenso wie die Servicekultur, für die China international noch bis in die Dreißigerjahre stand, als Teil der Bourgeoisie bekämpft und sie weitgehend zerschlagen. Die geringe Bereitschaft, gegen Bezahlung für andere Dienste zu leisten, hielt sich teilweise hartnäckig. Bei einem meiner ersten Besuche in Peking, Anfang der Achtzigerjahre, wollte meine Familie abends in ein Restaurant einkehren, das zu einem staatlichen Versorgungsbetrieb gehörte. Es war bereits gegen 19 Uhr kein Gast mehr da, das Restaurant aber bis neun geöffnet. Als die Kellnerin uns sah, nölte sie genervt: »Meine Güte, schon wieder einer, der bedient werden möchte.«

Deng stand vor einem Dilemma. Einerseits hatte er es eilig mit Chinas Aufholprozess, wie auch das Auftauchen der beiden Minister im fernen Niedersachsen zeigte. Angesichts der Rückständigkeit seines Landes konnte es ihm mit der Modernisierung nicht schnell genug gehen. Andererseits wusste er: Die Menschen waren die vielen Experimente unter Mao leid. Sie sehnten sich nach Stabilität. Deshalb richtete Deng sogenannte Sonderwirtschaftszonen ein. Statt Experimente am ganzen Land auszuprobieren, wie Mao es getan hatte, begrenzte er sie auf einen bestimmten Raum. Versuche im Labor sozusagen. Diese Idee, die in die gedankliche Vorbereitungsphase des Pkw-Vorhabens mit VW Anfang der Achtzigerjahre fiel, sollte enorme Auswirkungen haben.

Shenzhen war Dengs erste Sonderwirtschaftszone. Dort erhebt sich heute eine glitzernde Metropole mit dreizehn Millionen Einwohnern und mit Techunternehmen, die es mit denen im Silicon Valley aufnehmen können. Ende der Siebzigerjahre, bevor der Ort zu einer Sonderwirtschaftszone erklärt wurde, fand sich hier lediglich eine Ansammlung kleiner Fischerdörfer. Auf der Westseite des Gebiets mündet der Perlfluss. Auf der Südseite fließt ein schmaler Fluss, der Shenzhen-River, welcher die Grenze zu Hongkong markiert. Dieser schmale Fluss war der eigentliche Grund dafür, dass Deng mit diesem Sumpfgebiet anfing, obwohl die Wahl auf den ersten Blick unüberlegt scheint. Die Bauern und Fischer lebten hier noch wie vor hundert Jahren. Nur wenige besaßen mehr als das, was sie aus dem Meer fischten oder selbst anbauten. Schmuggler etwa, die Waren von und nach Hongkong brachten, zuweilen nicht nur Dinge, sondern auch Menschen. Denn auf der anderen Seite des Flusses blühte unter britischer Herrschaft die Wirtschaft. Hongkong war zu dieser Zeit bereits als Industriestandort, Handelsstadt und Finanzplatz international bekannt.

Hongkong übte auch auf das chinesische Festland eine starke Anziehungskraft aus. Die Internierungslager der Volksbefreiungsarmee waren voll mit jungen Menschen, die über die Grenze fliehen wollten und gescheitert waren. Auch hier sorgte Deng für Überraschungen: Als örtliche Parteikader ihm bei einem Besuch vor Ort die Lage an der Grenze schilderten, forderte Deng nicht wie angenommen eine Verschärfung der Grenzüberwachung. Das Problem der Massenflucht könne nicht mit noch mehr Grenzpolizisten und Soldaten gelöst werden, sagte er. Grund für die Flucht nach Hongkong sei die Armut in der Volksrepublik. »China muss seine Gesetze ändern und dafür sorgen, dass der Lebensstandard auf chinesischer Seite steigt. Dann wollen die Menschen auch nicht mehr auf die andere Seite.« Deng sah die Lösung nicht im Abriegeln, sondern in noch mehr Öffnung. Neben dem Pilotprojekt in Shenzhen ließ er ab 1980 drei weitere Sonderzonen ausweisen.

Zunächst strömten Unternehmen aus Hongkong in die neu eingerichteten Zonen, japanische und US-amerikanische Investoren folgten und errichteten Produktionsstätten. Die dadurch entstandenen Arbeitsplätze lockten Hunderttausende zumeist junge Leute aus dem ganzen Land an, die Bevölkerung in diesen Gebieten wuchs rasant. An Flucht nach Hongkong dachte keiner mehr. Im Gegenteil. In den Zonen stieg der Wohlstand enorm an. Dengs Plan ging allerdings nicht ganz auf. Nur wenige Monate nach der Einrichtung der Sonderzonen mussten die Behörden sie mit Stacheldraht und Grenzposten sichern. Der Ansturm war zu groß. Das Grenzproblem hatte sich verlagert. Der wirtschaftliche Erfolg dieser Zonen war dennoch immens. Und sie waren ein Experimentierfeld der kapitalistischen Marktwirtschaft in der kommunistisch geführten Volksrepublik.

Shanghai würde seinen Senkrechtstart erst zehn Jahre später hinlegen. Chinas wichtigste Industriemetropole zu einem Versuchslabor zu erklären – das war Staatsoberhaupt Deng und seinen Genossen doch zu riskant. Umso wichtiger war es ihnen, in dieser Stadt außerhalb der Sonderwirtschaftszonen die Zusammenarbeit zwischen einem einheimischen Staatsbetrieb und einem internationalen Partner herbeizuführen, um auf diesem Wege für Chinas Wirtschaft wichtige Erfahrungen zu sammeln. Der internationale Partner sollte Volkswagen werden – der einheimische Staatsbetrieb war mit SAIC in Shanghai gesetzt.

Wenn es um die Zusammenarbeit mit China ging, holte der Vorstand meinen Vater regelmäßig dazu. Für SAIC war er sogar der Hauptansprechpartner. Fehlte er bei einer Verhandlung einmal, riefen die SAIC-Mitarbeiter ihn an und fragten: »Genosse Lee, wo sind Sie?« Er antwortete dann: »Ich helfe nur aus, wenn es Probleme gibt.« Denn nach wie vor war er für die Motorenforschung zuständig. »Probleme gibt es zuhauf«, sagten sie daraufhin lachend.

Wenn die SAIC-Vertreter nach Wolfsburg kamen, begann das Treffen fast immer mit einem gemeinsamen Abendessen beim Chinesen in der Rothenfelder Straße. Für die chinesische Seite war dieser Teil des Besuchs sehr wichtig – und für VW auch. War die Stimmung am Abend gut, wirkte sich das positiv auf den weiteren Verlauf der Verhandlungen aus. Verhielten sich die chinesischen Gäste zurückhaltend, war klar, dass sie eher unangenehme Themen im Gepäck hatten.

Am Ende ging es stets darum, ein Ergebnisprotokoll zu verfassen. Obwohl beide Seiten längst professionelle Dolmetscher dabeihatten, gestaltete sich die Einigung auf eine gemeinsame Zusammenfassung bei jedem Besuch äußerst schwierig, und mein Vater musste zwischen beiden Welten vermitteln. Das war auch für ihn nicht leicht. Um jedes Wort musste er mit den Vertretern von SAIC ringen. Das dauerte manchmal Tage. Die Dolmetscher hatten wenig Ahnung von technischen Details, und mein Vater verstand zuweilen nicht, was im KP-Jargon wichtig war. Unterstützung bekam er von Jiang Tao, dem Direktor des Büros für Elektromechanische Industrie der Stadt Shanghai. Für viele technische und vertragsrechtliche Begriffe, die in der westlichen Welt selbstverständlich waren, gab es zu der Zeit im kommunistischen China keine Bezeichnung, die von der chinesischen Seite verstanden wurde. Andere Begriffe, etwa aus dem Arbeitsrecht, wie das Wort Streik, durften in China gar nicht verwendet werden. Da war Kompromissbereitschaft oder auch Schummeln angesagt. Streik wurde in der deutschen und englischen Version verwendet, in der chinesischen stand: Unter besonderen Umständen müssen Arbeiter nicht arbeiten. Zum Teil ging es aber um Kleinigkeiten. Sollte die Wortwahl nicht stimmen, werde von ganz oben in Peking keine Genehmigung erteilt, hieß es immer dann, wenn die deutsche Seite mit dem Parteichinesisch wenig anfangen konnte und sich über die Wortklauberei beschwerte. Auf diese Weise lernte mein Vater die Funktionsweise des kommunistischen Apparats ganz gut kennen.

VW war eine der ersten westlichen Firmen, die sich trauten, in der Volksrepublik zu investieren. Waren die ersten Treffen 1978 auf beiden Seiten noch von Euphorie begleitet, verliefen die Verhandlungen in den darauffolgenden Jahren zäh. Von der Zusage 1980 bis zum ersten VW, der in Shanghai vom Band rollte, dauerte es vier Jahre. Das größte Problem neben der chinesischen Mangelwirtschaft war, dass viele Grundlagen einer binationalen Zusammenarbeit auf Seiten der Volksrepublik fehlten. VW musste vieles davon erst schaffen. Es handelte sich um wahre Pionierarbeit.

Als die VW-Vertreter den Schutz von geistigem Eigentum ansprachen, erhielten sie von den chinesischen Partnern die Antwort: Das kennen wir nicht. Dafür gibt es in China keine zuständige Behörde. Das war für die deutsche Seite ein Problem. Ohne entsprechenden Schutz würde sich ein Konzern wie VW nicht auf eine Zusammenarbeit einlassen können – zu groß die Angst, Ideen könnten geklaut werden. Mein Vater schlug der chinesischen Seite daraufhin spontan vor: »Warum übernehmt ihr nicht das deutsche Patentrecht?« Das könne eine wichtige Lücke schließen, und davon könnten auch künftige Kooperationen mit westlichen Firmen profitieren.

Mein Vater richtete daraufhin eine Anfrage an das Bundeswirtschaftsministerium, ob die Bundesregierung bezüglich

dieser Angelegenheit helfen könne. Das Bundeswirtschaftsministerium ging auf den Vorschlag ein, die chinesische Regierung auch. Das Ergebnis war ein Patentamt nach deutschem
Muster in China. Bis heute ist das chinesische Patentrecht dem
von Deutschland sehr ähnlich.

China öffnet sich dem Konsum

Die Wirtschaftsreformen von Deng Xiaoping zeigten zu Beginn der Achtzigerjahre bereits erste Früchte, und auch der
Konsum nahm zu. Die Liberalisierung setzte sich fort. Entsprechend änderte sich das Leben in den Städten: Imbissbuden und
Restaurants tauchten auf, es gab Massage- und Friseursalons,
sogar erste Boutiquen. Beherrschte in den Jahren zuvor noch
das einheitliche Grau das Straßenbild, wurde es auf den Straßen bunter und belebter. Geschäfte mit Fernsehgeräten und
Radios machten den staatlichen Kaufhäusern Konkurrenz, die
in ihren Schaufenstern noch immer schlichte Arbeiterjacken
und grüne Armeehosen ausstellten. In Peking waren auf den
Straßen junge Frauen mit Stöckelschuhen zu sehen und lang-
haarige junge Männer in Trenchcoats. Es gab die ersten Bürger,
die über mehr Geld verfügten als den staatlichen Einheitslohn
von weniger als einhundert Yuan im Jahr, was nach heutigem
Maßstab in etwa einhundert Euro entsprach. Selbständige
Bauern und Kleinunternehmer zogen bündelweise Banknoten
hervor, um für ihre Familien auf dem Land Fernsehgeräte und
Kühlschränke zu kaufen.

Doch wie vertrug sich diese neue Öffnungspolitik mit dem
Kommunismus? Offiziell hielt die Führung unter Deng an der
Planwirtschaft fest. Bei der Auslegung erwies er sich jedoch
als ausgesprochen flexibel. 1980 führte die renommierte ita-
lienische Journalistin Oriana Fallaci ein Interview mit Deng
Xiaoping. Es ist eines der wenigen Interviews, die er west-

lichen Medien gab. Auf die Frage, ob der Kapitalismus nicht auch seine guten Seiten habe, antwortete er: »Das hängt davon ab, wie Sie Kapitalismus definieren.« Nicht alles, was in kapitalistischen Ländern entwickelt werde, trage auch kapitalistischen Charakter. Technik und Wissenschaft etwa seien für jede Gesellschaftsform von Nutzen, betonte er in dem Gespräch. Angesprochen auf den neuen Reichtum zumindest einiger chinesischer Bürger, antwortete Deng, seine Reformen, die marktwirtschaftliche Züge hätten, seien ein Zwischenstadium, um überhaupt etwas zum Umverteilen zu schaffen. Reichtum für alle – das war sein Ziel. Bei anderer Gelegenheit antwortete er auf eine ähnliche Frage: Ein Anstieg der Wirtschaftsleistung habe noch lange nicht zur Folge, dass der Kommunismus am Ende sei. Zentrale Produktionsmittel blieben weiter Staats- und damit Gemeineigentum. Später gab er in einem Interview der US-Sendung *America's 60 Minutes* unverblümt zu: Er habe kein Problem damit, wenn »einige zuerst reich werden«. Das war einer seiner Schlüsselsätze, und er öffnete dem Kapitalismus in China endgültig Tür und Tor.

Im Winter 1979/80 nahm uns mein Vater das erste Mal mit nach Nanjing. Wir sollten unsere Großeltern und andere Familienmitglieder kennenlernen. Ich war damals vier Jahre alt, und in meiner Erinnerung saßen mein Bruder und ich die meiste Zeit eingemummelt in dicken Decken auf dem Bett meiner Großeltern, weil es so kalt war. In ihrem Haus gab es keine Toilette, deshalb mussten wir öffentliche Toilettenhäuser benutzen. Sie waren ständig überfüllt und stanken bestialisch. Ich ekelte mich.

Zu trinken gab es nur heißes, leicht ranzig schmeckendes Wasser, zu essen vor allem Kohl und grobkörnigen Reis, der nichts mit dem zu tun hatte, was ich aus dem China-Restaurant in Wolfsburg gewohnt war. Überhaupt gab es nur sehr we-

Felix Lee (links) und sein älterer Bruder mit den Großeltern, Nanjing, 1979/80

nige Dinge. Die Armut meiner Verwandten blieb unvergesslich für mich.

Bei dem Besuch lernte ich auch meine vielen Cousinen und Cousins kennen: vierzehn Jungen und Mädchen, mit denen ich allein in Nanjing verwandt war, darunter Drillinge. Ich war der Jüngste von allen. Bis dahin hatte es für mich gar keine Verwandtschaft gegeben. Für sie wiederum schien es aufregend zu sein, das erste Mal in ihrem Leben Familienmitglieder aus dem reichen Westen zu Besuch zu haben. Meine Eltern hatten für alle Kinder Schokolade mitgebracht. Sie gaben die Tafeln meinen Großeltern, damit sie die Mitbringsel verteilten, was sich als Fehler herausstellen sollte. Da mein Opa und meine Oma nichts hatten, was sie mir und meinem Bruder hätten schenken können, überreichten sie uns nach und nach die Schokolade. Als mein Vater davon erfuhr, war nichts mehr übrig.

Im Gegensatz zu mir, der ich den ungeheuren Unterschied zwischen dem Lebensstandard in Deutschland und in China wahrnahm, war mein Vater beeindruckt, welche Fortschritte die Volksrepublik im Vergleich zu seinem Besuch zwei Jahre zuvor gemacht hatte. Das Geschäftstreiben in den Innenstädten und auf den Märkten hatte rasch Fahrt aufgenommen. Er erklärte sich das damit, dass die älteren Chinesen die Märkte noch aus ihrer Jugend kannten. Das unterschied sie von den Menschen in der Sowjetunion. Das kapitalistische Wissen war in China letztlich nur eine Generation nicht gefragt gewesen, strenge Planwirtschaft existierte kürzer als in der DDR. Trotzdem fiel ihm auf, dass die Menschen nach dreißig Jahren Planwirtschaft und Mangel Verhaltensweisen entwickelt hatten, die er in diesem Ausmaß aus seiner Kindheit nicht kannte: Sofort zuzuschlagen, wenn etwas vorhanden war – das schien die Devise zu sein, ohne Rücksicht auf andere.

Beim ersten Besuch meines Vaters Ende 1977 wollten seine Schwestern mit ihm ins Zentrum Nanjings zum alten Konfuzius-Tempel fahren. Mit dem Bus. Solange er noch nicht da war, standen die Menschen an der Haltestelle hintereinander. Doch kaum hielt der Bus, stürmten alle auf die Türen zu und schubsten dabei jeden um sich herum weg. Mein Vater war ein solches Gedrängel nicht gewohnt. Er hatte zudem einen schicken Ledermantel an, den er nicht schmutzig machen wollte. Dann nehmen wir eben den nächsten, dachte er sich. Aber seine Schwestern zerrten ihn mit. Als sie dann zusammengequetscht im Bus standen, machten sie sich lustig über ihn. Es gebe eine Redensart, sagte eine seiner Schwestern: »Wer den ersten Bus nicht kriegt, wird auch den nächsten nicht bekommen.« Wie mein Vater rasch feststellte, bezog sich das keineswegs nur aufs Busfahren. Egal, wo es etwas zu kaufen gab oder man sich mit vielen anderen Zutritt verschaffen musste, es wurde geschubst und gedrängelt.

Dieses Verhalten lässt sich insbesondere bei der älteren Generation bis heute beobachten. Es sind vor allem Frauen um

Felix Lee (rechts) mit zwei seiner Cousins und seinem Bruder,
Nanjing, 1979/80

die siebzig, die sich in Bussen und U-Bahnen ruppig verhalten.
Sobald an einer Station mehr Leute zusteigen und es im Bus
oder Abteil etwas voller zu werden droht, spürt man nicht selten einen Ellenbogen in der Rippengegend. »Kein Wunder«,
sagte mein Vater, nachdem ich ihm einmal diese Beobachtung
geschildert hatte. Es waren überwiegend die Frauen, die in den
Jahren der Kulturrevolution ihre Familien durchbringen mussten. Drängelten sie sich bei der Lebensmittelvergabe nicht vor,
gab es abends keinen Reis auf dem Tisch.

Es gab noch eine andere Eigenart in der chinesischen Gesellschaft, die meinem Vater Ende der Siebziger-, Anfang der
Achtzigerjahre auffiel: der Drang nach Konformität, der sich
auch als Wunsch nach Gleichheit beschreiben ließe. Was der
eine hatte, wollte der andere auch haben. Das ständige Gefühl,
zu kurz zu kommen, war weit verbreitet. Mein Vater leitete aus
seinen Beobachtungen einige für ihn interessante Erkennt-

nisse ab, die sich bei seiner späteren Arbeit in China als nützlich erweisen sollten. Sie stammten nicht nur aus dem Alltag auf den Straßen und in den Geschäften der Volksrepublik, sondern auch aus seiner eigenen Familie.

Als mein Vater unseren Besuch im Winter 1979 ankündigte, bat ihn eine seiner Schwestern, ihr eine Armbanduhr mitzubringen, aber nicht irgendeine, sondern die, die sie bei ihrer Kollegin gesehen hatte. Als er seiner Schwester die Uhr überreichte, wollten seine anderen Schwestern genau dasselbe Modell.

Paradoxerweise stieg der Wert seiner Mitbringsel aus dem wohlhabenden Westen, je mehr die Armut in China zurückging. Am Anfang, 1977, hätte mein Vater mit einer Armbanduhr vom Discounter oder einem Fernseher noch völlig danebengelegen. Denn so etwas besaß zu dieser Zeit niemand in der Volksrepublik. Bevor er das erste Mal nach Nanjing reiste, hatte er seinen Vater in einem Brief nach den Wünschen der Familie gefragt, aber keine Antwort erhalten. Schließlich kaufte er allen seinen Schwestern und ihren Ehemännern Unterwäsche, Socken, Schals und Handschuhe, wegen der feuchtkalten Winter in Nanjing. Vor allem über die Baumwollsocken freuten sie sich, besaßen sie doch bis dahin nur Strümpfe aus groben Kunstfasern, die auf der Haut kratzten.

Als er zwei Jahre später das zweite Mal in Nanjing zu Besuch war, dieses Mal zusammen mit meiner Mutter, meinem Bruder und mir, waren die Ansprüche schon ganz andere. Lange bevor wir die Reise antraten, schickte mein Großvater einen Brief mit einer langen Liste von Dingen, die mein Vater mitbringen sollte. Eine Schwester wünschte sich Plastikschüsseln. Das klingt aus heutiger Sicht grotesk, denn in China wurde einst die Keramik erfunden, und heute ist es das Herstellungsland Nummer eins für Plastikwaren aller Art. Ende der Siebzigerjahre gab es jedoch für den Alltagsgebrauch we-

Felix Lee, seine Mutter und sein Bruder (von links) in einem Dreirad-auto, chinesisch: Sanlunche, Nanjing, 1979/80

der Porzellan- noch Plastikschüsseln. Die Menschen bereiteten ihre Speisen in eisernen Reisschüsseln zu.

Das Beispiel Keramik zeigt, wie sehr in den Jahrzehnten des Maoismus die Produktion von Konsumartikeln in den Hintergrund getreten war. Eine meiner Tanten lebte in Jingdezhen, eine Stadt in der Provinz Jiangxi, die bekannt für ihre über tausendjährige Tradition der Porzellanherstellung ist. In der Mao-Zeit wurde dort Keramik fast nur noch für elektrische Isolatoren im Industrieeinsatz produziert. Außerdem brannten die Manufakturen Kacheln, aus denen überdimensionale Mosaike mit sozialistischen Motiven zusammengefügt wurden. Diese propagandistischen Wandgemälde hingen aber nur in Regierungs- und Parteigebäuden. Für den Alltag war das Porzellan nicht gedacht. Löffel und Schüsseln waren aus Eisen und Aluminium.

Auf der Liste meines Großvaters standen damals auch Haarspangen und Modeschmuck für alle Schwestern. Ich kann mich noch erinnern, wie mein Vater sich darüber lustig machte. Meine Tanten waren über fünfzig und die bunten Spangen und Haargummis für kleine Mädchen auch in Deutschland schon »Made in Hongkong«. Aber was die Nachbarinnen und Kolleginnen besaßen, wollte man eben auch.

Mein Großvater wiederum wollte unbedingt Hongkong-Dollar. Der Neffe eines Nachbarn wohnte in Hongkong und hatte seinem Onkel zweitausend Hongkong-Dollar geschenkt. Stolz hatte der Nachbar meinem Großvater davon erzählt. Mein Vater erfuhr zufällig davon, als er die Enttäuschung seines Vaters bemerkte, dass er ihm nicht ebenfalls Hongkong-Dollar mitgebracht hatte. Zwar schickte er regelmäßig Geld, Dollar oder D-Mark, die der Vater in einer abschließbaren Schublade für härtere Zeiten hortete – aber es waren eben keine Hongkong-Dollar.

Ähnlich verhielt es sich mit einem Fernseher. Mein Großvater hatte ein ganz bestimmtes Modell im Blick. Es handelte sich um einen Schwarz-Weiß-Fernseher von Sony mit einer Bilddiagonalen von neun Zoll. Er war also in etwa so groß wie heute ein Tablet – und in Europa längst ein Auslaufmodell. Niemand wollte mehr einen kleinen Schwarz-Weiß-Fernseher haben. Alle kauften Farbfernseher.

In China konnte sich Farbfernseher noch kaum jemand leisten. Schwarz-Weiß-Fernseher hingegen waren 1979 schon etwas verbreitet. Das japanische Elektronikunternehmen Sony machte daraus sogar gezielt ein Geschäft: Die Firma kaufte veraltete Modelle aus eigener Produktion weltweit zurück, um sie nach China zu verkaufen, wo das Fernsehen überhaupt erst entdeckt wurde.

Mein Vater bot meinem Großvater an, ihm einen sehr viel besseren Fernseher zu schenken. Aber nein, der Großvater wollte unbedingt diesen einen Schwarz-Weiß-Fernseher haben, von dem er wusste, dass ihn auch andere Nanjinger besaßen.

Man hätte es für Starrsinn halten oder dahinter jenen Drang nach Konformität vermuten können, unrecht sollte er damit nicht haben. Das zeigte ein Ausflug meines Vaters zu einer seiner Schwestern. Sie war mit ihrer Familie während der Kulturrevolution zur Arbeit aufs Land geschickt worden und lebte immer noch dort. Im Zug beobachtete mein Vater, wie sechs junge Männer einen riesigen Karton ins Abteil schleppten. Telefunken stand darauf. Diese deutsche Marke gab es in China damals nicht. Mein Vater fragte nach. »Ja, ja, aus Deutschland«, sagte einer stolz. Über gute Beziehungen zu einem Zollbeamten und dessen Mittelsmann hatten sie das Gerät aus Hongkong bezogen. Es kostete über eintausend D-Mark, was auch für deutsche Verhältnisse damals viel Geld war. Das ganze Dorf hatte das Geld zusammengelegt. Sie hatten das Gerät an der Grenze zu Hongkong persönlich in Empfang nehmen müssen. Tage später erzählte die Schwester meines Vaters, dass der deutsche Fernseher in der ganzen Gegend Riesenthema war. Denn das teure Gemeinschaftsgerät funktionierte nicht. Nachdem die sechs Männer das Gerät ausgepackt und vor der Dorfgemeinschaft eingeschaltet hatten, konnten sie zwar das Bild empfangen, aber keinen Ton. Was sie nicht bedacht hatten: TV-Geräte aus Europa empfingen die Tonsignale auf einer anderen Frequenz als solche aus Asien. Für das Dorf war der Fernseher eine Riesenpleite. Bloß keine Experimente, dachte sich also auch mein Großvater.

Also kaufte mein Vater das gewünschte Modell – im Friendship Store, dem einzigen Laden in Nanjing, der das Gerät führte. Wie mein Großvater es sich erhofft hatte, saßen die gesamte Großfamilie und auch die Nachbarn daraufhin abends im Hof und starrten gebannt auf den Minibildschirm. Die Schutzfolie klebte noch am Gerät und sollte auch nicht abgenommen werden.

Zwei Jahre später brachte mein Vater meinem Großvater

einen Farbfernseher mit sehr viel größerem Bildschirm mit. Doch so stolz wie auf den Schwarz-Weiß-Fernseher war er nicht noch einmal.

Das Bedürfnis nach konformem Konsum lässt sich unmittelbar auf den Kommunismus zurückführen: Gleichsetzerei plus Mangelwirtschaft. Unter Mao gab es einen Einheitslohn. Bis 1965 führte mein Großvater die Reisgeschäfte und bekam fünfzig Yuan im Monat, meine Großmutter nichts. Danach lag seine Rente bei fünfunddreißig Yuan, sie erhielt fünfzehn Yuan, sodass sie zusammen wieder fünfzig Yuan hatten. So viel bekam im Prinzip jeder Haushalt, egal, welchen Beruf jemand vorher ausgeübt hatte, egal, ob man noch arbeitete oder schon pensioniert war.

Da die Auswahl und die Menge an Produkten gering und die Grundnahrungsmittel zudem rationiert waren und nur über Lebensmittelmarken bezogen werden konnten, fiel es sofort auf, wenn jemand etwas besaß, worüber alle anderen nicht verfügten. Eine Haarnadel bei einer Frau, eine Sonnenbrille bei einem Mann – das weckte sofort Neid. Nach den ersten Wirtschaftsreformen und der sanften Einführung einer Marktwirtschaft gab es den Einheitslohn nicht mehr. Doch die instinktive Vorsicht, nicht aus der Masse herauszustechen, blieb bei vielen noch über Jahre erhalten. Individualität wurde unter Mao ausgemerzt.

Dennoch hatte es während des Maoismus immer auch die Möglichkeit gegeben, heimlich in den Besitz von Wertgegenständen zu kommen. Wie bereits erwähnt, war mein Großvater selbst in den schlimmsten Zeiten unter Mao nicht arm. Anders als Hunderte Millionen Chinesen auf dem Land musste seine Familie in Nanjing zu keinem Zeitpunkt Hunger leiden. Auch hatte er einige Reserven anlegen können. Schon bevor die Kommunisten die Macht übernahmen, kaufte er von seinem Ersparten kleine, etwa daumengroße Goldstücke.

Es müssen mehrere Dutzend Zehn-Gramm-Stücke gewesen sein. Als mein Vater das erste Mal zu Besuch in Nanjing war, zeigte mein Großvater ihm eine kleine Kiste, in der sich eine Liste mit Wertgegenständen befand. Die Goldstücke hatte er im Schlafzimmer im Fußboden versteckt. Ein paar davon hatte er in besonders harten Zeiten verkauft, gestand er. Auf dem Schwarzmarkt. Davon lebte dann die ganze Familie. Tagsüber erledigten meine Tanten, Onkel und die älteren Cousinen und Cousins die Arbeiten, die der Staat ihnen zugewiesen hatte. Abends kamen sie alle zum Abendessen zu meinen Großeltern. Eine der Tanten arbeitete zeitweise als Elektrotechnikerin und nutzte die Gelegenheit, um aus ein paar Einzelteilen ein Radio zusammenzubauen. Das Gerät empfing sogar Kurzwelle. Nach dem Abendessen saß die ganze Großfamilie oft gemeinsam im Schlafzimmer der Großeltern um das Gerät herum, manchmal konnten sie damit sogar ausländische Sender empfangen.

Das war die Abendbeschäftigung. Kinos gab es nicht, auch keine andere Unterhaltung. Oft blieben die Enkelkinder über mehrere Tage bei den Großeltern. Denn sie wussten, dass es bei ihnen immer ausreichend zu essen gab. Als es mit der wirtschaftlichen Öffnung Anfang der Achtzigerjahre für meine Tanten und Onkel aufwärts ging, wurden die Besuche meiner Cousins und Cousinen bei den Großeltern weniger. Nach und nach erwarben sie Radios und Fernseher. Aber immer waren es exakt die gleichen Modelle, die die anderen auch hatten.

Aus all diesen Erlebnissen und Eindrücken zog mein Vater Schlussfolgerungen für konkrete Strategien im chinesischen Markt. Als für VW in Wolfsburg die Entscheidung anstand, welche Modelle der Konzern nach China bringen sollte, meinte mein Vater: Ein Modell reicht völlig aus. Denn in der Tat war es auch bei Autos so: Die chinesischen Verbraucher der ersten Generation nach der Öffnung wollten keine Vielfalt. Der VW-Vorstand entschied sich schließlich für den Santana, in Deutschland schon damals ein Auslaufmodell. Er sollte in China bald ein Revival erleben, wo es inzwischen hieß: weniger Kommunismus, mehr Wagnis! Xia hai! – übersetzt: ins Meer stürzen.

Deng Xiaoping suchte gezielt den Austausch mit dem Ausland. Er traf sich persönlich mit westlichen Spitzenpolitikern, Unternehmern und Wissenschaftlern, um sein Land weiter voranzubringen. Er öffnete die Universitäten für ausländische Studenten und Wissenschaftler, förderte die Zusammenarbeit in der Forschung. Paradoxerweise brach Deng dennoch nicht mit der Vergangenheit. Das überdimensionale Porträt von Mao Tse-tung hing weiterhin als nationales Symbol über dem berühmten Tor der Verbotenen Stadt in Peking, dem Tiananmen. Deng tat also so, als gebe es Kontinuität, während er in Wirklichkeit alles über Bord warf, was Mao heilig gewesen war. Da erwacht ein Riese, hieß es inzwischen überall auf der Welt.

1983 – der erste VW
auf den Straßen von Shanghai

Doch ein Riese war mitunter etwas behäbig. Die Verhandlungen zwischen VW und dem chinesischen Partnerunternehmen SAIC schleppten sich weiter dahin. Mein Vater war ab 1980 regelmäßig für Volkswagen in Peking und Shanghai. Als einer der ersten westlichen Geschäftsleute in der Volksrepublik fühlte er sich als Vorreiter, der sowohl Land und Leute als auch die Sprache kannte. Das verschaffte ihm mehr Spielraum als manch anderem, in dem aufstrebenden Land etwas zu bewegen, und gleichzeitig erleichterte es ihm seine Sonderstellung, mit Parteisekretären und Ministern bis hin zum Premierminister direkt zu reden.

Je länger sich die Verhandlungen hinzogen, desto nervöser wurde mein Vater. Anfang 1982 fiel ihm in Shanghai auf, dass immer mehr ausländische Autos auf den Straßen zu se-

VW Santana in Shanghai, 1985

hen waren, obwohl die chinesische Regierung noch keinem ausländischen Autobauer eine entsprechende Genehmigung erteilt hatte. Die Autos waren offenbar illegal importiert worden. Um es sich mit der Staatsführung nicht zu verscherzen, wollte VW weiter den offiziellen und damit legalen Weg gehen. Damit Volkswagen aber schon Präsenz auf Chinas Straßen zeigen konnte, schlug mein Vater vor, mit einer Probemontage zu beginnen. Auf beiden Seiten kam der Vorschlag gut an.

Der Santana als erstes Modell für den China-Markt war gesetzt. VW wollte nicht zu viel Geld für die Entwicklung eines neuen Modells ausgeben. Es sollte möglichst günstig sein. Einen Kompaktwagen wie den Golf wollte die chinesische Seite wiederum nicht. Denn für sie war der Inbegriff eines Autos eine Limousine, kein Kleinwagen.

Auf Basis des Passats in zweiter Generation entwarf VW eine viertürige Stufenhecklimousine mit verbesserter Ausstattung. Der Santana hob sich vom Passat durch einen eigenen Kühlergrill, große rechteckige Scheinwerfer, weiße Blinker und etwas Chromschmuck ab. Für die gut einhundert Stück schickte VW dem Shanghaier Partnerunternehmen SAIC sämtliche Einzelteile. Dort sollten chinesische Werksmitarbeiter die Fahrzeuge unter Anleitung von Wolfsburger Ingenieuren zusammenbauen. »Zum Training« – so formulierte es mein Vater.

Tatsächlich ging auf einmal alles ganz schnell. Hatten die an den Verhandlungen beteiligten chinesischen Ministerien vorher wegen allen möglichen Nebensächlichkeiten Bedenken gehabt, übermittelten sie nun rasch ihr Okay. »Es handelt sich ja nur um einen Testlauf«, hatte mein Vater argumentiert. Testen – das passte zu der Leitlinie, die auch Reformer Deng ausgegeben hatte: »Nach den Steinen tastend den Fluss überqueren.« Damit meinte er: Ausprobieren! Ausprobieren! Ausprobieren! Was gut funktioniert, soll beibehalten werden, was nicht funktioniert, davon wird wieder Abstand genommen.

Am 11. April 1983 lief in Shanghai der erste Santana vom Band – obwohl der Vertrag noch gar nicht unterzeichnet war.

Die Testserie der Santana-Produktion in Shanghai verlief aus Sicht aller erfolgreich. Die ersten einhundert in der Volksrepublik hergestellten Fahrzeuge waren sofort verkauft. Trotzdem stockten die Verhandlungen weiter. Die chinesische Seite wollte einen VW-Vertreter vor Ort, der für sie ansprechbar war.

6

VW EXPANDIERT NACH CHINA

Umzug nach Peking 1985

1985 zogen wir nach Peking. Mein Vater hatte für uns eine Wohnung in einer Villa gemietet, die sich in einem alten Park mit chinesischen Pavillons, Steinbrücken, Bambuswald und Bonsaibäumchen befand: das Dayuan-Gästehaus. Es war keine Wohnung im herkömmlichen Sinn, sondern es handelte sich um vier große Hotelzimmer, die an einem langen Flur lagen.

Die Anlage war ursprünglich Teil des Alten Sommerpalasts, in China auch bekannt unter dem Namen Yuanming Yuan, übersetzt: Garten der Vollkommenheit und des Lichts. Er war einst das Versailles der Qing-Kaiser, die ihn im Laufe des 18. Jahrhunderts hatten errichten und später erweitern lassen. Im nördlichen Bereich gab es mit dem Xiyang Lou sogar Gebäude und Gärten im Rokokostil, mit Fontänen, Wasserspielen und einem Irrgarten.

Der Palast, etwa acht Kilometer nordwestlich des Kaiserpalasts im Zentrum der Stadt, war die Sommerresidenz der Qing-Kaiser gewesen. Im Zuge des Zweiten Opiumkriegs von 1856 bis 1860 ließ Kaiser Xianfeng dreißig englische und französische Gesandte dort einsperren und foltern, zwanzig von ihnen hinrichten. Eine englische Division legte einen Großteil des Alten Sommerpalasts anschließend in Schutt und Asche. Ein Akt der Vergeltung. Zaghafte Versuche, den Yuanming Yuan wieder aufzubauen, scheiterten an Geldmangel. Bei der Niederschlagung des Boxeraufstands im Jahre 1900 zerstörten die internationalen Truppen die noch verbliebenen Teile der

Anlage vollständig. Die Ruinen dienten in der Folge als Steinbruch und lieferten teilweise das Baumaterial für die Universität Peking, die auf dem Gelände entstand.

Im Alten Sommerpalast der Qing-Kaiser

In der Parkanlage, in der wir also einen Teil des einstigen Alten Sommerpalasts bewohnten, standen mehrere Gästehäuser. Sie wurden zunächst für die Beherbergung hoher Beamter und Parteisekretäre hergerichtet, zu unserer Zeit dann für ausländische Geschäftsleute. Denn Ausländer durften nicht einfach in irgendein Pekinger Haus einziehen, sondern nur in ausgewählte Hotels und Wohnungen.

In den vergangenen Jahren hatte immer wieder die Frage im Raum gestanden, ob und wann mein Vater für längere Zeit nach China gehen würde. Sowohl VW als auch den chinesischen Partnern erschien ein Vertreter vor Ort attraktiv. 1984 war es endlich zur Vertragsunterzeichnung mit SAIC gekommen. Die Shanghai Volkswagen Automotive Co., Ltd., kurz SVW, war gegründet, zunächst als ein eigenständiges Unternehmen, weil ausländische Beteiligungen offiziell noch nicht erlaubt waren. 1988 erfolgte dann die Umwidmung in ein Joint Venture mit der Volkswagen AG.

Die chinesische Regierung hatte dieses erste große Gemeinschaftsprojekt eines chinesischen Staatsbetriebs und eines westdeutschen Unternehmens wie einen Staatsakt behandelt und den 3. Oktober 1984 dafür ausgewählt. Es war der 35. Jahrestag der Gründung der Volksrepublik. Für Machthaber Deng Xiaoping hatte das Datum immense Bedeutung. Acht Jahre nach dem Tod von Mao und dem Ende der Kulturrevolution wollte er die Erfolge seiner Reformpolitik feiern. Der Welt wollte er zeigen, dass sich sein Land wirklich geöffnet hatte. Es war das erste Mal seit Gründung der Volksrepublik, dass auch Ausländer und Chinesen aus Übersee eingeladen wurden. Mao hatte sie noch als Klassenfeinde gebrandmarkt. Nun waren sie die Ehrengäste. Auch mein Vater stand auf der Gästeliste.

Offizieller Höhepunkt der Feierlichkeiten war die Militärparade auf der Chang'an-Straße, der Prachtallee des Ewigen Friedens, am Vormittag. Mein Vater sah sich die nur wenige Meter vor ihm vorbeifahrenden Panzer und Raketen der Volksbefreiungsarmee an. Vieles davon wirkte auf ihn veraltet. Die USA, die Sowjets, Franzosen und Briten, selbst die Inder und Pakistaner schienen über modernere Waffen zu verfügen. Als am Abend bei der großen Tanz- und Feuerwerksshow der Ansager durchs Mikrofon rief, dass am westlichen Rand des Tiananmen-Platzes dreitausend junge Freunde aus Japan auftreten, sah mein Vater in der Ferne nur ein paar schwarze Punkte und war für einen Moment überwältigt. Er wusste, dass es sich um den größten Platz der Welt handelte und dass er Raum für über eine Million Menschen bot. Mit eigenen Augen wieder einmal zu sehen, wie groß China ist, das war für ihn einprägsamer als die pompöse Militärparade am Morgen. Aber natürlich gehörte beides zusammen und zeigte das Potenzial und die Macht, die in China schlummerten.

Wenige Tage nach den Festivitäten zum Nationalfeiertag, am 10. Oktober 1984, sollte im Beisein des damaligen Bundeskanzlers Helmut Kohl in der Großen Halle des Volkes der Vertrag zwischen Volkswagen-Konzern und SAIC unterzeichnet werden. Doch, wie sollte es anders sein, in letzter Minute taten sich Unstimmigkeiten auf. Nicht, was die Inhalte des Vertrags betraf. Sie waren alle geklärt und von meinem Vater überprüft. Was sehr mühselig gewesen war, weil er sie zwischen Deutsch, Englisch und Chinesisch abgleichen musste.

Tatsächlich handelte es sich um einen Sturm im Wasserglas, um Querelen zwischen verschiedenen Behörden, wie sie in China oft vorkommen. In diesem Fall stand aber auch der gute Ruf von Volkswagen auf dem Spiel. Schließlich hatte Bundeskanzler Kohl die Vertragsunterzeichnung bereits im Terminplan stehen. Der deutsche Botschafter war anwesend und Carl Hahn, der zwei Jahre zuvor neuer VW-Vorstandschef geworden war.

Der Streit betraf die Anzahl der Würdenträger, die den Vertrag im Beisein der Regierungschefs unterschreiben sollten. VW wollte sich an eine Vorschrift halten, nach der ein solcher Vertrag nur gültig ist, wenn er von zwei Direktoren von jeder Seite unterschrieben wird. SAIC wollte sogar drei schicken. Ein derartiger Menschenauflauf auf der Bühne war für die Protokollabteilung der Großen Halle des Volkes inakzeptabel. Vor den Regierungschefs, live übertragen vom Staatsfernsehen, sollte kein Chaos mit fünf Wirtschaftsmanagern entstehen, die mit Füllern und Verträgen hantierten. Für die deutsche Seite wäre das kein Problem gewesen, Hahn wäre völlig zufrieden damit gewesen, den Vertrag allein zu unterschreiben. SAIC blieb jedoch hart und wollte die Unterzeichnung lieber platzen lassen, als nur einen Vertreter auf die Bühne zu schicken. Sie wollten alle bei dem wichtigen Akt abgelichtet werden.

Mein Vater konnte kaum glauben, dass wegen einer solchen formalen Lappalie das ganze Projekt zu kippen drohte. »Wir müssen sofort Li Peng kontaktieren«, riet er den Vertretern von VW. Ein Streit unter hohen chinesischen Amtsträgern ließ sich nur durch eine noch höhere Stelle schlichten, und Li war damals der Vizepremier. Seine Kollegen hielten meinen Vater für verrückt. Alle fragten, warum ausgerechnet Li Peng. Weil er ihn persönlich kannte.

Es handelte sich dabei um denselben Li Peng, der bei der Niederschlagung der Demokratiebewegung im Jahre 1989 eine zentrale Rolle einnehmen sollte und als »Schlächter von Tiananmen« in die Geschichtsbücher einging.

Grundsteinlegung des Gemeinschaftswerks von Volkswagen und Shanghai Automotive Industry Corporation (SAIC) mit Helmut und Hannelore Kohl, Shanghai, 1984 (oben); Eröffnung des Gemeinschaftswerks von VW und SAIC. Carl Hahn, Li Peng und Helmut Kohl (von links) neben einem VW Santana mit dem Schriftzug »Willkommen« auf der Frontscheibe

Li Peng hatte kurz zuvor das VW-Werk in Wolfsburg besucht. Mein Vater hatte ihn begleitet und bei der Werksbesichtigung für ihn übersetzt. VW als Gastgeber wollte auf dem werkseigenen Versuchsgelände die Leistung seiner neuesten Fahrzeuge vorführen. Li Pengs Augen leuchteten vor Begeisterung. Mein Vater fragte ihn daraufhin: »Haben Sie einen Führerschein?« Dann könne er gerne selbst fahren. Er antwortete, er sei einmal Lastwagen gefahren, einen Pkw aber noch nie. »Wir sind auf einem Versuchsgelände«, antwortete mein Vater. Da könne nichts schiefgehen. Dann wandte sich mein Vater an Carl Hahn: »Wollen Sie nicht mit ihm fahren?« Li Peng setzte sich hinters Steuer, Hahn auf den Beifahrersitz. Li Peng hatte gestrahlt wie ein kleiner Junge.

Es war nicht leicht, einen Kontakt herzustellen. Niemand hatte die Nummer seines Büros. Über den Mitarbeiter eines anwesenden Ministers erreichte mein Vater schließlich einen der persönlichen Assistenten von Li Peng. Er wollte ihn aber nicht durchstellen. »Der Premier hat mir versprochen, dass ich mich bei Problemen an ihn wenden könne«, sagte mein Vater. Wenn Li Pengs persönliches Projekt zu scheitern drohe, wäre das für ihn ein Gesichtsverlust. So hatte Li Peng das zwar nicht gesagt. Aber es saß. »Genosse Lee, ich erinnere mich an Sie«, sagte Li Peng, als mein Vater ihn endlich am Telefon hatte – und die Vertragsunterzeichnung war gerettet.

Als mein Vater am Abend des 10. Oktober 1984 völlig erschöpft mit den VW-Vertretern beisammensaß, kam noch einmal die Rede darauf, wie wichtig es sei, ein Verbindungsbüro in Peking einzurichten. Der direkte Draht zur Regierung sei nötig, um genau solche Art von Problemen lösen zu können. Denn die werde es auch künftig geben, war die Einschätzung der Anwesenden. Carl Hahn fragte meinen Vater nach seinen beruflichen Plänen. »Zurück in meine Forschungsabteilung«, antwortete er. »Herr Lee, Ingenieure haben wir in Wolfsburg viele. Aber es gibt nur einen im Werk, der auch China und VW versteht«, sagte Hahn daraufhin und betonte, wie wichtig ihm persönlich das China-Projekt sei. »Ich hoffe, Sie überlegen es sich noch einmal.«

Es war vor allem in privater Hinsicht keine leichte Entscheidung für meinen Vater. 1982 war meine Mutter bei einem Unfall ums Leben gekommen. In der Woche und während der häufigen Dienstreisen meines Vaters betreute uns fortan eine Haushälterin. Willie, ausgebildete Kindergärtnerin, Anfang zwanzig. Freunde und Bekannte halfen uns. Trotzdem war es für alle eine große Belastung. Erst als mein Vater seine zweite Frau kennenlernte, wurde es wieder etwas leichter. Sie stammte aus Taiwan, hatte in Bamberg Pädagogik und Volkskunde studiert und stand kurz vor dem Abschluss ihrer Promotion. Mein Vater hatte einen Artikel von ihr in einer Fachzeitschrift gelesen. Darin reflektierte sie das oft fehlende Selbstbewusstsein und das zurückhaltende Verhalten von Chinesen im Ausland. Der Text beeindruckte meinen Vater. Er schrieb ihr, sie lernten sich kennen und bald darauf stellte er sie meinem Bruder und mir vor.

Sie teilte sein Interesse für andere Kulturen und war bereit, sich auf neue Lebenslagen einzulassen. Bei ihren Besuchen in Wolfsburg las sie uns Grimms Märchen vor. Meinem Bruder vermittelte sie Kenntnisse über die chinesische Küche, mir brachte sie Klavierspielen bei, steckte mich mit ihrer Leidenschaft für Bücher an und übte mit mir das Schreiben von Aufsätzen für den Deutschunterricht. Dass die Vorstellung, einige Jahre in die Volksrepublik zu ziehen, bei ihr auf Zustimmung und Interesse stieß, half meinem Vater bei der Entscheidung, mit uns nach Peking zu gehen. Im Sommer 1985 heirateten sie, auch, weil es ihr die Einreise in die Volkrepublik als Taiwanerin erleichterte. Offiziell waren beide Regierungen immer noch verfeindet. In Taiwan galt 1985 sogar noch das Kriegsrecht. Als

Taiwanerin würde sie kulturhistorische Stätten sehen können, die andere Taiwaner bis dahin nie zu Gesicht bekommen hatten. Weil meine Ma, die chinesische Kurzform für Mutter, so nannten mein Bruder und ich sie, in Bamberg noch ihre Doktorprüfung absolvieren musste, kam für das erste halbe Jahr Willie, die Haushälterin, mit nach Peking.

In den ersten Tagen nach unserer Ankunft waren mein Bruder und ich ganz begeistert von der neuen Umgebung. Der Pekinger Spätsommer war warm. Abends hörten wir das Zirpen der Zikaden in einer Lautstärke, als würden Hubschrauber über uns kreisen. An den Wänden lauerten Geckos auf Insekten, die ich vorher noch nie gesehen hatte. Durch den Bambuswald plätscherte ein kleiner Bach. Das Erste, was wir machten, nachdem wir an der Deutschen Schule Mitschüler kennengelernt hatten: Wir luden sie in unser neues Zuhause ein und veranstalteten eine nächtliche Schnitzeljagd, bei der einer von uns in den Bach fiel. Wir hatten viel Spaß – und gelegentlich auch prominente Nachbarschaft.

Im anderen Flügel unseres Gästehauses wohnte der Vertreter von Messerschmitt-Bölkow-Blohm (MBB), der größte deutsche Rüstungskonzern zu dieser Zeit. An einem Tag durften wir für mehrere Stunden nicht aus dem Haus. Vor unseren Türen standen Sicherheitskräfte. Der Grund: Franz Josef Strauß, der bayerische Ministerpräsident, war zu Besuch. Innenpolitisch ein glühender Antikommunist stand er im Ausland auch mit kommunistischen Herrschern in Kontakt. Neben Helmut Schmidt war er einer der ersten westdeutschen Politiker, die Mao besuchten. Bei seinem Treffen im Oktober 1985 mit Deng ging es ganz offenbar um Waffengeschäfte.

Auf die schwülheißen Sommer folgt ein sehr kurzer Herbst, und dann ist es auch schon winterlich grau und kalt in Peking. Plötzlich zeigten sich die Nachteile der riesigen Wohnanlage. Die Zimmer waren groß und düster, die Decken sehr hoch, nachts fürchteten sich mein Bruder und ich und zogen schließlich mit in das Zimmer von Willie. Weil wir wegen der Kälte seltener draußen sein konnten, spielten wir in dem langen Flur Federball. Barfuß bekamen wir beim ersten Mal ganz schwarze Füße. Seit Jahrzehnten gab es in China keine Staubsauger mehr. Der Teppich im Flur war vermutlich ebenso lang nicht gesäubert worden.

Die Küche war weit entfernt von den Zimmern. Denn eigentlich handelte es sich ja um ein Gästehaus. Es war nicht vorgesehen, dass die Bewohner selbst kochten. Als VW-Manager hatte mein Vater zwar einen eigenen Chauffeur, einen Koch allerdings nicht. Also mussten wir abends immer durch den zweihundert Meter langen Diensttrakt laufen, um zu einer Großküche zu gelangen. Dort kochten und aßen wir dann an einem großen runden Tisch.

1985 war China trotz aller Fortschritte noch immer von Mangelwirtschaft geprägt. Zwar gab es Märkte und Geschäfte. Aber viele Grundnahrungsmittel waren weiterhin rationiert und es gab sie nur im Tausch gegen Essensmarken. Selbst Toilettenpapier konnten wir nicht in beliebigen Mengen kaufen. Die ersten zwei Wörter, die Ausländer in Peking auf Chinesisch lernten, waren dann auch »mei you« – haben wir nicht. Das stellte uns vor nicht wenige Probleme, weil wir ausschließlich Kleidung für den Sommer im Gepäck hatten. Der Schiffscontainer mit unseren Sachen aus Wolfsburg sollte eigentlich nur sechs Wochen unterwegs sein, doch letztlich hing er mehr als ein halbes Jahr im Hafen von Shanghai fest. Für den Winter brauchte ich dringend Schuhe. Also gingen wir zusammen in der Wangfujing einkaufen, der zu jener Zeit noch einzigen großen Einkaufsstraße in Peking. Ob ich auch mit Schuhen der Größe 34 zurechtkäme, fragte uns die Verkäuferin hinter dem Tresen, nachdem wir auf ein Exemplar gezeigt hatten. Ich brauchte allerdings Schuhgröße 32. »Mei you«, antwortete sie. Haben wir nicht. Ich solle zwei paar dicke Socken tragen. Denn Größe 32 sah die Planwirtschaft nicht vor.

Die Deutsche Schule gab es 1985 bereits seit einigen Jahren. Sie befand sich in einer der Diplomatenwohnanlagen im Ostteil von Peking und war offiziell Teil der deutschen Botschaft. Ich war zehn Jahre alt und hatte mir bis dahin vorgestellt, nach der Grundschule in Wolfsburg auf die Orientierungsstufe und dann ins Gymnasium zu wechseln. Ich hatte die Kommunion hinter mir. Ohne groß darüber nachzudenken, hatte ich mich sogar zum Messdiener ausbilden lassen. Einmal durfte ich als Ministrant einem Gottesdienst beiwohnen. Es war das erste und letzte Mal, bevor es nach Peking ging. Nun saß ich mit sieben weiteren Schülern in der fünften Klasse. In einem Land, dessen Sprache ich nicht mochte, das ich schmutzig und rückständig fand. Aber immerhin gefiel mir die Deutsche Schule.

Mein Vater hatte sein Büro im Peking Hotel. Richtige Büros für westliche Firmen gab es damals in der chinesischen Hauptstadt nicht. Die meisten Manager hatten wie mein Vater ein Hotelzimmer gemietet. Und weil es zu der Zeit in Peking auch nicht viele Hotels gab, wählten die meisten das Peking Hotel für ihre Niederlassung. Die Betten hatte mein Vater heraustragen lassen und dafür einige Schreibtische hineingestellt: für ihn, seine Sekretärin, seinen Fahrer und meine Mutter, die ihm beim Schriftverkehr und der Bewältigung der chinesischen Bürokratie half. Ansonsten war das Büro mit demselben Mobiliar eingerichtet, das auch normalen Hotelgästen zur Verfügung stand. Auf dem Nachttisch befand sich ein Telex, das einzige moderne technische Gerät.

Das VW-Büro befand sich zunächst in Zimmer Nummer 1509, dann im obersten Stockwerk in Nummer 1708. Ich weiß das deswegen noch so genau, weil ich bei jedem Anruf die Zimmernummer nennen musste, damit die Telefonrezeption mich zu meinem Vater durchstellen konnte. Die Telefonistinnen kannten mich bald. Jedem Anruf gingen mehrere Versuche mit Besetztzeichen voraus. Das Telefonnetz war zu wenig ausgebaut, die bestehenden Verbindungen oft überlastet. Umso wichtiger war es, freundlich zu den Telefonistinnen zu sein. Jeder Anruf lief über sie. Mochten sie jemanden nicht, brachen sie die Verbindung ab.

Das Friendship Hotel

Nach vier Monaten zogen wir vom Dayuan-Gästehaus ins Friendship Hotel nach Haidian, einem Bezirk im Nordwesten der Stadt, unweit der großen Pekinger Universitäten. Für uns war es damit nicht mehr ganz so weit ins Stadtzentrum, wo mein Vater sein Büro hatte und wir in die Schule gingen. Das Friendship Hotel befindet sich direkt gegenüber der renommierten Volksuniversität, Renmin Daxue, die die Kommunisten gegründet haben. Es ist bis heute eine große Anlage mit Hotelzimmern und Apartmenthäusern, Grünanlagen, einem Freibad und einem großen Theater mittendrin. Die Dächer schwingen sich in traditionell chinesischer Weise, die Fassaden sind im sozialistischen Zuckerbäckerstil verziert. In den frühen Fünfzigerjahren als Zeichen der chinesisch-sowjetischen Freundschaft errichtet, war es ursprünglich für Berater und Wissenschaftler aus dem Ostblock vorgesehen, die länger in Peking blieben und in den nahegelegenen Universitäten unterrichteten. Völkerverständigung unter den Bruderstaaten stand bis zum Bruch Chinas mit der Sowjetunion 1969 ganz hoch im Kurs. Doch weil in den Siebzigerjahren die Experten aus dem Ostblock ausblieben, wurde das Hotel ab 1976 auch für Ausländer aus dem Westen geöffnet. Ideologische Vorbehalte kannte China unter Deng nicht mehr. Hauptsache Wissensaustausch.

Irgendwann in den Siebzigerjahren hatte ein Feuer das Innere des Theaters auf dem Gelände des Friendship Hotels zerstört. Noch im Jahr 1985 fehlte es dem Hotel offenbar an Geld, es wieder instand zu setzen. Für uns Kinder war das ausgebrannte Theater ein großer Abenteuerspielplatz. Obwohl das Gebäude verschlossen war, hatten wir einen Weg hinein gefunden. Die Bühne, der Orchestergraben, die Ehrentribünen – alles war noch erhalten, wenn auch verrußt und teilweise verfallen. In einem der Nebenräume stand sogar noch ein alter Steinweg-Flügel. Im Technikraum befanden sich Scheinwerferanlagen und Filmprojektoren mit Instruktionen auf Deutsch. Die Geräte kamen aus der DDR.

Heute hat sich um das Friendship Hotel herum so ziemlich alles verändert. Wo vor bald vierzig Jahren einfache fünfstöckige Wohnhäuser standen, Marktstände und schier endlose Fahrradparkplätze das Bild bestimmten, steht nun ein gläsernes Hochhaus neben dem anderen. Die Haidian-Gegend ist zum Silicon Valley Pekings geworden. Große IT-Firmen haben ihre Hauptsitze und Forschungsstätten hier. Im Friendship Hotel selbst hat sich hingegen nur wenig verändert. Die Grünanlagen und die alten Gebäude sehen noch genauso aus, wie ich sie aus meiner Kindheit kenne. Das Theater ist inzwischen wieder aufgebaut worden. In dem Gebäude befindet sich ein modernes Kongresszentrum. Baidu – das chinesische Google-Pendant und damit eines der größten IT-Unternehmen der Welt – hat darin eine Konferenz abgehalten. Im Nachhinein scheint es so, als sei das Friendship Hotel Mitte und Ende der Achtzigerjahre der Inbegriff von Chinas Übergang vom Realsozialismus zum Kapitalismus gewesen. Die Anlage beherbergte mehr und mehr Ausländer, und einige Gebäude waren bereits auf westlichem Standard. Andere Teile hingegen waren so verfallen, wie der Maoismus sie hinterlassen hatte. Heute befindet sich das Gelände des Hotels in einer der teuersten Gegenden des Landes.

Felix Lee (Mitte) mit seinem älteren Bruder und seiner Ma
auf dem Flugplatz in Nanjing, 1986

In den knapp drei Jahren, die wir in Peking wohnten, reisten wir viel. Vor allem mit meiner Mutter, die, wie gesagt, Volkskundlerin war und ein starkes kulturhistorisches Interesse hatte. Kaum ein Feiertag oder verlängertes Wochenende, an dem wir nicht in einen Zug oder ein Flugzeug stiegen, um die alten Kaiserstädte Xi'an, Luoyang, Kaifeng, die Wirkungsstätten chinesischer Philosophen wie Qufu, die vier heiligen Berge, das berühmte Shaolin-Kloster oder die Grenzregionen entlang der antiken Seidenstraße zu besichtigen. Wir besuchten den Anfang der Großen Mauer in der Wüste Taklamakan und das Ende am Golf von Bohai. Viele der alten Tempel, Pagoden und Stadtmauern habe ich auf diese Weise noch gesehen, auch wenn sie oft verfallen waren, und eine Ahnung davon bekommen, wie die Menschen in unterschiedlichen Dynastien der langen chinesischen Geschichte lebten.

Heute ist vieles davon modernen Ringstraßen, Wolkenkratzern oder Industrieanlagen gewichen. Als ich vor einigen Jahren noch einmal nach Luoyang reiste, um mir den berühmten Tempel des weißen Pferdes, Baima Si, anzusehen, den ersten in China errichteten buddhistischen Tempel, hatte ich das Gefühl: Hier stimmt etwas nicht. Mir war die Anlage ganz anders in Erinnerung geblieben. Kein Wunder: Die örtliche Touristenbehörde hatte auf das Gelände zusätzlich einen thailändischen, einen burmesischen und einen indischen Tempel gesetzt. Jetzt sieht es dort aus wie in einem buddhistischen Disneyland.

Was das kommunistische China schon damals gut hinbekam: wirklich Arme aus dem Stadtbild fernzuhalten. Die Menschen vom Land durften ohne Erlaubnis gar nicht in die Städte reisen. Unsere Welt bestand aus der Deutschen Schule Peking und der damals recht überschaubaren deutschen Community. Es fühlte sich an wie eine große Familie. Alle kannten sich. Wir lebten in einer Blase der wohlhabenden Ausländer, weitgehend abgeschirmt, auch von den Pekingern. Die Diplomatenfamilien wohnten in den eigens für sie errichteten Anlagen, die Familien der ersten westlichen Unternehmen, die in China aktiv waren, bevorzugten die Luxusapartments des Lido Hotels, einer Anlage der Holiday-Inn-Kette. Ausländer, die an den Pekinger Universitäten unterrichteten und forschten, wohnten wie wir im Friendship Hotel. Kontakt mit den Einheimischen hatten die meisten deutschen Manager- und Diplomatenfamilien nur wenig. Sie kannten ihre »Ayis«, Hausangestellten, die die Wohnungen putzten, oder die Fahrer, die uns durch den Pekinger Verkehr brachten. Einige hatten noch einen Koch oder eine Köchin zu Hause.

Meine Familie war unter den Ausländern dennoch eine Ausnahme. Meine Mutter nahm Lehraufträge für Volkskunde und Germanistik an der Pekinger Pädagogikhochschule an und unterrichtete dort. Wir sprachen Chinesisch und waren mit ein paar Pekinger Familien befreundet. Ihren Lebensstil fand ich damals fremd und wenig einladend, das Essen, das sie servierten, mochte ich nicht. Vor allem in den Wintermonaten gab es in Pekinger Haushalten oft nur Kohl, dazu manchmal Rührei und ein paar Schweinefleischstreifen. Der Reis war grobkörnig und nicht so schön weiß, wie ich ihn aus Deutschland kannte. Nur Jiaozi, die berühmten Teigtaschen, aß ich gerne. Ansonsten sehnte ich mich nach dem Essen im China-Restaurant in Wolfsburg.

First Automotive Works in Changchun

Im selben Jahr, in dem wir nach Peking zogen, begann in Anting, einem Vorort von Shanghai, die Autoproduktion im Gemeinschaftsunternehmen von VW und SAIC. Der Santana hielt, was sich VW von ihm versprochen hatte. Bereits ein Jahr darauf, 1986, betrug die Anzahl der in China gebauten Autos 10 000 Stück. Sobald alle Produktionsanlagen standen, sollten es 30 000 Stück im Jahr werden. Wie es sich mein Vater erhofft hatte, kam die für die allgemeine Bevölkerung noch kaum erschwingliche Limousine zunächst vor allem als Taxi und als Dienstwagen zum Einsatz. Auf den Straßen von Peking und Shanghai war der Santana rasch überall zu sehen. Doch es gab noch viele Baustellen: Eine Zulieferindustrie musste geschaffen werden, genauso wie ein landesweites Händlernetz – von Schulungen in den Produktionshallen und Lehrgängen für moderne Managementführung ganz zu schweigen. Und noch etwas sollte VW bald Kopfzerbrechen bereiten: Konkurrenz.

Bei einem Besuch in Changchun fiel meinem Vater auf, dass das eigentliche von der chinesischen Regierung auserkorene Zentrum der Autoproduktion nach wie vor die Hauptstadt der Provinz Jilin sein sollte. Doch der Reihe nach.

Im Herbst 1985 erhielt mein Vater eine Einladung zur Feier des dreißigjährigen Bestehens der Technischen Universität in Changchun. Die Stadt liegt im Zentrum der nordostchinesischen Tiefebene. Das Klima dort ist rau: die Sommer kurz und heiß, die Winter lang und eisig kalt. Die ganze Region war in den Achtzigerjahren berüchtigt für ihre völlig veraltete Schwerindustrie aus den Fünfzigern, als Mao die Sowjetunion noch als Freund und Partner betrachtete und Stalin beim Aufbau von Stahl- und Kohlewerken in Nordostchina half.

Wegen des Liedes »Am Fluss Songhua« hatte mein Vater ein besonderes Verhältnis zu jenem Landstrich im Nordosten Chinas. In dem Lied aus den Dreißigerjahren wird vom Leben der chinesischen Flüchtlinge, die von den japanischen Invasoren vertrieben wurden, erzählt. Sie sehnen sich danach, nach Hause zurückzukehren. »Mein Zuhause ist am Songhua im Nordosten, wo es Wald und Kohlebergwerke gibt und Sojabohnen und Hirse [...] Vater, Mutter, wann sehen wir uns bloß wieder?« Mein Vater fühlte sich durch das Lied, das auch in seiner Jugend in Taiwan oft gesungen wurde, an seine eigene Flucht erinnert und an die jahrzehntelange Trennung von seiner Heimat. Nun würde er den Songhua-Fluss erstmals mit eigenen Augen sehen.

Bei seiner Ankunft in Changchun sah er leider nicht die Hirse- und Sojabohnenfelder und die wunderschöne Landschaft, die in dem Lied besungen werden, sondern ein altes Flughafengebäude, das eher die Bezeichnung Baracke verdient hätte. Neben der Landebahn standen mehrere alte MiG-15, sowjetische Jagdflugzeuge, die schon im Koreakrieg im Einsatz gewesen waren. Die Maschine, mit der er gelandet war, war die einzige Passagiermaschine weit und breit. Beim Ausstieg wurden die Passagiere von einer Ehrenformation der Volksbefreiungsarmee begrüßt, die ihnen salutierte. Prompt fühlte sich mein Vater um zehn Jahre zurückversetzt: Als er im Winter 1977 in Peking zwischenlandete, wurden ankommende Flugreisende auch noch so empfangen.

Überhaupt machte Changchun auf ihn den Eindruck, als sei die Zeit stehengeblieben. Chinas wirtschaftliche Entwicklung der letzten Jahre schien am Nordosten vorbeigegangen zu sein. Auf dem Weg ins Zentrum waren auf der Hauptstraße Maultiere zu sehen, die Karren hinter sich herzogen. Mein Vater achtete – natürlich – besonders auf die Pkws. Auf den Straßen waren sehr viel weniger Fahrzeuge zu sehen als nun schon in Peking oder Shanghai. Die Fahrbahn war in einem miserablen Zustand. Längs des Wegs standen Reparaturwerkstätten, die auf Kleinlaster ausgerichtet waren. Und dann die Luft! Über Smog wurde in China zu der Zeit noch nicht gesprochen. Aber für einen Ingenieur war unverkennbar, dass es sich bei dem graubraunen Nebel um giftigen Kohlefeinstaub handelte. Es roch nach Schwefel und Verbranntem. Mein Vater konnte kaum glauben, dass in Changchun Chinas wichtigstes Autounternehmen seinen Sitz hatte: FAW – First Automotive Works.

Die Jilin-Universität von Changchun ist in China bekannt und eng mit der Fahrzeugindustrie verknüpft. Anfang der Fünfzigerjahre hatte die chinesische Führung beschlossen, eine nationale Fahrzeugindustrie in der Region aufzubauen. Für das neue Werk brauchte man Fachkräfte. Deswegen wurde 1955 die Changchun Auto- und Traktoren-Akademie gegründet, die man drei Jahre später in Technische Universität umbenannte.

Nach den offiziellen Jubiläumsfeierlichkeiten boten die Gastgeber den Besuchern an, entweder die Universität oder die Automobilfabrik zu besichtigen. Mein Vater entschied sich für die Fabrik. Das riesige Werkgelände überraschte ihn. Rechts und links der breiten Straße, die die Mittelachse bildete, standen Dutzende gleich aussehende Wohnhäuser aus rotem Backstein, in denen die Mitarbeiter lebten. Dahinter erhoben sich unzählige Schlote, aus denen der dunkle Ruß der Kohleöfen quoll. Hunderte Werkhallen reihten sich aneinander. Der sowjetische Einfluss war nicht zu übersehen. Auf einem Schild vor dem Eingangstor stand in großen Schriftzeichen geschrieben: Das Fundament der Autoindustrie. Darunter: Mao Tse-tung.

Wie fast alles in der Region wurde 1953 auch Chinas erste Automobilfabrik mit technischer und finanzieller Hilfe der Sowjetunion errichtet. »Yiqi«, wie FAW auf Chinesisch heißt, sollte von Anfang an Nutzfahrzeuge herstellen, insbesondere den Jiefang, einen türkisfarbenen Kleinlaster sowjetischer Bauart. Der Name bedeutet Befreiung und bezieht sich auf die sozialistische Revolution.

Mit dem Großen Sprung wollte Mao den Rückstand Chinas zu den westlichen Industrieländern binnen weniger Jahre aufholen. Dazu gehörte am Rande auch der Bau einzelner Pkws. Die produzierte Stückzahl konnte man nicht mal als symbolisch bezeichnen. Das erste Modell war der von FAW selbst entwickelte Mittelklassewagen Dongfeng, übersetzt: Ostwind. Nach dem Bau von gerade einmal 30 Exemplaren stellte FAW die Produktion wieder ein. Pkws hatten in der Volksrepublik keine Priorität.

Eine Ausnahme gab es: den Hongqi. Der Name bedeutet Rote Fahne – und ist Programm. Es handelte sich dabei um eine Luxuslimousine, die sich Mao gewünscht hatte, um bei Kongressen der Kommunistischen Partei mit einem Auto aus eigener Fertigung vorfahren zu können. Das erste Modell war vom Design her eine Mischung aus amerikanischem Straßenkreuzer und russischer Staatskarosse und ähnelte auffällig einem Chevrolet von General Motors. Es kursierten Gerüchte, dass Techniker von FAW um 1955 herum an der Jilin-Universität einen Chevrolet auseinandergenommen hatten, um die Bauteile zu kopieren. Ein entscheidender Unterschied: Im Hongqi waren vor den Rücksitzen auch Spucknäpfe eingebaut.

Während der Präsentation erwähnte der Werkleiter, dass FAW beabsichtige, schon bald wieder Pkws zu bauen. Obwohl mein Vater über Kontakte zur chinesischen Führung verfügte und bemüht war, sich über aktuelle Entscheidungen auf dem Laufenden zu halten – von diesem Vorhaben hatte er bis dahin nichts gehört. Mehr als 300 000 Mitarbeiter zähle FAW mit sämtlichen Zulieferbetrieben, das Gelände sei 2,96 Millionen Quadratmeter groß, habe ausreichend Leitungen für Strom und Wasser, mehrere gut ausgebaute Zufahrtsstraßen, pries der Werkleiter die Vorzüge von FAW an. Dann nannte er eine Zahl: Der Bau von 300 000 Pkws sei geplant – jährlich. Da schrillten bei meinem Vater die Alarmglocken. Das wäre das Zehnfache dessen, was VW im Gemeinschaftswerk in Shanghai montieren wollte. Changchun war schon unter Mao Tse-tung das Zentrum der chinesischen Automobilproduktion gewesen. Das sollte unter Deng Xiaoping offenbar so bleiben – er suchte trotz aller Reformen auch Kontinuität. Der VW-Partner SAIC in Shanghai war ein – wenn auch großes – Unternehmen auf Provinzebene. FAW hingegen war unmittelbar der Regierung in Peking unterstellt. Das hatte in China einen völlig anderen Stellenwert.

Vermutlich fürchteten die Kader im Norden, von der Entwicklung abgehängt zu werden, wenn sie keine neuen Modelle anboten. Schließlich waren seit Beginn der Öffnungspolitik acht Jahre vergangen, der Lebensstandard vor allem in den Küstenregionen deutlich gestiegen. Die Ausrichtung auf Lkws wirkte gestrig. Sollten sich diese Überlegungen bestätigen, wäre das für VW eine schlechte Nachricht: Wenn FAW für den noch recht kleinen Automarkt in China auf einen Schlag und mit höchster staatlicher Unterstützung 300 000 Pkws herstellte, könnte VW in Shanghai mit seiner geplanten jährlichen Produktion von gerade einmal 30 000 einpacken. Zwar nahm man sich auch bei VW eine schrittweise Erhöhung der Kapazitäten vor – doch dafür bedurfte es einer zusätzlichen Genehmigung der Regierung.

Auf dem Rückflug nach Peking überlegte mein Vater, welche Möglichkeiten es für VW gebe, mit FAW zusammenzukommen. Der Santana war ein größerer Mittelklassewagen. Könnte China mittelfristig nicht auch ein kompakteres Modell wie den Golf gebrauchen? Gerade angesichts der hohen in Changchun geplanten Stückzahl. Es gab nicht viele Modelle auf der Welt, die zu der Zeit mit dem Golf konkurrieren konnten. Aber wie würde es ankommen, wenn VW auch mit Changchun liebäugelte? Da FAW ein Unternehmen der Regierung war, müsste er direkt in Peking anklopfen. Ein schwieriges Unterfangen. Gab es noch einen anderen Weg? Anders als in Shanghai existierten in der Umgebung von FAW mehr als einhundert Zulieferbetriebe und es schien Personal zu geben, das sich mit Autotechnik – zumindest rudimentär – auskannte. VW musste damals noch sämtliche Teile aus Deutschland importieren, damit im Werk in Shanghai-Anting der Santana zusammengesetzt werden konnte. Vielleicht könnten zumindest einige Teile künftig aus Changchun geliefert werden? Das wäre ein erster Schritt, um einen Fuß in die Tür zu bekommen.

Kaum zurück in Peking, kümmerte sich mein Vater um einen Kontakt zur FAW-Spitze. Und wenige Tage später kam es zu einem Treffen mit einem der leitenden Mitarbeiter von FAW, Direktor Han Yulin, in der Hauptstadt. Sie kamen schnell ins Gespräch, aber Han reagierte zurückhaltend auf die Ideen meines Vaters bezüglich der Lieferung von Einzelteilen für VW oder den Bau eines VW-Modells in Changchun. Der Plan, dass FAW künftig auch Pkws herstellen solle, sei noch neu, so Han zunächst. Er müsse Rücksprache halten. Schließlich gab er zu verstehen, dass er auf dem Weg nach Europa sei. Dort gebe es bereits einen Partner. VW kam also zu spät.

Es vergingen einige Wochen, bis eines Abends vier Herren am Empfang des Friendship Hotels standen. Mein Vater erkannte unter ihnen Han Yulin und einen weiteren Direktor von FAW, Lu Xiaokang, den er auf einer Konferenz in Detroit kennengelernt hatte. Eigentlich war es in China in dieser Zeit unüblich, Fremde zu Hause zu empfangen. Die Wohnungen galten als eng und wenig repräsentativ. Man traf sich im Restaurant oder im Hotel. Dennoch bat mein Vater die Herren sofort hinein. Sie hielten sich nicht lange mit Förmlichkeiten auf. »Könnte FAW den Audi produzieren?«, übernahm Lu das Wort. Mein Vater war völlig überrascht von dieser Wendung.

Audi war zu der Zeit sehr viel kleiner als Volkswagen. Das Ingolstädter Tochterunternehmen schien in den Achtzigerjahren seine besten Zeiten schon hinter sich zu haben. Volkswagen wollte mit dem Audi 100 die Marke im Premiumsegment platzieren, auf einer Höhe mit BMW und Mercedes. Heute erscheint diese Einordnung selbstverständlich, damals galt das noch als ein ehrgeiziges Vorhaben des Managements. Audi konnte auf dem deutschen Heimatmarkt mit den beiden Konkurrenten nicht mithalten. In China könnte das ganz anders aussehen. Natürlich sei das möglich, antwortete mein Vater, ohne das mit irgend jemandem in den Zentralen in Ingolstadt oder Wolfsburg besprochen zu haben.

Bei einem seiner Besuche im FAW-Werk in Changchun, am 12. Februar 1987, wurde mein Vater von Direktor Geng Zhaojie empfangen, dem Parteichef bei FAW und damit ranghöchsten Mann in dem Staatsunternehmen. FAW plane, die Herstellung der Roten Fahne auf den neuesten technischen Stand zu bringen, erfuhr mein Vater. Audi könne bei der Entwicklung dieser Staatskarosse einen wichtigen Beitrag leisten. Ob es möglich sei, den Audi 100 nach Changchun zu holen?

Mein Vater freute sich über diesen Vorschlag, wollte das gegenüber Geng aber nicht zeigen. Er versprach, sich beim Vorstand von VW in Wolfsburg zu erkundigen. Zugleich wies er darauf hin: Der Bau des Audi 100 in Changchun werde nicht reichen. Das sei ein Auto im Premiumsegment. Niemals werde FAW davon 300 000 Stück im Land verkaufen. Dafür sei es zu groß und zu teuer. Er schlug Direktor Geng daher vor, den Golf in die Produktpalette mit aufzunehmen – im Paket sozusagen. Vom Golf war Geng aber wenig angetan. Er fand den Wagen zu klein. Wenn schon ein Auto, dann müsse es ein großes sein. Das war die Logik in China.

Mein Vater konnte es kaum erwarten, seinen VW-Kollegen von dem Gespräch mit Geng Zhaojie zu berichten. Zurück in der Hauptstadt telefonierte er mit Martin Posth, der das Werk in Shanghai aufgebaut hatte und bis 1988 für VW leitete, und Hans-Joachim Paul, dem dortigen Produktionschef. Er schlug ihnen vor, nach Changchun zu reisen, damit sie sich selbst einen Eindruck von diesem möglichen Megadeal verschafften. Daraufhin flogen Paul und mein Vater nach Changchun. Paul gefiel das Vorhaben, Posth war nicht überzeugt und gegen eine Ausweitung des VW-Geschäfts in China. In Wolfsburg sah das der für Auslandsgeschäfte zuständige Hauptabteilungsleiter Heinz Bauer ähnlich und erteilte meinem Vater ebenfalls eine Abfuhr. Shanghai mit nur 30 000 Fahrzeugen im Jahr mache schon genug Ärger, hieß es von dort. Unmöglich, dass VW ein weiteres Projekt mit 300 000 Fahrzeugen stemmen könne.

Inzwischen hatte mein Vater erfahren, dass FAW parallel auch Verhandlungen mit dem US-Konkurrenten Chrysler aufgenommen hatte. FAW beabsichtigte, den in den USA bereits ausgemusterten Dodge 600 zu produzieren. Eine Hiobsbotschaft für VW: Sollte es dazu kommen, wäre das ein noch herberer Schlag für den Santana als die Produktion eines eigenen Modells durch FAW. Denn technisch waren sich der Santana und der Dodge ähnlich. Der Dodge war auf der Rückbank allerdings geräumiger. Der zu geringe Platz auf den Rücksitzen war der größte Kritikpunkt der chinesischen Kunden am Santana, viele fanden den Abstand zu den Vordersitzen zu gering, den Einstieg unbequem. Fast alle potenziellen Käufer waren hohe Beamte und Funktionäre der Partei. Sie fuhren ihre Autos nicht selbst, sondern hatten einen Fahrer, saßen also hinten.

Chrysler könnte zudem in Changchun auf das Zuliefersystem von FAW zurückgreifen, die Amerikaner ihr Auto also auch sehr viel preisgünstiger anbieten. Alle diese Argumente trug mein Vater in Wolfsburg vor und argumentierte: Wenn Zulieferfirmen in Deutschland und Europa sähen, dass Volkswagen in China nicht nur 30 000, sondern 300 000 Fahrzeuge produziere, könne für sie der neue Markt rasch interessant werden. Doch es nützte nichts. Seine Vorgesetzten lehnten den Vorschlag ab.

Mitte Juli 1987 kam Walther Leisler Kiep nach Peking. Als ehemaliger niedersächsischer Finanzminister saß er auch im Aufsichtsrat von Volkswagen. In dieser Funktion war er 1984 maßgeblich für die Gründung des VW-Werks mit SAIC verantwortlich. Leisler Kiep war fasziniert von China. Bei einem gemeinsamen Frühstück im Hotel sagte er zu meinem Vater: »Herr Dr. Lee, Sie sehen schlecht aus. Geht es Ihnen nicht gut?« Mein Vater hatte es eigentlich nicht vorgehabt, aber weil Leisler Kiep genau wissen wollte, was sich für VW in China tat, erzählte er ihm von den Gesprächen mit FAW und dem Desinteresse in Wolfsburg. Leisler Kiep war überrascht. Ihm waren die Vorgänge neu. Noch am selben Tag schickte er an Vorstandschef Carl Hahn ein Fax mit der Bitte, sich mehr um das China-Geschäft zu kümmern.

Auf einmal ging alles ganz schnell. Hahn verfasste einen Brief an FAW-Chef Geng Zhaojie und bat um Einladung eines Teams von Audi- und VW-Vertretern nach Changchun. Am 17. September traf Audi-Produktionsvorstand Hermann Stübig in Begleitung meines Vaters in Changchun ein und gab dem Audi 100 dort nach seinem Rundgang eine Chance. Doch nun war es Geng, der bremste. FAW habe inzwischen eine Produktionslinie von Chrysler für den Bau eines Motors mit vier Zylindern erworben und verhandele über den Kauf der gesamten Produktionslinie des Dodge 600. Sprich: Chrysler wollte FAW eine vollständige Fabrik verkaufen und es zudem ermöglichen, den Motor auch bei FAW-Kleinlastwagen zu verbauen. Die Regierung in Peking habe bereits grünes Licht gegeben. Änderungen seien nicht mehr möglich. FAW brauche den Audi 100 nicht mehr, sagte Geng. Es klang bedauernd.

Mein Vater wollte trotz dieser eindeutigen Beschlüsse noch nicht aufgeben. Aus seiner Arbeit in der Motorenforschung wusste er, dass Chrysler Ende der Siebzigerjahre von VW die Rechte an einem 1,8-Liter-Motor gekauft und ihn in seinen Simca Horizon eingebaut hatte. Das Modell gab es Anfang der Achtzigerjahre noch. Chrysler war es gelungen, diesen Motor auf 2,2 Liter zu vergrößern. Mein Vater hielt es für wahrscheinlich, dass FAW die Produktionslinie für genau diesen Motor gekauft hatte. Es handelte sich also um ein angepasstes VW-Modell. Sollte das der Fall sein, wäre es für VW ein Leichtes, diesen Motor auch in einen Audi 100 einzubauen. Direktor Geng ließ diese Vermutung prüfen – mein Vater lag richtig. Stübig schlug Geng vor, ihm einen dieser Chrysler-Motoren nach Ingolstadt zu schicken. Er werde versuchen, ihn in einen Audi 100 einbauen zu lassen. Den Audi-Technikern gelang das später fast auf Anhieb. Der Chrysler-Motor war zwar etwas höher als der Originalmotor von Audi, die Motorhaube musste deshalb angepasst werden. Das war aber kein Problem.

Am 20. Oktober reiste erneut eine VW-Delegation nach Changchun. Dieses Mal war auch VW-Vorstandschef Carl Hahn dabei. Er wollte FAW ein konkretes Angebot machen. Zunächst aber hatte die FAW-Leitung ein festliches Abendessen vorbereitet mit Delikatessen aus der Region. Es gab ein Gericht namens Fliegende Drachenvögel, Hirschfleisch aus dem Changbai-

Gebirge, Drei-Blumen-Fisch aus dem Songhua-Fluss, Seegurken und Garnelen aus dem Ostchinesischen Meer. Höhepunkt des Menüs waren Bärentatzen. Geng betonte, die Firmenküche von FAW habe die zwei linken Bärentatzen für besondere Anlässe im Vorratslager aufbewahrt. Diese seien besonders köstlich, weil der Bär immer die linke Tatze abschlecken würde, was das Fleisch zarter mache. Die deutschen Gäste hatten von diesem und den anderen Gerichten noch nie gehört, und einige trauten sich nicht einmal, davon zu kosten. Meinem Vater hingegen war klar, welche Ehre der deutschen Delegation mit diesen Delikatessen zuteilwurde, er griff beherzt zu und drückte damit seine Anerkennung aus.

Dem Essen folgten stundenlange Verhandlungen, bis Hahn und Stübig schließlich einwilligten, bei einer Zusammenarbeit mit FAW den Chrysler-Motor zu verbauen. Zudem boten sie FAW die Produktion des Audi 100 in Changchun mitsamt Lizenz für den Vertrieb unter eigenem Markenzeichen an. Nach einer Übergangszeit würde FAW die Lizenz erhalten, den Audi 100 unter dem Namen Rote Fahne nachzubauen und zu verkaufen. Bis FAW ihn selbst herstellte, sollten alle benötigten Teile aus Ingolstadt und Wolfsburg kommen. FAW könne auf diese Weise rasch ein technisch hochwertiges Oberklassefahrzeug als neue Staatskarosse vorweisen. Zusätzlich lag der Vorschlag meines Vaters auf dem Tisch: ein Joint Venture mit FAW für die Produktion des Golf.

Halb im Scherz meinte Direktor Geng daraufhin, FAW werde es nicht zulassen, dass bis zur Vertragsunterzeichnung sechs Jahre vergehen wie bei den Verhandlungen von Volkswagen mit SAIC in Shanghai. Hahn versprach, alle Audi-100-Verträge innerhalb von fünf Monaten zu unterzeichnen. Während der Gespräche hatte Geng den Konferenzraum einmal verlassen. Später erfuhren die deutschen Teilnehmer, er habe die FAW-Delegation in den USA angerufen: Sie solle die Verhandlung mit Chrysler abbrechen. Am zweiten Tag des Besuchs fand eine Besichtigung der Lkw-Fabrik und des neu erworbenen Geländes von FAW statt. Mein Vater bekam dabei einen Eindruck von den ehrgeizigen Plänen, die FAW verfolgte. Die größte Lkw-Fabrik der Welt würde an dieser Stelle entstehen. Im Vergleich dazu waren die Ergebnisse des soeben besiegelten Pkw-Deals nur Peanuts. Dennoch ein Durchbruch – geradezu berauscht flog die VW-Delegation nach Peking zurück.

BASF, Bosch, Rheinmetall – Hausaufgaben in Shanghai

Auf dem Terminplan stand dort ein Besuch der Wirtschaftskommission und ihres Vorsitzenden Zhu Rongji. Die Kommissionen sind genau genommen Parteigremien der KP-Führung. Sie sind die Machtzentren im Staat und stehen de facto über den Ministerien. Zhu sollte allerdings bald Oberbürgermeister der Stadt Shanghai werden. Große Relevanz maß die VW-Vertretung dem Gespräch mit ihm nicht mehr bei. Dass Zhu einmal zum Premierminister aufsteigen würde, konnte zu dem Zeitpunkt noch keiner ahnen.

»Ich weiß, dass Sie gerade aus Changchun kommen«, waren seine ersten Worte, kaum hatten die deutschen Gäste den Sitzungssaal betreten. Ungehalten warf er ihnen vor, dass sie es noch immer nicht geschafft hätten, fünfundsechzig Prozent der Einzelteile vor Ort, nämlich in Shanghai, herzustellen. Mit vorgeschobenen Qualitätsanforderungen würden sie die Entwicklung eines lokalen Zuliefersystems blockieren. China besäße nur eingeschränkt Devisen, je mehr Teile in China hergestellt würden, desto weniger Devisen würden gebraucht. Sollte der Aufbau einer lokalen Zulieferindustrie nicht bald gelingen, könnten die VW-Leute ihre Sachen packen und abreisen. Direkt an Hahn gewandt schimpfte er: Volkswagen sollte erst einmal die versprochene Arbeit leisten, bevor VW woanders mitmischt!

Mein Vater versuchte zu schlichten, das Reiseprogramm gehe auf seine Kappe. Eigentlich sei geplant gewesen, weitere chinesische Autofabriken zu besichtigen. Doch wegen Problemen bei der Zugbuchung habe er die Rundreise abkürzen müssen. Ziel der Reise sei es, dem VW-Vorstandschef einen Überblick über Chinas Autoindustrie zu verschaffen. Dabei würde es auch darum gehen, ein Zuliefersystem für VW in China aufzubauen. Das war schließlich nicht gelogen.

Doch Zhu hatte die ganze Sache längst durchschaut: »Ich weiß, was Ihre eigentliche Intention ist. Sie wollen Konkurrenten ausstechen. Haben Sie kein Vertrauen mehr in Shanghai?« Mürrisch verabschiedete er sich mit den Worten: »Good luck!«

Mein Vater, der die Idee mit FAW ins Spiel gebracht und vorangetrieben hatte, fühlte sich, als sei er geohrfeigt worden. Sein Gesicht glühte. Carl Hahn verließ Peking ohne weitere Anweisungen – und Direktor Geng teilte meinem Vater bei einem anschließenden Telefonat kurz angebunden mit, die geplante Deutschlandreise einer FAW-Delegation sei abgesagt worden.

Mein Vater hatte sich verschätzt. Chinas Regierung wollte ganz gezielt mehrere große Autobauer nach China holen. Es sollte ein gewisser Wettbewerb entstehen. Verhandlungen mit General Motors waren bereits im Gange, ebenso mit Citroën. Mercedes-Benz und BMW hatten damals noch kein großes Interesse an China. BMW kam mit einer eigenen Produktionsstätte in Shenyang erst 2003 dazu, Mercedes 2005. Indem Volkswagen neben der Zusammenarbeit mit SAIC auch mit FAW anbandelte, hatte Zhu das Gefühl, dass VW seine Strategie unterläuft. Mein Vater ärgerte sich über sich selbst, dass er das nicht bedacht hatte. Seine Idee, mit einem zweiten Joint-Venture-Partner ins Geschäft zu kommen, war nicht nur gescheitert. Er hatte den Interessen seines Unternehmens sogar geschadet.

Es war der Moment für meinen Vater, sein Wirken in den zurückliegenden Jahren zu rekapitulieren. Seit dem ersten Zusammentreffen mit Yang Keng, dem Minister für Land- und Industriemaschinen, 1978 in Wolfsburg hatte er an unzähligen Verhandlungen teilgenommen, mühsam zwischen beiden Seiten vermittelt, war in kritischen Momenten auch vorgeprescht und hatte damit mehrfach sein Ansehen riskiert. Zu seinen Hauptaufgaben in China hatte gezählt, das große Problem der fehlenden Zulieferer für das Werk in Shanghai anzugehen. Er war dabei zweigleisig vorgegangen: Einerseits hatte er versucht, lokale Anbieter zu finden. Das war Sisyphosarbeit. VW musste schließlich auf Qualitätssicherung achten und nicht nur die passenden Betriebe finden, sondern auch die Fachkräfte entsprechend ausbilden. Andererseits verhandelte er mit deutschen Zulieferern, um sie zu überzeugen, nach Shanghai zu kommen und dort selbst zu produzieren. Mit einer Stückzahl von gerade einmal 30 000 Fahrzeugen im Jahr war der Markt für viele von ihnen allerdings zu klein. Dennoch war es ihm gelungen, einige Dutzend deutsche Unternehmen nach China zu locken. Darunter so große Player wie Kolbenschmidt, dessen Mutterkonzern Rheinmetall heute zu den größten Autozulieferern der Welt gehört. Oder der Chemieriese BASF: Für die Montage der Santana in Shanghai brauchte VW hochwertigen Lack, den es in China nicht gab. Der Import aus Deutschland war schwierig, weil die Lacke nur bei einer bestimmten Temperatur transportiert werden können. Dennoch ging die Shanghai Gaoqiao-BASF Dispersions Corporation 1988 an den Start. Heute ist BASF einer der größten deutschen Investoren in China überhaupt, die Volksrepublik wiederum mit großem Abstand sein wichtigster Absatzmarkt. Diese Firmen, zu denen unter anderem auch noch Bosch hinzukam, waren VW gefolgt. Ein zweites, sehr viel größeres Werk in Nordchina hätte die Verhandlungsposition meines Vaters gestärkt, noch mehr deutsche Zulieferer nach China zu holen. Er beschloss, noch einmal bei Zhu Rongji vorstellig zu werden.

Wie beim letzten Mal kam Zhu gleich zur Sache. »Ich empfange Sie nur wegen Ihres Verhaltens beim letzten Treffen«, sagte er zu meinem Vater. »Normalerweise stehen Chinesen, die in ausländischen Unternehmen arbeiten, hinter ihrem Chef und trauen sich nicht, etwas zu sagen, sofern sie nicht gefragt werden. Sie standen nicht nur vor Ihrem Chef, sondern übernahmen auch Verantwortung.« Das habe ihn beeindruckt. Zhu nahm sich viel Zeit für das Gespräch, und meinem Vater gelang es, ihm im Detail darzulegen, warum VW eine Zusammenarbeit mit FAW so wichtig war, welches Potenzial er darin sah und was das für den Aufbau einer Zulieferindustrie bedeute, die Zhu selbst so zentral fand. Mit SAIC würden sich jede Menge Synergieeffekte ergeben. Zudem lägen die Vorzüge des Audi 100 gegenüber dem Dodge 600 von Chrysler auf der Hand: Der Dodge 600 sei ein Mittelklasseauto und werde dem Status der Roten Fahne nicht gerecht. VW in Shanghai werde aber in absehbarer Zeit nicht zwei so unterschiedliche Modelle wie den Audi 100 und den Santana in einer Fabrik herstellen können. »China sollte perspektivisch nicht nur in der Mittelklasse mitspielen, sondern auch ein Premiumauto haben. Mithilfe von Audi ist das möglich.« Das war der Satz, der Zhu veranlasste, grünes Licht zu geben: »Ich habe nicht gesagt, dass Volkswagen nicht mit FAW kooperieren darf. Ich sagte: Good luck!«

Jeans, Nescafé, Ghettoblaster –
florierendes Peking 1988

Der wirtschaftliche und gesellschaftliche Wandel allein zwischen 1985 und 1988 in Peking war enorm. Fast täglich kamen neue Geschäfte und Büros dazu. Die Regale füllten sich mit Waren, die Menschen kleideten sich moderner und individueller, die Lebensmittelmarken fielen weg, der Autoverkehr nahm zu. Die Straßen wurden immer belebter.

Als wir 1985 ins Friendship Hotel einzogen, gab es in einer der Seitenstraßen lediglich ein paar Imbissstände. Tagsüber saßen dort vor allem ältere Leute auf ihren Klapphockern und plauderten miteinander. 1988 saßen dort in den frühen Abendstunden scharenweise junge Leute mit zerzausten Haaren in Jeansjacken, schlürften Nescafé – gerade der letzte Schrei aus dem Westen – und rauchten Marlboro, während aus ihrem Ghettoblaster das Lied »Yiwusuoyou«, »Ich habe rein gar nichts«, des Pekinger Rockstars Cui Jian dröhnte. Die meisten von ihnen waren Studenten aus den umliegenden Universitäten.

Auch die deutsche Community in der chinesischen Hauptstadt wuchs in diesen drei Jahren beträchtlich. Die Zahl der Schülerinnen und Schüler an der Deutschen Schule verdoppelte sich von vierzig auf über achtzig. Und nicht mehr die Kinder der Botschaftsangehörigen machten die Mehrheit aus, sondern die der Mitarbeiter von Siemens, Lufthansa und anderer Firmen. »Kapitalismus in China« hatte *Der Spiegel* bereits im Oktober 1984 getitelt und über die schier unbegrenzten Möglichkeiten geschrieben. China war in Westdeutschland in den darauffolgenden Jahren in Wirtschaftskreisen das große Thema. Immer mehr deutsche Firmen schickten ihre Vertreter in das kommunistische Land. Sie sollten sondieren, welche Geschäfte im Reich der Mitte möglich waren. Viele wurden fündig. Im Lido Hotel, das damals im Bezirk Chaoyang im Nordos-

VW Bulli der Lees auf einer Straße nördlich von Peking während eines Ausflugs 1986, im Hintergrund die Großen Mauer

ten der Stadt unweit des Flughafens betrieben wurde, wohnten besonders viele Deutsche. Dort machte sogar ein deutscher Metzger auf.

Ein absolutes Highlight war die Eröffnung einer Filiale von Kentucky Fried Chicken im November 1987 am Qianmen, am südlichen Ende des Tiananmen-Platzes – das erste US-Fast-Food-Restaurant in China. Wir Kids waren begeistert. Mein Vater stellte unseren VW-Bulli zur Verfügung und beauftragte seinen Fahrer, meine gesamte Klasse in der Mittagspause dorthin zu fahren.

Ein Menü mit frittierten Hühnerschenkeln, Kartoffelbrei und Krautsalat kostete so viel wie der durchschnittliche Wochenlohn eines Pekinger Angestellten. Trotzdem standen die Menschen Schlange. Die Filiale wurde anderthalb Jahre später bei den Protesten 1989 ein wichtiger Treffpunkt für die Demo-kratie-Aktivisten.

Meiner Mutter gefiel es in Peking. Es war immer ihr Wunsch gewesen zu unterrichten. In Peking hatte sie dazu Gelegenheit. Sie hielt Vorlesungen in Germanistik und deut-scher Volkskunde an der Universität Peking und der Pekinger Pädagogischen Hochschule. Alles, was mit Deutschland zu tun hatte, war in China schwer im Kommen. Sie knüpfte Kontakte zu Pekinger Akademikern und empfand die Stimmung an den großen Universitäten, die sich bis heute alle im Nordwesten der Stadt befinden, als ausgesprochen liberal. Dengs Öffnungs-politik zeigte sich auch hier: Die Leute gierten nach internatio-nalem Austausch. Es herrschte Aufbruchstimmung.

Dennoch war auch meine Mutter für eine Rückkehr nach Deutschland. »Hotels sind keine Spielplätze für Kinder«, sagte sie einmal, als wir von einem Kindergeburtstag kamen, der im Restaurant einer neu eröffneten Nobelherberge stattgefunden hatte. Sie und mein Vater hatten ursprünglich vorgehabt, zwei Jahre in Peking zu bleiben. Wegen der Verhandlungen mit FAW in Changchun blieben wir ein halbes Jahr länger. Zum Jahres-wechsel 1988 ging es dann zurück nach Wolfsburg. Keiner von uns ahnte damals, dass das wirtschaftlich wachsende und ge-sellschaftlich aufblühende Land sich ein Jahr später mit un-vorstellbarer Brutalität politisch schließen würde.

7

TIANANMEN

Back in Wolfsburg

Fast jeden Monat war in den vergangenen drei Jahren in Peking ein neues Bürohochhaus oder ein neues Hotel hinzugekommen. In Wolfsburg sah alles genauso aus wie immer. Als wir Anfang 1988 zurückkehrten, kam mir Deutschland verschlafen vor. So arm und rückständig China im Vergleich zu Westeuropa damals nach wie vor dastand – Peking war die Hauptstadt eines Milliardenreiches, das sich in rasender Geschwindigkeit veränderte.

Ich freute mich über die Rückkehr nach Wolfsburg, aber sie verband sich auch mit Fremdheitsgefühlen. Die meisten meiner Mitschüler hatten nie etwas anderes gesehen als Wohlstand und Sicherheit. Ich hatte gerade eine völlig andere Welt kennengelernt: Mangelwirtschaft, Menschen ohne soziale Absicherung, Einschränkungen im gesellschaftlichen und politischen Leben – und raschen Wandel, Entwicklung, Aufbruch. Die Berichterstattung über Tschernobyl 1986 und die darauffolgenden Proteste hatte ich in Peking zwar weitgehend verpasst, aber in mir war ein Bewusstsein für gesellschaftliche Veränderungen entstanden. China hatte mir vor Augen geführt, wie arm, eingeschränkt und hilflos Menschen sein können. Es hatte mich aber auch optimistisch gemacht in Bezug auf die Chancen auf Veränderung.

Wie viele andere verglich ich China damals mit der DDR und der Sowjetunion. China schnitt bis 1989 in unseren Augen besser ab. Deng Xiaoping hatte mit seiner Öffnungspolitik

Michail Gorbatschows Perestroika zum Teil schon vorweggenommen. Auch ein Hauch von Glasnost lag in der Luft, also eine Lockerung der Meinungskontrolle. Ich war nicht der Einzige, der Symbole des Kapitalismus wie Coca-Cola und McDonald's mit der Vorstellung einer Demokratisierung verband. Dass eine gesunde Wirtschaft durchaus mit einer autokratischen Regierung in Einklang stehen kann, etwas, woran wir uns heute in Bezug auf China gewöhnt haben, war damals undenkbar. Der vorherrschende Gedanke war: Hohes Wirtschaftswachstum und amerikanisches Brathähnchen müssen Anzeichen für eine Entwicklung in Richtung einer Demokratie nach westlichem Vorbild sein. Ich glaubte sogar, Peking werde immer mehr werden wie Hongkong, Tokyo oder Hannover. Oberflächlich gesehen lag ich damit im Rückblick gar nicht falsch. Doch der Weg dahin war weder einfach und geradlinig, noch waren die materiellen Zuwächse so zwingend mit mehr Rechtsstaatlichkeit verbunden.

Audi wird Staatskarosse

Ursprünglich hatte mein Vater geplant, zurück in den Bereich Forschung und Entwicklung zu gehen. Allerdings hatte der mächtige Zhu Rongji sein Wort gehalten, und die Verhandlungen über das Gemeinschaftsunternehmen mit FAW im nebligkalten Norden Chinas wurden wieder aufgenommen.

VW-Vorstandschef Carl Hahn machte die angehende Kooperation mit dem Werk in Changchun zur Chefsache. Innerhalb des Bereichs für internationale Beteiligungen richtete er eine eigene Abteilung für China ein und ernannte meinen Vater zu ihrem Leiter. Nun saß er gleichberechtigt neben den Kollegen, die er zuvor mühsam von der Fortführung und der Erweiterung der China-Geschäfte hatte überzeugen müssen. Sie hielten allerdings auch weiterhin an ihren Vorbehalten fest.

Ein entscheidendes Hemmnis war die fehlende Unterstützung im Audi-Vorstand. Hermann Stübig, Produktionsvorstand, war der Einzige in dem Gremium, der sich für das FAW-Projekt starkmachte. Alle anderen Vorstandsmitglieder standen dem Projekt skeptisch gegenüber. Keiner von ihnen war jemals in China gewesen, einige hatten den Namen FAW noch nie gehört, die Bedeutung von Maos berühmter Roter Fahne konnten sie nicht einschätzen. Es erschien unwahrscheinlich, dass sie der Vergabe einer Lizenz für die Technologie- und der Produktionsrechte des Audi 100 zustimmen würden, wie sie von Hahn und Stübig am 20. Oktober 1987 in Changchun mit den FAW-Vertretern vereinbart worden war. Außerdem sollte der Kooperationsvertrag mit FAW auf fünf Jahre angelegt werden. Nach dieser Zeit würde FAW den Audi 100 in Rote Fahne umbenennen, dem Fahrzeug ein Facelift geben und es dann selbst weiter produzieren.

Dieser Vorschlag klang für Audi auf den ersten Blick wenig attraktiv. Aber der VW-Tochter ging es in den Achtzigerjahren auf dem heimischen Markt nicht gut. Mein Vater fand den Vorschlag daher interessant. Die Motorleistung und auch die technische Innenausstattung würden sich ohnehin weiterentwickeln; Ingolstadt hätte nach Ablauf dieser fünf Jahre kein Interesse mehr an der Technik des bestehenden Audi 100. Viel mehr noch sprach aber die strategische Bedeutung des wichtigsten chinesischen Autowerks für den Vorschlag. Deshalb stellte mein Vater bei einer Vorstandssitzung die Chancen einer solchen Kooperation für Audi und den gesamten Volkswagen-Konzern vor. China werde zumindest in den nächsten fünf Jahren ein weitgehend geschlossener Automarkt bleiben. Der Audi 100 werde so lange das einzige in China hergestellte Premiummodell sein. Das würde Möglichkeiten bieten für weitere Kooperationen und vor allem für das auszubauende Zuliefergeschäft weiterer deutscher Firmen in China.

Mein Vater wies zudem auf den Markeneffekt hin, den er in den Jahren zuvor in Peking beobachtet hatte. Mit der wachsenden Bedeutung Chinas mehrten sich auch die Staatsbesuche aus aller Welt. Bislang wurde fast jeder Willkommenskonvoi von einem importierten BMW angeführt, danach folgten Limousinen von Mercedes, anschließend kamen japanische Autos, und am Ende der Konvois fuhren Santana. Mit der FAW-Kooperation gebe es die Chance, dass Chinas Regierung ihren gesamten Fuhrpark durch Audi und VW ersetzen werde. »Wenn jeder Staatschef und jeder Unternehmenschef bei seinem China-Besuch bereits vom Flieger mit einem Audi 100 abgeholt wird, erhöht das den Markenwert von Audi erheblich«, erklärte mein Vater. »Wo würde es für Audi noch einmal eine so gute Gelegenheit geben, für sich zu werben?« Mit dieser Vision gelang es ihm, den Audi-Vorstand für ein zweites Joint Venture in China zu gewinnen. Die politischen Ereignisse 1989 in China stellten dann allerdings das gesamte China-Engagement von Volkswagen massiv infrage.

Teuerung, Korruption, Überwachung

Bereits ein Jahr vor den Protesten auf dem Tiananmen-Platz hatte mein Vater in China Entwicklungen beobachtet, die auf wachsenden Unmut in der Bevölkerung hindeuteten. Fast alle Leute wollten vor allem eins: schnell Geld verdienen. Xia Hai lautete ihr Motto: ins kalte Wasser springen. Und zwar in das Wasser der Privatwirtschaft. Denn es hatte sich herumgesprochen, dass Betreiber von Garküchen auf der Straße mehr verdienten als Akademiker an der Uni oder selbst Beamte mit erheblicher Verantwortung. Dort galt nach wie vor der Einheitslohn. Viele gaben sich mit ihrer Festanstellung bei der Regierung oder bei einem Staatsunternehmen nicht mehr zufrieden und machten sich selbstständig. Andere behielten ihre

Jobs im Staatsapparat, gingen aber trotzdem irgendwelchen Geschäften nach. Vielfach waren das korrupte Praktiken. Doch weil das fast alle machten, hatte es irgendwann auch nichts Anrüchiges mehr. Im Gegenteil: Wer nicht mitmachte, galt als dumm.

Offiziell herrschte in China Planwirtschaft. Für die Produktion wurden Quoten festgelegt, die auch für VW galten. Volkswagen produzierte im Gemeinschaftswerk in Shanghai nicht so viele Autos, wie nachgefragt wurden, sondern so viele, wie vorab von der Regierung festgelegt worden war. Für den Vertrieb war der chinesische Partner SAIC zuständig. Konkret kaufte SAIC dem Gemeinschaftswerk sämtliche Autos ab und verkaufte, oder besser: verteilte sie dann weiter. Die Abnehmer waren zumeist Beamte, Parteisekretäre und Fahrdienste für Staatsbedienstete sowie Taxi-Unternehmen. VW konnte mit dieser Regelung gut leben. Die deutsche Seite war nur für die Produktion zuständig und musste dafür sorgen, dass die Qualität stimmte. VW trug kein Vertriebsrisiko. Die meisten Chinesen konnten sich ohnehin noch kein eigenes Auto leisten. Das dachte man in Wolfsburg zumindest, denn nach relativ kurzer Zeit hatten einige Privatleute eben doch schon genug Geld, um sich ein Auto zu kaufen, konnten das aber auf offiziellem Weg nicht tun. Nur wer gute Beziehungen hatte, kam an die begehrten Fahrzeuge heran.

Mein Vater bekam in dieser Zeit viele Anfragen, ob er einen Santana besorgen könnte. Er verwies dann stets auf den Partner SAIC. Als er wieder einmal in China auf Dienstreise war, besuchte ihn ein hoher Parteisekretär aus Südchina, mit dem er einmal auf einem Empfang Visitenkarten ausgetauscht hatte. Er bat ihn um ein Empfehlungsschreiben an SAIC, ihm einen Santana als Dienstwagen zu liefern. Mein Vater dachte sich dabei nichts weiter, die Entscheidung lag sowieso nicht bei ihm. Also setzte er für den Parteisekretär das gewünschte

Schreiben auf. Zwei Monate später traf er den Vertriebschef von SAIC, der sich beiläufig bei meinem Vater entschuldigte, er habe seinem Bekannten nur zehn Santana liefern können, nicht hundert. Das wäre aufgefallen. »Einhundert!?«, fragte mein Vater entsetzt.

Er erfuhr, dass der Parteikader hinter die »1« in seinem Empfehlungsschreiben das chinesische Schriftzeichen für »100« gesetzt hatte. Jetzt ist also auch der Lee an krummen Geschäften beteiligt, muss der Vertriebschef von SAIC gedacht haben, befürchtete mein Vater. Er ging der Sache nach und musste feststellen, dass der Parteikader neun der Santana zum zehnfachen Preis weiterverkauft hatte, einen behielt er für sich. Über meinen Vater war er also mehr als eine Million Yuan reicher geworden. Das war nicht nur für chinesische Verhältnisse eine Menge Geld.

Diese Art des raschen Geldverdienens betraf keineswegs nur den Automobilsektor. Selbst auf den Lebensmittelmärkten gab es immer mehr illegale Geschäfte. Eier zum Beispiel. Sie waren eigentlich rationiert und nur über Lebensmittelkarten erhältlich. Jede Familie hatte ein sogenanntes Eier-Heft zu führen, in dem sauber eingetragen werden musste, wie viele Eier man im laufenden Monat schon erworben hatte. Wer mehr wollte, kam aber über entsprechende Kontakte an zusätzliche Lebensmittelkarten. Gegen Geld natürlich. Für Beamte, die für die Vergabe zuständig waren, war das ein lukrativer Zusatzverdienst.

Ein Teil der Bevölkerung bereicherte sich auf diese oder ähnliche Weise. Prozentual mag das nicht weiter ins Gewicht gefallen sein. In absoluten Zahlen waren es dennoch viele Menschen. Und weil in der Hauptstadt besonders viele Beamte und Parteikader wohnten und arbeiteten, war diese Art von Korruption in Peking besonders verbreitet. Da sich rein zahlenmäßig viele Leute daran beteiligten, sorgte das allgemein für steigende Preise in der Stadt. Das bekamen vor allem die Studenten an den Hochschulen zu spüren, ebenso Akademiker, die über keine entsprechenden Beziehungen verfügten oder diese krummen Geschäfte aus Prinzip ablehnten. Die relative Kaufkraft dieser Menschen ging zurück, was viele als ungerecht empfanden.

Der Alltag im China der Achtzigerjahre war nicht mehr sozialistisch, wirklich freie Marktwirtschaft war es aber auch nicht. Das Land befand sich in einem Zwischenstadium, das einige wenige ausnutzten, um sich zu bereichern. Die chinesische Führung wusste davon, ließ es sogar laufen; einige der Topkader bereicherten sich auch selbst. Deng Xiaopings Antwort darauf lautete: »Lasst erst mal einige zuerst reich werden!« Damit nahm er die wachsende Kluft zwischen Arm und Reich ganz bewusst in Kauf.

Im März 1989 traf mein Vater auf einer Dienstreise in Peking einen Bekannten, der an der Sporthochschule arbeitete. Dieser schilderte ihm, wie unzufrieden die Studenten seien. Die steigenden Preise, die ausufernde Korruption, die versprochenen Reformen, die auf sich warten ließen. Er erzählte auch von hitzigen Diskussionen auf dem Campus. Rasch stellte mein Vater fest, dass die Unzufriedenheit keineswegs nur unter jungen Leuten groß war. Wen er in jenen Tagen auch fragte, überall klagten die Leute. Das Misstrauen gegenüber der Integrität der Staatsführung wuchs zusehends.

Das VW-Büro befand sich damals noch immer im Peking Hotel. Für ein Treffen mit dem erwachsenen Sohn eines hohen Parteifunktionärs schlug mein Vater das Restaurant im Erdgeschoss des Hotels vor. Doch der junge Mann lehnte es als Treffpunkt ab. Das Peking Hotel sei voller Spitzel, erzählte er bei dem Spaziergang, den sie stattdessen unternahmen. Später erfuhr mein Vater, dass das gesamte siebte Stockwerk dem Geheimdienst vorbehalten war. Seine Aufgabe war es, die ausländischen Firmenvertreter zu überwachen. Für meinen Vater waren das deutliche Zeichen, dass die Gesellschaft in Schieflage geraten war. Als es im Frühjahr 1989 zu Protesten kam, überraschte ihn das nicht. Sehr wohl aber das Ausmaß der Proteste. Mit so vielen Menschen auf dem Tiananmen-Platz hatte er nicht gerechnet. Dass er in seiner neuen Rolle als Mittelsmann im China-Geschäft von den Schockwellen der Tragödie von Tiananmen betroffen sein würde, ahnte er nicht.

4. Juni 1989 – politische Vorgeschichte und ihre Folgen

1989 war ich vierzehn. Im gesamten Ostblock rumorte es. Das meiste davon nahm ich vor dem Fernsehbildschirm wahr. Ab April richtete sich der Fokus auf China und da insbesondere auf den Tiananmen-Platz im Herzen von Peking.

Einer der schärfsten Kontrahenten von Staatslenker Deng innerhalb der Regierung war Chen Yun. Er war damals schon dreiundachtzig Jahre alt und wie Deng ein Veteran aus der ersten Führungsriege der Volksrepublik. Chen hatte sich in den Fünfzigerjahren als Wirtschaftsfachmann profiliert und war deshalb – ebenso wie Deng – bei Mao in Ungnade gefallen. Während der Reformära ab 1978 spielte Chen wieder eine wichtige Rolle. Deng stützte sich auf seine Kompetenz in Wirtschaftsfragen. Chen galt daher als der eigentliche Architekt des wirtschaftlichen Aufstiegs.

Ab Mitte der Achtzigerjahre kam es allerdings zum Konflikt zwischen Chen und Deng. Chen wusste eine Reihe von konservativen Führungskadern hinter sich, denen die Reformen und die Öffnung Chinas zum Westen zu schnell gingen. Einer davon war Li Peng, zu der Zeit Premierminister. Er war sehr viel jünger als Chen. Und da Deng eine Altersobergrenze für sämtliche Posten von maximal fünfundsechzig Jahren eingeführt hatte, war es Li Peng, der als ihr Handlanger die Politik der alten Männer, allen voran Chen, zu vertreten hatte.

Niemand in der chinesischen Führung, auch nicht Anhänger kommunistischer Ideale, wollte ein Zurück in Mao-Zeiten. Doch die zunehmenden sozialen Probleme wie das massive Ansteigen der Lebensmittelpreise in den Großstädten, die Landflucht, die Korruption sowie die wachsende Spaltung in Arm und Reich machten allen Gruppierungen innerhalb der Partei Sorgen. Die Fraktion um Chen führte all diese Probleme auf eine zu rasche Öffnung zurück. Sie sah in zu viel Kapitalismus die Ursache und machte Deng dafür verantwortlich.

Wenn man sich an einem Vogel erfreuen wolle, müsse man ihn im Käfig halten, damit er nicht wegfliegt, formulierte es Chen in blumigen Worten. Was er mit dem Vogel meinte, war der Kapitalismus. Mit seiner »Vogelkäfig-Theorie« warnte Chen vor unkontrollierbaren Entwicklungen. Ebenso müsse man, um die Vorteile einer Marktwirtschaft zu nutzen, diese strikt unter staatlicher Kontrolle halten. Während Deng Wirtschaftswachstum als Hauptziel der Politik ansah, wandte sich Chen gegen die damit verbundene Verwestlichung Chinas.

Den Männern um Chen stand die Gruppe der Reformer um Hu Yaobang gegenüber. Dieser gehörte mit dreiundsiebzig Jahren zwar eigentlich auch zur Riege der Greise, doch seine Ideen wirkten jünger als die Chens. Bei der Jugend war Hu populär. Er trug schon westliche Anzüge, als die Älteren noch in Mao-Jacken herumliefen. Seine Reden verrieten einen blitzgescheiten Geist und enthielten zuweilen sogar etwas, das in der Parteiführung selten war: Witz und Ironie. Als Großer Vorsitzender der Kommunistischen Partei in der Nachfolge Maos war Hu es, der genau diesen Titel abschaffte und durch den Posten eines Generalsekretärs ersetzte. Zwar hatten künftig die Generalsekretäre das Sagen, doch das zeigte eine symbolische Distanzierung von Mao.

Hu sah in dem trotz aller Reformen rigiden System, den maroden Strukturen und der fehlenden demokratischen Kontrolle die größten Übel – nicht in der Öffnung des Landes. Er war dem liberalen Westen zugetan. Ihm und seinen Unterstützern gingen die Reformen nicht schnell genug, die den Hardlinern um Chen und Li Peng schon viel zu weit führten. Nur mit noch mehr Öffnung und Wirtschaftswachstum könne man dem Problem der sozialen Spaltung begegnen, war die Überzeugung der Reformer. Um Korruption dauerhaft zu bekämpfen, wollten sie mehr politische Liberalisierung. Durch mehr Gewaltenteilung und Elemente eines Rechtsstaats sollten korrupte Kader wie der, der meinem Vater einhundert Santana abluchsen wollte, größerer öffentlicher Überwachung unterworfen werden. Den Richtungsstreit führten beide Gruppierungen – sehr ungewöhnlich – sogar in der Öffentlichkeit. Das, was im heutigen, wieder autoritäreren China unvorstellbar wäre, war damals möglich: kontroverse, unzensierte politische Debatten. Zum Teil waren die Ansichten beider Seiten sogar im chinesischen Staatsfernsehen zu verfolgen.

Ganz klar voneinander abgrenzen ließen sich die Lager nicht. Die Konservativen wurden von westlichen Medien oft als Hardliner dargestellt. Doch diese Darstellung greift zu kurz. Gegenüber demokratischen Forderungen zeigte sich Chen weitaus dialogbereiter als der Reformer Deng. Chen war es, der sich 1979 gegen die Verhaftung von Wei Jingsheng aussprach, dem ersten chinesischen Dissidenten der Nach-Mao-Ära. Zehn Jahre später würde er es sein, der das Tiananmen-Massaker in Peking kritisierte.

Das letzte Wort aber hatte immer noch Deng Xiaoping. Er war nach Maos Tod weder Premierminister noch Parteivorsitzender, sondern jeweils nur Vize, kontrollierte aber seither faktisch das politische Geschehen. Zu Hongkonger Medien meinte er dazu einmal: »Ich habe doch schon Namen und Ruhm, oder?

Mehr brauche ich nicht! Man muss weitsichtig, nicht kurzsichtig sein!« Inzwischen war er vierundachtzig Jahre alt, hatte sich offiziell von allen Ämtern zurückgezogen, behielt aber den entscheidenden Posten als Vorsitzender der Zentralen Militärkommission. Er war damit der Oberbefehlshaber über die Volksbefreiungsarmee und den Polizeiapparat. Und doch war seine Stellung nicht unantastbar. Um Dengs Person rankte sich die Frage, ob er mit der von ihm angestoßenen Reform- und Öffnungspolitik dem Land auch wirklich den erhofften Erfolg gebracht hatte und weiterhin bringen würde. Das war im Frühjahr 1989 alles andere als ausgemacht.

Zusätzlich zu den sozialen Verwerfungen hatte sich ein weiteres Problem aufgetan: Dengs Bildungsoffensive ab Ende der Siebzigerjahre hatte ein Heer von Hochschulabsolventen hervorgebracht, die nach dem Studium ohne adäquate Jobs dastanden. Denn so rasch ging die wirtschaftliche Entwicklung des Landes dann doch nicht, um die steigende Anzahl von Ingenieuren, Informatikern und Physikern, aber beispielsweise auch Anglisten unterzubringen. Zehntausende Studierende standen kurz vor ihrem Abschluss – mit ungewissen Perspektiven. Einige hatten im Ausland studiert und den Westen kennengelernt. Umso größer waren ihre Erwartungen an ihr Leben und ihre Karriere in China. Die Unzufriedenheit unter Akademikern war vor diesem Hintergrund besonders groß.

Während wir noch in Peking waren, 1986, hatte es bereits erste Studentenproteste gegeben. Von meinem Zimmer im Friendship Hotel aus konnte ich auf die Wohnheime der renommierten Remin-Universität blicken. An einigen Tagen hingen Transparente aus den Fenstern mit Forderungen nach mehr Lehrmitteln und Mitbestimmung. Zuweilen hielten die Studenten auch Demonstrationen ab, zu denen aber nur wenige erschienen. Hu Yaobang hatte sich zu dieser Zeit viele Feinde im innersten Zirkel der Kommunisten gemacht, indem er solche kleinen Proteste als gerechtfertigt verteidigte, einen harten Polizeieinsatz ablehnte und gegen eine Bestrafung der Demonstranten war. Das hielten seine Kollegen im Politbüro für gefährliche Schwäche. Hu wäre trotz seines Alters der Wunschkandidat Dengs für die eigene Nachfolge gewesen. Doch Hus Pläne einer weiteren Liberalisierung erschienen den Konservativen so kühn, dass selbst Deng nicht mehr an ihm festhalten konnte. Anfang 1987 wurde er von seinem Posten als Generalsekretär der Partei verdrängt. Hu wurde jedoch genau dadurch zum Idol der Studenten.

Am 15. April 1989 starb Hu Yaobang an einem Herzinfarkt. Er war von 1980 bis 1987 Chef der Kommunistischen Partei Chinas gewesen. Daher war selbst den Hardlinern klar: Der Staat musste ihm ein feierliches Begräbnis bereiten. Alles andere hätte die innerparteilichen Zerwürfnisse zu sehr zur Schau gestellt. Viele Studenten, die mit der Partei unzufrieden waren, wollten zu dem Begräbnis kommen, um ihre Trauer zu bekunden. Doch dabei blieb es nicht. Die politisch Engagierten unter ihnen wollten diese hochsymbolische Gelegenheit für Proteste nutzen.

Die Kommunistische Partei hatte zwar einen Trauerzug vorgesehen, aber unter Ausschluss einer größeren Öffentlichkeit. Als dennoch Tausende Menschen in die Straßen entlang des Trauerzugs strömten, konnten die Sicherheitskräfte nichts gegen sie ausrichten. Obwohl die offiziellen Feierlichkeiten am Abend für beendet erklärt wurden, versammelten sich zwei Tage später erneut Menschen auf dem Tiananmen-Platz, legten Kränze nieder und zündeten Kerzen an. Jetzt waren es schon Zehntausende. Die ersten Protestbanner tauchten auf. »Sein Herz war krank, weil China krank ist« stand auf einer Trauerfahne. Die ersten Wandzeitungen erschienen, Flugblätter und zum Teil handgeschriebene Texte, die an Schwarzen Brettern hingen. Darin huldigten die Autoren nicht nur Hu

Yaobang, sondern übten auch immer schärfer Kritik an der Staatsführung.

In den Wochen danach schwoll die Zahl der zumeist jungen Leute auf den Straßen weiter an. Studenten zogen von den Pekinger Universitäten im Nordwesten der Stadt in Protestmärschen auf den Tiananmen-Platz in der Innenstadt. Bald gab es landesweit Demos. Und es waren nicht mehr nur Studenten und Akademiker, sondern auch Arbeiter, Bauern und selbst Staatsbedienstete, die auf die Straße gingen. Der Protest radikalisierte sich erstaunlich schnell. Ende April trat der harte Kern der Studierenden in einen Hungerstreik. Bei Forderungen nach Reformen blieb es nicht, sie beanspruchten wahre Demokratie in China.

Führungsintern verschärfte sich der Streit. Li Peng als zuständiger Regierungschef wollte über mehrere Stadtviertel von Peking den Ausnahmezustand verhängen und die Proteste verbieten. Damit zog er noch mehr Hass auf sich. Nun war es Parteichef Zhao Ziyang, der um Verständnis für die Anliegen der Studenten warb und den Dialog mit ihnen suchte. Ein Teil der Partei war dafür, Li Peng abzusetzen.

Li Peng stand damit von zwei Seiten unter Druck und erklärte sich bereit, am 18. Mai in der Großen Halle des Volkes mit den Studentenführern zu sprechen, darunter Wang Dan und Wu'er Kaixi, Angehöriger der muslimischen Minderheit der Uiguren aus Xinjiang, der Provinz im Nordwesten der Volksrepublik. Sie waren die bekanntesten Studentenführer auf dem Tiananmen-Platz.

Die Studentenführer kamen direkt vom Zelt der Hungerstreikenden in die Große Halle des Volkes, den gigantischen Prachtbau, in dem einmal im Jahr Chinas Scheinparlament tagt, der Nationale Volkskongress. Das Bühnenbild gab ironischerweise der Xinjiang-Saal ab. Wu'er Kaixi saß dem Premier im Pyjama gegenüber, durch die Nase war ihm ein Schlauch zur künstlichen Ernährung eingeführt worden. Li Peng wirkte steif und verkrampft, seine Begrüßungsworte verloren sich in der trockenen und drögen Sprache eines Technokraten. Die Studenten wirkten in ihrer zerschlissenen Kleidung hingegen frech und sympathisch. Kaum hatte Li Peng in KP-Manier zu seinem vorbereiteten Monolog angesetzt, unterbrach ihn Wu'er Kaixi: »Ich weiß, dass es unhöflich ist, Herr Premier, aber während wir hier Nettigkeiten austauschen, sitzen auf dem Platz Leute und hungern.«

Li Peng wirkte wie erstarrt, als die Studenten ihn im weiteren Verlauf des Treffens vor laufender Kamera angingen. Das hatte er noch nie erlebt. Ein kommunistischer Parteifunktionär ist es bis heute nicht gewohnt, sich gegenüber der Öffentlichkeit zu rechtfertigen. Er wollte die jungen Leute überreden, den Hungerstreik zu beenden, sich aber nicht auf ihre politischen Forderungen einlassen. Insbesondere Wu'er Kaixi verhöhnte Li Peng, warf ihm die Arroganz der Macht vor. Anders als die Parteiführung gebe es unter den Demonstranten keine zentrale Führung. »Wenn sich auf dem Tiananmen auch nur ein Hungerstreikender zum Weitermachen entschließt, werden die anderen aus Solidarität ebenfalls bleiben«, so Wu'er Kaixi.

Spätestens in diesem Moment wurde Li Peng klar: Aufgrund einer einfachen Bitte würden die Studenten den Platz nicht verlassen. Er kam deshalb ihrer Forderung nach, gemeinsam mit Zhao Ziyang, bis 1987 Premierminister, danach Generalsekretär der Kommunistischen Partei, am nächsten Morgen zu den Zelten der Demonstranten zu kommen. Zhao wirkte da bereits erschöpft und bat die Studenten geradezu flehentlich, nach Hause zu gehen. »Wir sind zu spät«, sagte Zhao noch. »Es tut mir leid.« Es war sein letzter öffentlicher Auftritt. Li Peng, der hinter ihm stand, verschwand daraufhin plötzlich. Am Abend fand auf dem Gelände des Oberkommandos der Militärführung von Peking eine außerordentliche Sitzung aller hochrangigen Partei-, Regierungs- und Militärführer statt. Als ihre Beratungen gegen 22 Uhr beendet waren, ertönte auf dem Tiananmen-Platz durch Lautsprecher die schrille Stimme von Li Peng. Er verhängte auf Geheiß von Deng Xiaoping den Ausnahmezustand. Vor der Stadt kam es zu den ersten Truppenbewegungen. Doch die Studenten harrten auch in den nächsten Tagen auf dem Platz aus. In der Nacht zum 4. Juni 1989 rollten die Panzer an. Binnen weniger Stunden war Chinas Demokratiebewegung niedergeschlagen. Es floss Blut.

Wir saßen in jenen Stunden rund 7500 Kilometer von Peking entfernt vor dem Fernseher in Wolfsburg. Unsere Rückkehr aus der chinesischen Hauptstadt war gerade anderthalb Jahre her.

Meine Eltern wirkten wie erstarrt, als sie die 20-Uhr-Nachrichten einschalteten und die Bilder sahen. Sprecher Jan Hofer berichtete in der Tagesschau von Panzern, die genau die Straßen entlangfuhren, durch die wir in unserer Zeit in Peking jeden Abend von der Deutschen Schule zum Friendship Hotel gefahren waren. »Es ist die Rede von Tausenden Toten«, sagte der Sprecher. ARD-Korrespondent Jürgen Bertram, mit dessen Sohn ich in Peking zur Schule gegangen war, hatte eigene Aufnahmen und sie mit dem Bildmaterial internationaler Fernsehkollegen vermischt. Wir sahen Bilder von Demonstranten, die sich mit bloßen Händen gegen die bewaffneten Soldaten wehrten. Auf dem Platz selbst fiel die zehn Meter hohe Statue der »Göttin der Demokratie«, die Studenten der Kunsthochschule wenige Wochen zuvor aus Pappmaché errichtet hatten. Blutüberströmte Leichen von jungen Leuten wurden auf Tragen durch die uns so vertraute Innenstadt transportiert. Auch Frauen, Kinder und Alte seien rücksichtslos erschossen worden, berichtete die Tagesschau.

Wie meine Eltern sorgte ich mich in erster Linie um die Menschen, die ich persönlich in Peking kannte. Meine Mitschüler von der Deutschen Schule, unseren Fahrer, eine befreundete Pekinger Familie. Kontakt aufzunehmen war schwierig, E-Mail oder Videotelefonie gab es noch nicht. Von den Fernsehberichten wusste ich, dass die deutschen Expatriierten von der deutschen Botschaft gebeten worden waren, in ihren Hotels und Wohnungen zu bleiben. Der Schulunterricht wurde bis auf Weiteres eingestellt, die Sommerferien vorgezogen.

Ich schaute und hörte in diesen Tagen so viele Nachrichtensendungen wie nie zuvor. Erstmals las ich auch intensiv Zeitungen. Meine Mutter schickte mich jeden Tag mit dem Fahrrad los, um im größten Zeitschriftenladen in der Wolfsburger Innenstadt überregionale und internationale Zeitungen zu kaufen. Ich sollte von jeder Zeitung ein Exemplar mitbringen. Einmal begleitete mich ein Schulfreund, konnte die Aufregung aber nicht nachvollziehen. »Das Ganze spielt sich doch in China ab«, sagte er. »Was hat das mit euch zu tun? Ihr seid doch Deutsche.«

Ich konnte mich ihm schlecht erklären, aber wusste fast alles über das tagesaktuelle Geschehen und die politischen Konsequenzen.

Meine Mutter kannte aus ihrer Zeit an der Peking Universität einige Dozenten und Studenten. Während wir von unseren deutschen Freunden und Bekannten nach und nach informiert wurden, dass sie alle in Sicherheit waren und auf die nächsten Flüge ins Ausland warteten, blieb sie im Ungewissen, wie es ihnen erging. Die Universitätsangehörigen befanden sich im Zentrum des Geschehens. Anzurufen wagte meine Mutter nicht. Auch zu unseren Verwandten in Nanjing nahmen wir in diesen Tagen keinen Kontakt auf, weil wir niemanden in Gefahr bringen wollten. Der Staatsapparat war in ständiger Alarmbereitschaft.

Mein Vater war unmittelbar nach der Niederschlagung der Proteste erschüttert über den Militäreinsatz. Aber viel Zeit, mit uns darüber zu reden, hatte er nicht. Überhaupt sahen wir ihn in diesen Tagen nur sehr wenig. Frühmorgens um drei stand er auf und telefonierte mit seinen Kollegen in Peking, Shanghai und Changchun. Parallel hörte er mit einem Kurzwellengerät chinesischen und internationalen Rundfunk. Um sieben Uhr war er bereits aus dem Haus.

Am 5. Juni gab das Auswärtige Amt eine Reisewarnung für China aus. Die deutsche Botschaft in Peking bereitete eine Evakuierung der im Land befindlichen Deutschen vor.

Auch bei VW in Wolfsburg fand eine Krisensitzung statt. Bis zu diesen Ereignissen hatte sich in Wolfsburg kaum jemand Gedanken über die politischen Verhältnisse in China gemacht, dass es sich immer noch um eine Diktatur handelte und dass Menschenrechtsverletzungen stattfanden. Im Vorstand gab es unterschiedliche Einschätzungen zu der Frage, welche Entwicklungen bevorstanden. Drohte in China eine Rückkehr zu Verhältnissen wie zu Maos Zeiten? Oder würde China in einem Bürgerkrieg versinken? Sollte Volkswagen alle Projekte in China beenden? So oder so würde China nicht mehr dasselbe Land sein. Doch was sollte das heißen? Im Vordergrund stand in jenen Tagen die Sicherheit der deutschen Mitarbeiter und ihrer Familien, die in Shanghai und Changchun lebten.

Mein Vater telefonierte täglich mehrfach mit Produktionsvorstand Hans-Joachim Paul in Shanghai. Die Niederschlagung habe sich ausschließlich in Peking abgespielt, beruhigte der ihn. Solange in Shanghai und Changchun alles ruhig sei, müsse die Produktion nicht gestoppt werden. Mein Vater teilte seine Einschätzung. Die Fabriken sollten weiterlaufen.

Chinas junge Demokratiebewegung war tot. In der zweiten Hälfte der Achtzigerjahre bis zum 4. Juni 1989 war die Volksrepublik vermutlich so offen und liberal gewesen wie seit ihrer Gründung nicht mehr. Kaum einer ahnte, dass dieser positive Trend so rasch in einer Katastrophe enden würde. Mit der blutigen Niederschlagung der Bewegung auf dem Tiananmen-Platz und in den umliegenden Straßen – Beobachter sprechen von Massakern – setzte in den Tagen und Wochen danach eine Repressionswelle ein, die es seit dem Ende der Mao-Ära dreizehn Jahre zuvor in diesem Ausmaß nicht mehr gegeben hatte.

Konkret hatte sich der Ärger der zumeist jungen Leute gegen Korruption und Selbstbereicherung der Parteikader gerichtet. Hinter ihrem Protest steckte aber auch die Hoffnung, dass mit der wirtschaftlichen Öffnung, die zweifelsohne eine Verbesserung ihrer Lebenslage gebracht hatte, auch eine politische einhergehe, dass Meinungsfreiheit, Mitbestimmung und Demokratie auch in der Volksrepublik einkehren würden. Bis zur Niederschlagung der Protestbewegung dachten auch meine Familie und ich, China sei mit der Öffnung sehr viel weiter als die Sowjetunion und die Staaten des damaligen Ostblocks. Wir dachten, Chinas Öffnung und wirtschaftlicher Aufstieg könnten den Menschen in Osteuropa als Vorbild dienen.

Der wochenlange Protest offenbarte allerdings auch die Kehrseiten von Dengs Reformpolitik. Denn mit dem rasanten Wirtschaftswachstum gingen steigende Preise, insbesondere in den Städten, einher. Der nach wie vor weitgehend geltende Einheitslohn von weniger als einhundert Euro (nach heutiger Rechnung) konnte die immer höheren Kosten der Menschen nicht kompensieren. Dass die Regierung wenig dagegen unternahm, die Zahl der Reichen zugleich aber stieg und sie sich zunehmend im Stadtbild bemerkbar machten, trug ebenfalls zum Unmut bei. Vielen der Protestierenden ging es um eine bessere Version dessen, was sie hatten. Der Wandel verlief für sie nur nicht schnell genug. Bei rechtzeitigem Handeln der chinesischen Führung hätte es wahrscheinlich eine gemeinsame Basis geben können.

Die Ereignisse auf dem Tiananmen-Platz fanden international viel Beachtung. Wie sich aber herausstellte, war es vor allem ein Protest der Akademiker. Zwar gab es auch Arbeiterinnen und Arbeiter, die sich in jenen Tagen mit den Studenten zusammengetan und sogar unabhängige Gewerkschaften gegründet hatten, die die politische Führung in Angst und Schrecken versetzten, eine Massenbewegung, die das ganze Land erfasste, entstand daraus aber nicht. In den Universitäten war in den Jahren zuvor viel über Politik diskutiert worden. Auch in den staatlich kontrollierten Zeitungen stellten Schriftsteller, Akademiker und selbst Vertreter der Kommunistischen Partei in Leitartikeln und anderen Debattenformaten die Frage, welches System für China denn am besten wäre. Eine großangelegte Mobilisierung sämtlicher Schichten gab es nicht. Auch die sozialen Nöte waren nicht flächendeckend. Die hohe Inflation betraf vor allem die Menschen in Peking und einigen anderen Boomtowns, nicht aber das ganze Land. Die Menschen auf dem Land machten Ende der Achtzigerjahre aber immer noch mehr als achtzig Prozent der Bevölkerung aus.

Deutsche Wirtschaftsvertreter, darunter auch mein Vater und sein Kollege Hans-Joachim Paul, waren sich aus diesen Gründen sicher, dass es zu keiner landesweiten Revolte kommen würde. Trotz der ersten Verhaftungswellen gingen sie davon aus, dass es einen grundsätzlichen Richtungswechsel innerhalb der chinesischen Führung nicht geben würde. Niemand wollte zurück in die Mao-Ära. Dengs Politik war und blieb »Reform und Öffnung«. Für VW bedeutete das: Selbst wenn sich innerhalb der Führung die Fraktion durchsetzen würde, der die Öffnung zu schnell ging, brauchte China weiter Autos. Auch die Hardliner wollten Mobilität. Deshalb war mein Vater einer der wenigen deutschen Manager im China-Geschäft, die dagegen waren, die deutschen Mitarbeiter vor Ort sofort abzuziehen. Ebenso Produktionsvorstand Paul. Denn das hätte einen Produktionsstopp im Shanghaier Werk bedeutet und möglicherweise auch das Ende des Projekts insgesamt.

Aus chinesischer Sicht wäre das zweifellos ein Vertrags- und Vertrauensbruch gewesen. Volkswagen hätte über Jahre nicht mehr in China Fuß fassen können.

Die Einschätzung meines Vaters basierte auch auf der Erfahrung, die er während der Verhandlungen in den Jahren zuvor gemacht hatte. Hinter geschlossenen Türen ließ sich über alles streiten. Hartes Verhandeln war kein Problem, das tat die chinesische Seite auch. Es konnten Strategien und Konzepte kurz vor Vertragsabschluss noch komplett über Bord geworfen werden. Selbst über politische Kontroversen ließ sich beim Abendessen am großen runden Tisch reden. Aber ein Abbruch der Zusammenarbeit, selbst nur vorübergehend, wäre als Affront wahrgenommen worden, weil er mit einer öffentlichen Stellungnahme hätte einhergehen müssen. Das wäre der berühmte Gesichtsverlust gewesen, der in China sowohl zwischenmenschlich als auch in der großen Politik einen hohen Stellenwert besitzt. Das wollte mein Vater nicht riskieren – trotz des politischen Drucks, den er und VW in Deutschland auszuhalten hatten.

Vorsorglich veranlasste mein Vater jedoch, dass zumindest die Familien der deutschen Mitarbeiter nach Hongkong oder Tokyo ausfliegen konnten, was ohne Schwierigkeiten möglich war. Die deutschen Mitarbeiter in Shanghai konnten in ein Hotel in der Nähe des Flughafens ziehen. Mein Vater hatte die Zusage eines Vertreters der staatlichen Fluggesellschaft, dass im Fall der Fälle kurzfristig eine Maschine gechartert werden könnte, um das deutsche Personal auszufliegen. Auch das war für meinen Vater ein Beweis, dass es die chinesische Führung in ihrer Staatskrise nicht auf die ausländischen Unternehmen abgesehen hatte. Für die deutschen Mitarbeiter von Audi in Changchun organisierte er Kleinbusse, mit denen sie jederzeit nach Dalian zu einem Flughafen mit Verbindung nach Japan fahren konnten. Ein Notfallplan war also organisiert. Für ihn stand in jenen Tagen nicht die große Politik im Vordergrund, sondern die Organisation der Sicherheit von Mitarbeitern, für die er die Verantwortung trug.

Die Kritik war enorm: Die Bundesregierung und die Presse in Deutschland verurteilten einhellig die Niederschlagung der Demokratiebewegung. Forderungen nach Sanktionen gegen die Volksrepublik wurden laut. Und der Ton verschärfte sich auch international. In amerikanischen Medien wurde verlangt, dass sich sämtliche westliche Unternehmen aus ihren Geschäften in und mit China zurückziehen.

Am 7. Juni rief Produktionsvorstand Günter Hartwich meinen Vater an, um ihm mitzuteilen, dass er im Deutschlandfunk von Unruhen in Shanghai gehört habe. Demonstranten hätten einen Zug gestoppt und ihn angezündet. Auch im Stadtzentrum gebe es Proteste. Hartwich war besorgt: »Die meisten der deutschen Mitarbeiter sind meine Leute. Sorgen Sie bitte dafür, dass sie sicher aus dem Land reisen können.«

VW stand vor einer schwierigen Entscheidung: Bleiben oder wie die meisten westlichen Firmen abziehen? Mein Vater hielt an seiner Einschätzung fest: Die VW-Mitarbeiter sollten bleiben.

Am nächsten Tag hielt Shanghais Oberbürgermeister im staatlichen chinesischen Fernsehen eine Ansprache. Es handelte sich um Zhu Rongji, den mein Vater kurz vor unserer Abreise aus Peking als Vorsitzenden der Wirtschaftskommission persönlich kennengelernt hatte. In Shanghai herrsche kein Chaos, stellte er klar. Entgegen anders lautender Gerüchte habe er nicht das Kriegsrecht ausgerufen und werde das auch nicht tun. Gepanzerte Fahrzeuge gebe es in der Stadt ebenfalls nicht. Er rief die Bevölkerung dazu auf, zur Arbeit zurückzukehren und die Produktion in den Fabriken aufrechtzuerhalten. Er gestattete sechstausend Studenten auf dem Volksplatz in der Innenstadt ein einziges Mal eine Gedenkstunde abzuhalten. Mehr aber nicht. Es dürfe dabei zu keinen Störungen kommen. Diese Schritte führten in den darauffolgenden Tagen tatsächlich zu einer Entspannung in der Stadt.

Wochen später erhielt die VW-Leitung in Shanghai einen Brief von Oberbürgermeister Zhu. Darin bedankte er sich, dass VW geblieben war. VW sei die einzige westliche Firma gewesen, die das in den »schwierigen Zeiten« gewagt hätte. Für ihn sei das ein wichtiger Vertrauensbeweis. Natürlich war das ein vergiftetes Lob von einem Mitglied der Parteiorganisation, die gerade die Demokratiebewegung blutig niedergeschlagen hatte. Bei den Dankesworten blieb es nicht. Als erstes westliches Unternehmen überhaupt konnte VW sein Gemeinschaftswerk nur wenige Wochen nach der Niederschlagung wieder in Betrieb nehmen. Die Bänder des Montagewerks standen nur kurzzeitig still.

VWs Dilemma

Für die Entscheidung, nach dem 4. Juni 1989 in China zu bleiben, gerieten VW und damit auch mein Vater in die Kritik, ebenso die Bundesregierung und Deutschland insgesamt. Die USA verhängten Sanktionen gegen China, die Europäische Union ein Waffenembargo. Die Bundesregierung gab sich zwar kritisch, konnte sich aber nicht zu Sanktionen durchringen. VW kam das natürlich gelegen. Und dennoch: Trotz staatlicher Rückendeckung wirkte das Unternehmen wie ein Großkonzern ohne Werte. Die Debatten um die fragwürdigen China-Geschäfte von Volkswagen nahmen 1989 ihren Anfang und erleben angesichts der Menschenrechtsverletzungen in Xinjiang wieder eine Renaissance.

Ich war damals froh, nicht mehr selbst in China zu sein. »Mit diesem Land will ich nichts mehr zu tun haben«, sagte ich einmal zu meinem Vater beim Abendessen. Warum wolle überhaupt noch jemand Geschäfte mit einem demokratie-feindlichen Regime machen? Er nahm meine Sicht der Dinge stillschweigend hin – und flüchtete sich in die Lösung prakti-scher Fragen. So jedenfalls nahm ich es wahr.

Später, ich war bereits Student, stellte ich meinem Va-ter die Frage, was passiert wäre, wenn VW sich dem Boykott westlicher Firmen nach dem 4. Juni 1989 angeschlossen und China verlassen hätte. Sein Vorgehen habe das China-Geschäft gerettet, argumentierte er. Und so war es auch. Vor 1989 war der Santana zwar schon landesweit bekannt. Nach 1989 ent-wickelte sich die Stufenhecklimousine zum Statussymbol. Wie einst von meinem Vater erhofft, waren es zunächst die staat-lichen Taxi-Unternehmen, Staatsbetriebe und Beamten, die den Santana kauften. Später war er das meistverkaufte Auto in China. Bis heute betrachtet mein Vater die Entscheidung von VW, trotz des Massakers auf dem Tiananmen-Platz in China zu bleiben, aus rein wirtschaftlicher Perspektive. Die Entwick-lung der chinesischen Automobilindustrie hätte sich durch ei-nen Rückzug von VW um ein oder zwei Jahre verzögert. Dass eine demonstrative Aufkündigung des Joint Ventures die chi-nesische Regierung zu einer anderen Haltung bewegt hätte, glaubt mein Vater nicht. »Chinas Führung hätte auch ohne VW überlebt«, sagt er. Seiner Meinung nach hat das Verhalten von VW keinen Einfluss auf die Frage der Menschenrechte gehabt. Es sei nicht Aufgabe eines Privatunternehmens, ein Land für seine Politik zu bestrafen.

Die öffentliche Empörung über den Militäreinsatz legte sich in der westlichen Welt rasch wieder. Die meisten Firmen – auch die deutschen – kehrten nach wenigen Monaten wieder nach China zurück. VW hatte das »business as usual« so ge-sehen bloß vorweggenommen – sich aber auch eindeutig po-sitioniert. Man hielt sich aus Chinas Innenpolitik raus und ignorierte seine Menschenrechtsverletzungen zugunsten wirtschaftlicher Beziehungen. Eine Haltung mit schwerwiegenden Folgen bis in die Gegenwart.

Die Frage, ob VW China vor dem Hintergrund seiner menschenfeindlichen Politik weiter Autos verkaufen sollte oder nicht, hat sich meinem Vater damals so nicht gestellt. Solange die Regierungen Kooperationen erlaubten, würden sie umgesetzt. Mein Vater sah es im Juni 1989 als seine Aufgabe an, die Gefahrenlage möglichst realistisch einzuschätzen und daraus Handlungsanweisungen für das Unternehmen zu entwickeln. Er entspricht damit dem Bild eines Industriemanagers, der immer von den Belangen des Unternehmens her denkt und politisch-gesellschaftliche Vorgänge sehr nüchtern betrachtet. Leute wie mein Vater durchschauen das Ineinandergreifen der einzelnen Teile. Den Blick aufs Große und Ganze überlassen sie den Politikern – und uns Journalisten.

Machen es sich Industriemanager, wie mein Vater damals einer war, zu einfach? Sie betrachten die politischen Konflikte im Rahmen ihrer Jobs bei VW, BASF oder Mercedes und unterschätzen die Rolle der Wirtschaft in politischen Prozessen. Politik ist keine Urkraft, die losgelöst von ökonomischen und gesellschaftlichen Entwicklungen Regeln und Normen setzt, sondern sie reagiert damals wie heute auf die Entscheidungen und Bedürfnisse der Industrie. Die Regierung unter der Kanzlerinnenschaft von Angela Merkel ist ein gutes Beispiel dafür. Sechzehn Jahre lang war sie fast jährlich in China, um sich für die deutschen Wirtschaftsinteressen einzusetzen. In den Hintergrundgesprächen mit uns Journalisten machte sie deutlich, dass sie ein autoritäres System wie China ablehnt. Wenn es aber konkret um ihre China-Politik ging, war davon nicht viel zu spüren. Nach außen hin vertrat sie die Interessen der großen deutschen Unternehmen, die Milliarden in China investiert hatten und auch weiter daran interessiert waren, dass die deutsch-chinesischen Wirtschaftsbeziehungen keinen Schaden nahmen.

Wenn ein Dax-Konzern wie VW einen Markt für wichtig erachtet, ist das ein Hindernis für Sanktionen gegen das betreffende Land. Mein Vater war, ob er es wollte oder nicht, 1989 als Wirtschaftsmanager im China-Geschäft auch ein politischer Akteur. Unterhalte ich mich heute mit Firmenvertretern, die in China aktiv sind, scheinen auch sie diesen Aspekt nicht zu akzeptieren. Im Fall meines Vaters mag das mit seiner Erfahrung zu tun haben, dass er an der großen Politik ohnehin nichts ändern kann. Er war zwar seinerzeit aus China geflüchtet, aber er war noch zu jung, um ein politischer Geflüchteter zu sein. Er war vor allem froh, wenn die Politik ihn in Ruhe ließ.

Die Entwicklung in den kommenden Jahrzehnten schien das Verbleiben von VW in China zu rechtfertigen. Auf das Massaker folgten zwar zunächst zwei Jahre der politischen Repression und des wirtschaftlichen Stillstands. Doch schon 1992 nahm die chinesische Führung die Wirtschaftsreformen in großem Stil wieder auf.

Spätestens da standen auch deutsche Firmen wieder bereit für den Markteintritt. Deutsche Politiker aller Couleur reisten regelmäßig nach China, um sich ein eigenes Bild von den wirtschaftlichen Entwicklungen zu machen und – als die chinesische Wirtschaft ab Mitte der Neunzigerjahre abhob – den Unternehmern Türen zu öffnen. Zu der Zeit, als Gerhard Schröder 1998 Kanzler wurde, lieferten sich westliche Regierungschefs geradezu ein Wettrennen um die Gunst der chinesischen Führung. »Wandel durch Handel« lautet bis heute die Rechtfertigung, warum man mit einem autoritären Regime zusammenarbeitet.

8
GLOBALISIERUNG

Business as usual

In den Monaten nach der Niederschlagung der Demokratiebewegung herrschte Ruhe in China. Es war eine geradezu ge-
spenstische Ruhe. Mein Vater erinnert sich an einen Aufenthalt in Shanghai im Oktober 1989, also vier Monate nach den
Ereignissen auf dem Tiananmen-Platz. Er übernachtete im
Hotel Nikko in der Nähe des Flughafens Hongqiao, einem der
wenigen größeren Hotels, die überhaupt geöffnet hatten. Außer ihm war in der Eingangshalle kein anderer Gast zu sehen.
An der Rezeption brannte ein schwaches Licht. »In welchem
Stockwerk wollen Sie wohnen?«, fragte ihn die Rezeptionistin.
»Sie haben freie Wahl.« Seit Monaten hatte kaum jemand ein-
gecheckt.

Parteipatriarch Deng Xiaoping hatte sich wenige Tage
nach den Ereignissen auf dem Tiananmen-Platz mit einer Rede
an die Welt gewandt: China werde an der Öffnungs- und Reformpolitik festhalten. Tatsächlich glaubte ihm im Westen
kaum einer. Denn zugleich ging die Führung in Peking mit
harter Hand gegen die Studentenführer und ihre Unterstützer
vor. Sie ließ sie verfolgen und verhaften. Nur einigen gelang die
Flucht ins Ausland. In der chinesischen Öffentlichkeit breitete
sich über die Vorkommnisse ein Leichentuch des Schweigens.
Das Tabu von damals gilt auch heute noch. In den zurückliegenden drei Jahrzehnten hat es keine Aufarbeitung gegeben.

Die wenigen noch in China verbliebenen ausländischen
Unternehmen hielten sich in den ersten Wochen nach dem

Militäreinsatz zurück. Niemand wollte auffallen. Auch von der KP-Führung war kaum etwas zu vernehmen. Ob hinter den Kulissen ein Machtkampf tobte? Nach außen hin wagte sich zumindest niemand hervor. Alle schienen abzuwarten.

VW hatte seine Geschäfte in China zwar nicht eingestellt, die Produktion im Gemeinschaftswerk in Shanghai lief weiter, die deutschen Mitarbeiter kehrten an ihre Arbeitsplätze und ihre Angehörigen nach China zurück, dennoch gestaltete sich die Umsetzung der Pläne in der Zusammenarbeit mit FAW in Changchun für meinen Vater zunächst schwierig. Die Begeisterung in Wolfsburg und Ingolstadt, die China-Geschäfte auszuweiten, war geschwunden. Die Aufmerksamkeit in Deutschland richtete sich auf den ehemaligen Ostblock in Europa. Anders als in China kippte ein kommunistisches Regime nach dem anderen. Am 9. November fiel die Berliner Mauer. Wer wollte sich da noch für China begeistern, wo die friedlichen Proteste gescheitert waren? Die demokratischen Revolutionen direkt vor der eigenen Haustür weckten zu Recht mehr Optimismus als die Lage in China.

Ein Jahr zuvor war der Audi 100 in Changchun in Produktion gegangen. FAW baute ihn in Lizenz. VW lieferte die Teile aus Deutschland und leistete technische Hilfe. Für die Montage und den Verkauf war FAW zuständig. Daran änderte auch das ereignisreiche Jahr 1989 nichts. 1990 erreichte die Produktion in Changchun wie geplant bereits 15 000 Stück. Und wie einst von meinem Vater erhofft, entwickelte sich der Audi 100 zum Fahrzeug der Beamten und Parteifunktionäre in China. Die Kooperation mit einem direkt der chinesischen Führung unterstellten Staatsunternehmen zahlte sich für VW und Audi also aus.

Doch gerade weil dieser Deal von der chinesischen Regierung unterstützt wurde, gab es in Deutschland Gegenwind. Deutsche Medien griffen die Kritik von Menschenrechtsorga-

*Größter Erfolg für VW in China: der Audi. Offizielle Einführung
des Audi 200, Changchun, 1996*

nisationen auf, die VW und Audi dafür kritisierten, ausgerechnet die chinesischen Staatsführer mit Autos der Oberklasse
zu bestücken. Die Lizenzvergabe, den Audi 100 in Changchun
montieren zu lassen, war aber nur ein Teil des Geschäfts. Ziel
von VW war außerdem, nach dem Werk mit SAIC in Shanghai
mit FAW in Changchun ein zweites sehr viel größeres Gemeinschaftswerk zu errichten. Zusätzlich zum Audi 100 sollte in
der neuen Fabrik der Golf für die entstehende Mittelschicht
gebaut werden. Das war der Plan.

Schneller als gedacht ebbte die Kritik an VW Ende 1989
ab und wurde überdeckt von der Berichterstattung über den
Fall des Eisernen Vorhangs. Während in Europa alle feierten,
empfing Chinas frisch ernannter Staatschef Jiang Zemin im
November 1989 VW-Vorstandschef Carl Hahn und den Fa-
brikdirektor von FAW Geng Zhaojie und leitete damit die offizielle Aufnahme von Verhandlungen für das geplante Joint

Venture ein. Anders als in Shanghai, wo VW für die Montage des Santana ein bestehendes Werk nur umbauen und modernisieren musste, einigten sich beide Seiten, dass mit dem Gemeinschaftswerk in Changchun eine komplett neue Anlage auf der grünen Wiese gebaut werden sollte. Am 20. November 1990 wurde der Vertrag über eine Jahreskapazität von 150 000 Autos unterzeichnet. Produziert werden sollte wie vorgesehen der Golf, zu der Zeit in Europa der beliebteste Mittelklassewagen. Schließlich war alles vorbereitet, die neuen Maschinen waren bestellt, die Techniker standen bereit, die Fabrik befand sich bereits im Bau, als es – wie so oft in der Vergangenheit – noch einmal völlig anders kam.

Es war im Juni 1991. Zusammen mit Vertriebsvorstand Werner P. Schmidt war mein Vater auf dem Flughafen Hongqiao in Shanghai gelandet und sah sich am Taxistand einer Reihe nagelneuer roter Kompaktwagen gegenüber, die keine Santana waren. Zu dieser Zeit waren fast alle Taxis in China Santana. VW hatte eine Marktdurchdringung von mehr als achtzig Prozent. Mein Vater sprach die Taxifahrer an, und es stellte sich heraus, dass es sich um sogenannte Xiali handelte, ein Modell, das auf dem Daihatsu Charade basierte. Der japanische Hersteller hatte eine Lizenz für dessen Produktion an eine Firma in der nordostchinesischen Hafenstadt Tianjin vergeben. Daihatsu wiederum unterhielt eine enge Geschäftspartnerschaft mit Toyota, dem zu der Zeit größten Konkurrenten von VW. Später würde die Marke sogar in den Konzern integriert werden. Als mein Vater nach dem Preis fragte und 84 000 Yuan hörte, traf ihn fast der Schlag. Der Golf, den VW demnächst in Changchun produzieren wollte, sollte fast das Doppelte kosten! Der Golf war technisch zwar etwas besser als das Fahrzeug des japanischen Konkurrenten, aber in Optik und Ausstattung kam der Xiali dem Golf ziemlich nahe. »Wir müssen das mit dem Golf überdenken«, sagte mein Vater, und

Schmidt dachte, er mache einen Scherz. Aber das war ganz und gar nicht der Fall.

Auf dem Weiterflug nach Changchun überlegten sie fieberhaft, was sie tun sollten. Chinesische Autokäufer kannten weder den Xiali noch den Golf. Daher würde es für den Golf keinen Vorteil wegen des Markenimages und der Qualität geben. Der Golf würde bei einem so großen Preisunterschied unmöglich konkurrenzfähig sein.

In dem Gespräch mit den Taxifahrern hatte mein Vater jedoch auch erfahren, dass sie das Stufenheck vermissten, der Xiali sehe zudem wenig elegant aus. Führungskräfte würden sich weiterhin für den Santana als Dienstwagen entscheiden. Daraus schloss mein Vater, dass aus Sicht der meisten Chinesen ein ordentliches Auto immer noch eines mit Stufenheck war. Und da fiel ihm der Jetta ein.

Der Jetta hat die gleiche Plattform wie der Golf. Eine Plattform bezeichnet beim Autobau eine Basis, auf der äußerlich verschiedene Modelle aufbauen. Karosserie, Kotflügel, Heck und Seitenteile können je nach Modell unterschiedlich sein, auch einige technische Komponenten wie etwa Motor oder Getriebe können aus einem Baukastensystem montiert werden. Der Unterbau ist aber immer gleich. Die kurz vor der Vollendung stehende Fabrik in Changchun könnte also weiter genutzt werden. Zugleich sah der Jetta aus Sicht der chinesischen Autonutzer hochwertiger und moderner aus. Die Santana hatten technisch und optisch schon mehr als zehn Jahre auf dem Buckel. Der Jetta hingegen wirkte neu. Das Problem blieb der Preis. Wie kann der Jetta wettbewerbsfähig sein, wenn er ein extra großes Heck hat und damit sicher mehr kostet als der Golf? Diese Sorge teilte Schmidt nicht. Der Jetta sei in der Produktion sogar günstiger als der Golf. Obwohl der Jetta äußerlich länger aussah, einen größeren Kofferraum besaß und mehr Blech benötigte, hatte der Golf eine Hecktür, mit der wiederum ein komplexerer Produktionsprozess verbunden war. Der Jetta könnte also die Lösung sein.

Sowohl in Wolfsburg als auch in Changchun hielt sich die Begeisterung der Mitarbeiter im operativen Geschäft über den Modellwechsel in Grenzen. Schließlich liefen die Vorbereitungen längst. Und sie hatten sich auf die Produktion des Golfs eingestellt. Doch wenn Schmidt und inzwischen auch Carl Hahn von einer Entscheidung überzeugt waren, ließen sie sich davon nicht mehr abbringen.

Am 5. Dezember 1991 rollte im Werk von Changchun der speziell für den chinesischen Markt modifizierte Jetta vom Band mit der Zusatzzeichnung Mk2. Wichtige Einrichtungen des Werks, insbesondere der gesamte Karosseriebau, Lackiererei und Montagehalle, kamen aus dem VW-Werk in Westmoreland, das kurz zuvor aufgegeben worden war. Mitarbeiter von FAW montierten die Anlage ab und bauten sie in Changchun wieder auf – ein geradezu symbolischer Akt: Die Zukunft für VW lag nicht mehr in den USA, sondern in China. Alles erfolgte in einem rasend schnellen Tempo: Bereits zwei Jahre später wurden in Changchun 10 000 Jettas produziert.

Eine Diskussion um Menschenrechte und ob man mit einem autoritären Regime noch Geschäfte machen durfte, fand in Wolfsburg nicht mehr statt. Alle Beteiligten waren froh, dass das Thema auch weitgehend aus den deutschen Medien verschwand. Das dürfte auch damit zu tun gehabt haben, dass China noch weit entfernt davon war, eine Weltmacht zu sein, und nicht als ernsthafte Bedrohung wahrgenommen wurde, die das westliche Wertesystem hätte infrage stellen können. Im Gegenteil: Der Westen fühlte sich überlegen. Vom »Ende der Geschichte« schrieb der viel zitierte US-Politologe Francis Fukuyama in einem im Sommer 1989 veröffentlichten Artikel. Fukuyama vertrat die These, dass sich nach dem Zusammenbruch der Sowjetunion und des Ostblocks die Prinzipien des

Liberalismus in Form von Demokratie und Marktwirtschaft überall und endgültig durchsetzen würden. Die Demokratie befriedige das menschliche Bedürfnis nach sozialer Anerkennung relativ gesehen besser als alle anderen Systeme.

China war ganz offensichtlich kein demokratisches System. Aber eine zweite Formel gewann in diesem Zusammenhang an Popularität. Insbesondere die Deutschen griffen sie mit Blick auf China gerne auf: Wandel durch Handel. Mit zunehmender wirtschaftlicher Einbindung würde auch in China Demokratie und Marktwirtschaft Einzug halten, so die Idee, die in leichter Abwandlung auf dem politischen Konzept vom »Wandel durch Annäherung«, das der SPD-Politiker Egon Bahr in den Sechzigerjahren zur Annäherung an den Ostblock formulierte, basiert. Schließlich machten westliche Unternehmen auch mit anderen nicht lupenreinen Demokratien Geschäfte. Warum nicht auch mit China?

Kapitalismus auf Chinesisch

Nach außen hin hatten sich in den zwei Jahren nach 1989 die Hardliner durchgesetzt. Ihren Kern bildete der KP-Veteran Chen Yun, der Dengs Reformen komplett stoppen ließ. Chen und seine Fraktion innerhalb der Partei hatten ihre ganz eigene Lehre aus den Protesten gezogen: Die freien Märkte hätten der Korruption und der Ungerechtigkeit Vorschub geleistet. Es seien also zu weitreichende freiheitliche Reformen gewesen, die die Studenten auf die Straße getrieben hätten, lautete die Erklärung.

Allerdings nahm die Fraktion der reformskeptischen Konservativen innerhalb der KP-Führung noch eine andere, produktivere Erkenntnis mit. Ihnen war klar geworden, dass ihre Dauerfehde mit dem Reformflügel das System destabilisiert hatte. Chen Yun persönlich plädierte für mehr innere Einheit.

Denn er wusste: Wenn das System nicht stabil blieb, dann gab es auch keine Macht mehr zu verteilen. In Wahrheit fuhren er und die Hardliner ihre Kritik an Dengs Öffnungs- und Reformpolitik immer stärker zurück. Chen Yun, inzwischen vierundachtzig und damit ein Jahr jünger als Deng, verabschiedete sich wenig später aus der Politik. Sein Rückzug machte für Deng den Weg frei, die Wirtschaftsreformen fortzusetzen.

Während Deutschland Anfang der Neunzigerjahre im Einheitstaumel versank und sich kaum noch jemand für China interessierte, verfolgte mein Vater von Wolfsburg aus die Veränderungen in Peking aufmerksam. Ich erinnere mich, wie er einmal abends am Küchentisch über eine Reise von Deng Xiaoping in die südlichen Provinzen von China erzählte. Erst sehr viel später verstand ich, welche Bedeutung diese Reise im Frühjahr 1992 hatte.

Die meisten Kader auf Lokal- und Provinzebene hatten zwar vorher schon die Vorzüge der Marktwirtschaft kennen und schätzen gelernt. Doch alles den Märkten zu überlassen, das wagten sie nicht. Die chinesische Führung legte Wert darauf, zumindest nach außen, weiter am Ziel des Kommunismus, dem Aufbau einer klassenlosen Gesellschaft, festzuhalten. Dazu gehörten die Einhaltung von vorher festgelegten Produktionsquoten und die Abgabe von Gewinnen. Zudem musste jedes Vorhaben, darunter auch jede Kooperation mit einem ausländischen Unternehmen, auf seine Kompatibilität mit dem Sozialismus geprüft werden. Was das im Konkreten bedeutete, war dann zwar Auslegungssache des jeweils zuständigen Parteisekretärs, trotzdem hemmten diese ideologischen Vorgaben die Entwicklung.

Das änderte sich mit Dengs Reise in die südlichen Provinzen, wo die Wirtschaftsreformen im landesweiten Vergleich bis dahin ihre größte Wirkung erzielt hatten. Alles in allem war es eine spektakuläre Inszenierung. Deng setzte sich mit seiner Familie und seinen engsten Mitarbeitern in einen Zug und besuchte die prosperierenden Sonderwirtschaftszonen, von denen vor allem eine hervorstach: Shenzhen. Sie hatte sich inzwischen zu einer boomenden Industriestadt entwickelt.

Während der Reise verkündete Deng seine These von der »Kombination von Wirtschaftsplanung und Marktwirtschaft«, taufte den Sozialismus in »sozialistische Marktwirtschaft« um und veranlasste, dass der Schutz des Privateigentums in die chinesische Verfassung aufgenommen wurde. Das, was die Menschen in Shenzhen und in den anderen drei Sonderwirtschaftszonen ein Jahrzehnt lang an freier Marktwirtschaft ausprobieren durften, galt damit für die gesamte Volksrepublik. Die Staatsmedien ließen Dengs Aussagen, die er teilweise im Zug sitzend den mitreisenden Journalisten in die Notizblöcke diktierte, erst einmal von der Propagandaabteilung absegnen, bevor sie mit etwas Verzögerung an die Öffentlichkeit gingen. Deng befreite den Kapitalismus damit in China vollends von seinen Fesseln.

Während die Ereignisse von 1989 zum Tabu erklärt wurden, galten die ideologischen Beschränkungen für das Wirtschaftsleben nicht mehr. Nun war Geldverdienen neue Staatsdoktrin. Die Studenten hatten Freiheit gefordert. Nun erhielten sie den Kapitalismus. Deng schloss damit eine Art Vertrag mit der Bevölkerung. Die Führung erlaubte es ihren Bürgern, ungehemmt Geld zu verdienen, und gestand ihnen mehr Freiheit im Privatleben zu. Im Gegenzug stellten sie das Machtmonopol der Parteiführung nicht infrage. Geld ja, Politik nein – das war der Deal.

Dieser unausgesprochene Gesellschaftsvertrag setzte eine Gründerwelle in Gang, wie es sie in der Wirtschaftsgeschichte Chinas in dieser Dimension noch nicht gegeben hatte. Sämtliche Hemmungen fielen. Provinz- und Lokalkader setzten bestehende Gesetze und Regulierungen zum Teil oder auch ganz außer Kraft. Jede Provinz, jede Stadt buhlte mit eigenen Freihandelszonen um Investoren. Reich werden war in China keine Schande mehr. Statt auf die Hardliner zu hören, hatte Deng die Flucht nach vorn angetreten.

Mein Vater war nicht der einzige Manager im Ausland, der diese gravierenden Veränderungen wahrnahm. Doch westliche Investoren hielten sich zunächst zurück. Es entstand der Eindruck, dass sich der Blick des Westens auf China seit dem Massaker nachhaltig getrübt hatte. Denn der Wunsch aus den Achtzigerjahren, dass auf die wirtschaftliche Öffnung auch eine politische folgen werde, hatte sich nicht erfüllt.

Wer wie Volkswagen vor dem 4. Juni 1989 schon kräftig in China investiert hatte, kam zwar rasch zurück. Neue Interessenten aus Europa oder den USA hielten sich aber zurück. Sie hinterließen eine Lücke, die Investoren nutzten, die trotz der politisch bleiernen Zeiten weiterhin an den Aufstieg Chinas glaubten: die Auslandschinesen.

Auslandschinesen als wichtige Investoren

Huaren ist der in China feststehende Begriff für Auslandschinesen. Das Schriftzeichen »Hua« steht für China, »Ren« bedeutet Mensch. Gemeint sind ethnische Chinesen im Ausland ohne chinesische Staatsbürgerschaft.

Diese Huaren-Gemeinden gehen ursprünglich auf Auswanderungsbewegungen im 19. Jahrhundert und am Ende des chinesischen Kaiserreiches zu Beginn des 20. Jahrhunderts zurück. Bei der ersten Generation handelte sich um Seefahrer und Händler. Viele von ihnen wanderten nach Singapur, Malaysia, Indonesien, auf die Philippinen und nach Nord- und Südamerika aus, wo viele Arbeiter vor allem beim Eisenbahnbau im Einsatz waren. Die Auslandschinesen blieben untereinander gut vernetzt. Sie betrieben intensiven Handel miteinander, aber auch mit ihrer alten Heimat in Taiwan und auf dem chinesischen Festland. Ihre Nachkommen wiederum errichteten Fabriken. Eine Generation später dominierten sie bereits die Finanzindustrie. Mehr als dreißig Millionen dieser Auslandschinesen leben heute allein in Südostasien. Viele von ihnen haben ihre Verbundenheit zu ihrer chinesischen Heimat nie aufgegeben. Das Chinesisch, das sie sprechen, ist meist der Dialekt des Dorfes ihrer Vorfahren.

Reformer Deng hatte schon zu Beginn seiner Öffnungspolitik auf diese Chinesen aus Südostasien, aber auch aus Nordamerika und anderswo geschaut. Er bot ihnen Steuervorteile und Vergünstigungen an, wenn sie in der Volksrepublik investierten. Gleichzeitig appellierte er an ihren »Patriotismus«. Sie sollten zum Aufbau ihres Herkunftslandes oder desjenigen ihrer Eltern beitragen. Dass Deng die ersten vier Wirtschaftssonderzonen in den südchinesischen Provinzen Zhejiang, Jiangsu, Fujian und Guangdong auswies, war kein Zufall. Die meisten chinesischen Familien in Übersee stammten aus diesen Gegenden.

Es war keineswegs selbstverständlich, dass ausgerechnet die Auslandschinesen dem Ruf der kommunistischen Regierung folgten. Viele von ihnen waren selbst noch vor den Kommunisten geflohen oder hatten nahe Verwandte, die verfolgt worden waren. Auch der Onkel meines Vaters war von den Rotgardisten geschlagen worden, weil er einen Verwandten im Ausland hatte. So etwas kam häufig vor. Die kommunistischen Fanatiker bezichtigten Menschen mit Familienmitgliedern im Ausland der Spionage und zwangen sie, ihre Beziehungen dorthin zu kappen.

Trotz dieser Vergangenheit folgten viele Auslandschinesen dem Ruf Dengs. Sie sahen die riesigen Chancen, die seine Politik ihnen eröffnete. Ihre Investitionen waren in den Achtzigerjahren eine wichtige Quelle ausländischen Kapitals, nach 1989 wurden sie für einige Jahre zur wichtigsten. Vor allem wohlhabende Chinesen aus Hongkong, Taiwan, Malaysia und Singapur pumpten in dieser Zeit sehr viel Geld ins Land. Zu ihnen gehörten Magnaten wie der Hongkonger Immobilientycoon Li Ka-shing oder der chinesischstämmige malaysische Milliardär Robert Kwok.

Als mein Vater 1962 Taiwan verließ, hatte er auf der Überfahrt nach Europa das erste Mal mit Überseechinesen zu tun. Ihr Frohsinn, ihre Geselligkeit und letztlich auch ihre Geschäftstüchtigkeit hatten ihn schon damals beeindruckt. In China waren sie zu Beginn der Neunzigerjahre auch deshalb beliebt, weil sie chinesisch sprachen und viele chinesische Sitten und Traditionen teilten. Mein Vater wurde aus Sicht vieler in Peking ebenfalls zu dieser Gruppe gezählt und entsprechend willkommen geheißen.

Dabei traf die Beschreibung auf meine Familie nicht zu. Chinesen wie mein Vater, die nach Europa oder in die USA zum Studium oder in der Hoffnung auf ein besseres Leben ausgewandert waren, brachten allenfalls Fachwissen zurück in die Volksrepublik oder sie vermittelten Wirtschaftskontakte. Sie selbst waren aber keine Investoren in einem ökonomisch ins Gewicht fallenden Maße – wie es die Auslandschinesen beispielsweise aus Südostasien waren. Aber sie teilten den Glauben an ein aufstrebendes China und waren gewissermaßen stolz darauf. Insofern passt auch mein Vater in diese Gruppe.

China in den Neunzigern

Ab 1990 war mein Vater wieder regelmäßig in China. Hin und wieder besuchte auch ich meine Verwandtschaft in Nanjing. Im Gepäck hatte ich dabei jede Menge westdeutsche Teenager-Rebellion.

Meine Großeltern waren einige Jahre zuvor aus ihrem alten Haus, dem Siheyuan in der Shigulu, ausgezogen. Die Stadtregierung hatte sämtliche alten Häuser in der Innenstadt abreißen und stattdessen sechsstöckige Plattenbauten hinsetzen lassen. Meine Großeltern wohnten nun in einer kleinen Wohnung im vierten Stock. Dort war das Halten von Nutztieren selbstverständlich verboten. Da meine Oma jedoch ihr Leben lang Hühner besessen hatte, wollte sie sich auch jetzt nicht davon trennen und hielt das Federvieh auf dem Balkon. Das Gute an dem Huhn, denn es handelte sich um exakt ein Exemplar, war: Es gackerte nie und machte auch sonst keinen Ärger, legte aber jeden Tag ein Ei. Anlässlich eines meiner Besuche schlachtete meine Großmutter, inzwischen über fünfundachtzig, dieses kostbare Tier und machte daraus eine Suppe. »Chi, chi!«, sagte sie, chinesisch für »Iss doch!«. Hühnersuppe sei gesund und würde mich kräftigen. Ich allerdings lehnte höflich, aber konsequent ab und sagt: »Ich esse kein Fleisch. Aus Tierschutzgründen.« Später hörte ich meine Tanten tuscheln. »Verwöhnter Bengel.«

Ich hielt mich für standhaft. An meinem Gymnasium in Wolfsburg waren die coolen Leute meines Jahrgangs alle Vegetarier. Bei einem Klassenausflug hatten wir einen Schlachthof besichtigt. Alle waren so angewidert, dass die halbe Klasse daraufhin erklärte, kein Fleisch mehr zu essen. Mein Vater hatte das schon in Deutschland als pubertären Spleen abgetan. Nur mit Widerwillen akzeptierten er und meine Mutter mein Verhalten, etwa wenn ich die kleinen Speckstückchen aus dem Bratreis pulte. Schweinefleisch süßsauer oder Hühnerfleisch Gong Bao, als Kind meine beiden Lieblingsgerichte, rührte ich gar nicht mehr an. Ich aß davon nicht einmal mehr die Cashewkerne, weil sie mit dem Fleisch in Berührung gekommen waren. In China aber empfand es mein Vater als respektlos, dass ich das frisch geschlachtete Huhn meiner Oma ablehnte.

Essen ist in China ein Ausdruck der Zuneigung. Ich habe erst später verstanden, dass es sich hier um einen echten kulturellen Unterschied handelt: Sobald Kinder im Schulalter sind, werden sie von ihren Eltern und Verwandten nur noch wenig in den Arm genommen. Auch Erwachsene berühren sich kaum, höchstens in der Ehe. Der Händedruck ist ein Import aus Europa und erreichte China erst Mitte des 19. Jahrhunderts. Umarmungen und Küsse zur Begrüßung wie in Südeuropa hielten erst in den letzten Jahren in den urbanen Metropolen Einzug. Chinesische Familien zeigen ihre Zuneigung auf andere Weise: übers Essen. Bis heute ist es üblich, sich auf der Straße nicht mit »Ni Hao?« zu begrüßen, chinesisch für: »Wie geht es dir?«, sondern mit dem Satz »Chiguo le ma?«, »Hast du schon gegessen?« Wenn die Großmutter ihr kostbares Huhn für den Enkel zu Suppe verarbeitete, war das ihre Art, Zuneigung zu zeigen.

China und Deutschland – das waren zu Beginn der Neunzigerjahre auch wirtschaftlich noch immer völlig unterschiedliche Welten. Die Achtziger waren für die alte Bundesrepublik sehr gute Jahre gewesen. China hingegen war trotz der Reformen noch immer arm. Nach heutigem Wert lag das Durchschnittseinkommen bei dreihundert Euro – im Jahr.

Meine Großeltern empfanden es als Fortschritt, vom Staat eine neue Wohnung zugeteilt bekommen zu haben. Ich fand ihre Plattenbaubehausung furchtbarer als das alte Hofhaus. Das Treppenhaus war schmutzig, die Treppenstufen unterschiedlich hoch und breit. Überall lag Müll herum. Die Wohnung hatte zwei Zimmer mit kahlen Betonwänden und Metalltüren. Tapeten oder gar Teppiche gab es nicht. Holzfußboden auch nicht. Alle liefen mit Straßenschuhen in der Wohnung herum. Zwischen der Wohnung und der Straße wurde kaum unterschieden. Ab und zu wurde gefegt, der Dreck in eine Ecke gekehrt.

Meine Großeltern hatten ein Zimmer, Schlaf- und Wohnzimmer in einem. Damit unterschied sich ihr Leben kaum von dem im Hofhaus. Auch dort hatten sie nur ein Zimmer für sich. Meine Tante, ihr Mann und ihre drei Söhne – Drillinge – teilten sich das zweite Zimmer. Sie schliefen in Stockbetten. Da zwei meiner Cousins in Nachtschichten arbeiteten und einer mittags und abends eine Garküche betrieb, schliefen sie tagsüber in dem Zimmer. Meine Tante und mein Onkel nutzten das gleiche Zimmer dann nachts zum Schlafen. Sie kochten auf einer Art Feuerstelle in einer Küchennische. Im Flur stand ein rechteckiger Tisch mit einer schmalen Bank. Es musste reihum gegessen werden oder im Stehen, denn es gab nicht genug Platz für alle. Einen Kühlschrank hatten sie nicht, bloß einen Schrank mit einem Fliegengitter davor. Dort wurde das gekochte Essen aufbewahrt. Immerhin hatten meine Großeltern erstmals in ihrem Leben ein Sitzklo in ihrer Wohnung. Es stank trotzdem bestialisch. Denn das Klo war nur rudimentär an ein großes Rohr angeschlossen, das von oben nach unten an dem Gebäude entlanglief. Es verteilte höchst wirksam den Gestank aller Toiletten über alle Etagen.

Und doch: Einiges hatte sich in dem über einen Jahrzehnt der Öffnungspolitik getan. Während meine Großeltern – abgesehen von ihrem Umzug aus ihrem Hofhaus in den Plattenbau – noch weitgehend so lebten wie zuvor, merkte ich bei jedem Besuch, wie der Lebensstandard meiner Tanten und Onkel und viel mehr noch der meiner älteren Cousins und Cousinen jedes Mal stieg. Sie konnten sich zunächst einen Fernseher leisten, dann auch einen Kühlschrank, beim nächsten Besuch hatten sie eine Waschmaschine und eine größere Wohnung. Eine Cousine installierte in ihrem Schlafzimmer irgendwann eine Klimaanlage. An den heißen und stickigen Sommerabenden drängten sich alle in diesen Raum. An solchen Dingen merkte ich, wie kräftig China wirtschaftlich aufholte.

Wirtschaftlicher Durchbruch

Peking hatte sich bereits in der zweiten Hälfte der Achtzigerjahre modernisiert, auch wenn die erste Kentucky-Fried-Chicken-Filiale wie eine Mondlandung gefeiert wurde, zumindest von uns Kindern, und Mode, Pop, Technik im postmaoistischen China noch weitgehend fremd waren.

Das änderte sich in den Neunzigerjahren schlagartig. Das beste Beispiel dafür ist der Pekinger Seidenmarkt. Er befindet sich in der Nähe des Diplomatenviertels, wo bis 1990 auch die Deutsche Schule war, in einer von der Chang'an-Allee abgehenden Seitenstraße. Auf Chinesisch heißt die Straße Xiushui Jie, das bedeutet »Straße des schönen Wassers«. Die Händlerinnen und Händler waren zumeist Leute aus dem Südosten des Landes, also aus den Provinzen Zhejiang, Jiangsu, Fujian und Guangdong. Sie brachten die Ware direkt aus ihren Dörfern nach Peking, um sie dort selbst zu verkaufen. Auf dem Seidenmarkt wurde immer kräftig gefeilscht.

Den Markt gab es schon, als wir ab Mitte der Achtzigerjahre in Peking wohnten. Nur: Damals verkauften die Marktfrauen wirklich ausschließlich Seidentücher, die sie in ihren Heimatdörfern hergestellt hatten und nun den wenigen westlichen Touristen anboten. Bis Mitte der Neunzigerjahre verdreifachte sich die Größe des Seidenmarktes. Verkauft wurden nicht mehr nur Seidentücher, sondern auch moderne Kleidung weltbekannter Marken. Für uns war der Markt interessant, weil es hier regendichte Outdoor-, Sport- und Freizeitkleidung gab, die in Deutschland das Zehnfache kostete. Die Nähte waren an einigen Stellen nicht ganz so sauber verarbeitet, die Labels oft lieblos mit ein paar Stichen angenäht, aber das Material und die Schnitte waren dieselben wie bei der Ware, die unter dem echten Label nach Europa verschifft und dort sehr viel teurer verkauft wurde. Die Händler auf dem Markt sprachen von der

»vom Lkw heruntergefallenen Ware«. Tatsächlich kamen die auf dem Pekinger Seidenmarkt zu Ramschpreisen angebotenen Sachen oft aus denselben Fabrikhallen wie die Ware, die bei Karstadt oder in den edlen Boutiquen auf der Königsallee in Düsseldorf angeboten wurde. Denn inzwischen war China zum weltweit größten Textilproduzenten aufgestiegen.

Noch die ganzen Achtzigerjahre hindurch waren die Chinesen auf dem Land arm, lebten überwiegend von dem, was sie auf den ihnen zugeteilten Parzellen anbauten. Fiel die Ernte gut aus, konnten sich die Bauernfamilien auf den Märkten ein paar Yuan dazuverdienen. Gab es Überschwemmungen, mussten sie hungern. Zugleich herrschte ein enormer Überschuss an Arbeitskräften.

Unter Mao war alles in staatlicher Hand, auch der Handel. Die Behörden verteilten die wenigen Waren, die es zu verteilen gab. Mit den ersten Sonderwirtschaftszonen im Süden des Landes tauchten immer mehr Straßenhändler auf. Sie boten Waren an, die aus Hongkong und Taiwan herübergeschmuggelt wurden. Es handelte sich zumeist um Kleidung und billige Konsumartikel. Die Behörden tolerierten das.

Rasch fanden clevere Kleinstunternehmer heraus: Diese Waren mussten gar nicht umständlich aus Hongkong, Taiwan oder dem Ausland »importiert« werden. Sie ließen sich auch selbst herstellen, und zwar durch die Arbeitskräfte auf dem Land. Es ging um die Produktion zumeist einfacher Dinge, die aber dennoch arbeitsintensiv war. Die Herstellung von Socken und Strümpfen zum Beispiel: Sie erfolgte an sich maschinell. Aber für den letzten Schritt mussten die Strümpfe umgedreht und überflüssige Fäden und Stoffreste mit der Schere abgeschnitten und die Etiketten angenäht werden. Das konnten Maschinen noch nicht. Die Kleinstunternehmer übertrugen diese Arbeiten Bäuerinnen und zumeist alten Leuten, die sonst keine oder nur wenig Beschäftigung hatten. Ganze Dörfer bekamen körbeweise Socken geliefert. Sie verteilten die Körbe untereinander, bearbeiteten die Socken, legten sie fein säuberlich zusammen und stellten sie für ein geringes Entgelt zur Abholung bereit. Viele Bäuerinnen machten die Arbeit nebenher, während des Kochens, der Kinderbetreuung oder beim Hüten des Viehs. Die Betriebskosten waren gering. Es mussten keine Fabrikhallen errichtet und auch keine Maschinen angeschafft werden. Diese Kleinstunternehmer hatten geringe Investitionskosten. Die Löhne waren niedrig, aber immerhin verdienten die Menschen mehr als durch den Verkauf ihrer oft geringen Ernte.

Es blieb nicht bei Socken. Schon bald stellten die Bäuerinnen auch andere Textilien her: T-Shirts, Hosen, Sportschuhe. Bald war Geld für die ersten Investitionen in Hallen und Maschinen vorhanden. Die Dörfer entwickelten sich zu wahren Industriezentren. Anfangs deckten die Kleinstunternehmer die Nachfrage auf dem heimischen Markt ab. Sie waren aber auch auf dem Weltmarkt konkurrenzfähig. So begann der Aufstieg der chinesischen Exportindustrie.

Bereits in den Neunzigerjahren gab es in den südlichen Küstenprovinzen ganze Landstriche, in denen sich eine Produktionsstätte an die nächste reihte. Sporthersteller wie Adidas, Nike, Gore-Tex, aber auch Luxusmarken wie Prada, Louis Vuitton und Armani – sie alle ließen ihre Artikel in China herstellen. Meist handelte es sich um chinesische Auftragshersteller, die in ihren großen Fabriken von Wanderarbeiterinnen und Wanderarbeitern die Jacken, Schuhe und Sportkleidung in großen Mengen nähen ließen. Was die Ware auf dem Pekinger Seidenmarkt von der in den Edelboutiquen in Paris oder Düsseldorf unterschied: Zwischenhändler gingen in diese Fabriken und suchten sich die Stücke aus, die sauber verarbeitet und bei denen keine Fehler zu finden waren. Diese verschifften sie dann nach Europa. Die fehlerhafte Ware und was sonst in den Fabriken von den Zwischenhändlern nicht abgenommen wurde, nahmen die Fabrikarbeiterinnen und Fabrikarbeiter zum Teil mit und gaben sie ihren Verwandten im Dorf weiter, die damit nach Peking reisten, um sie dort unter anderem auf dem Seidenmarkt zu verkaufen.

Oft war das Reisen für die Verkäuferinnen und Verkäufer äußerst gefährlich. Zhao Ying, eine von ihnen, erzählte mir einmal, dass sie die Waren säckeweise mit dem Zug nach Peking bringen musste. Da es noch keine Banküberweisungen gab, wurde der Erlös bar zurück in die Dörfer gebracht. Die meisten Leute bezahlten mit Zehn-Yuan-Scheinen, und so reiste sie auch mit Säcken voller Bargeld durchs Land. Unterwegs lauerten ihr zuweilen Räuber auf. Zhao Ying erzählte, dass sie bereits mehrfach überfallen worden war. Dennoch lohnte sich für sie der Handel mit den Textilien allein für die geglückten Reisen.

Doch der Verkauf auf dem Seidenmarkt war nicht das einzige Geschäft dieser Händlerinnen und Händler. Mit dem Fall des Eisernen Vorhangs gab es ab 1990 keine Reisebeschränkungen mehr für Osteuropäer. Russen, Ungarn, Rumänen und Jugoslawen hatten wie kurz zuvor die Chinesen einen erheblichen Nachholbedarf an Konsumgütern, konnten sich aber die Waren aus dem Westen noch nicht leisten. Die chinesischen Kleinstunternehmer boten die gleichen Dinge sehr viel günstiger an. Nachgemacht, versteht sich, und oft mit Fehlern. Das war den osteuropäischen Händlern aber egal.

Der Seidenmarkt und die umliegenden Straßen entwickelten sich zu einem wahren Handelsumschlagplatz zwischen China und Osteuropa. Vor allem Russen kauften die Waren ein, packten sie in große karierte Taschen und luden sie auf die Transsibirische Eisenbahn, um sie entlang der Strecke weiterzuverkaufen. Im Gegenzug brachten die Russen Pelze aus Sibirien mit. Gleich hinter dem Seidenmarkt entstand daher einer der größten Pelzmärkte Ostasiens. Die Ausländer in Peking nannten ihn den Russenmarkt. Bis heute leben und arbeiten dort viele Russen, betreiben Restaurants und Supermärkte.

Mein Vater hatte in Peking eine Mitarbeiterin, die wir Frau Fu nannten. Sie kam aus der Provinz Sichuan, aus der auch Deng Xiaoping stammte. Sie sprach den gleichen Dialekt wie er und konnte ihn hervorragend nachmachen. Nach Feierabend ging sie einer Nebentätigkeit als Kleinexporteurin nach. Da Ungarn nach dem Fall des Eisernen Vorhangs das einzige Land war, das in der Tradition eines sozialistischen Bruderstaates von chinesischen Staatsbürgern auch weiterhin kein Visum verlangte, nutzten das Chinesen und Chinesinnen wie Frau Fu. Sie kaufte sich neun große Koffer, packte sie mit billig hergestellten Artikeln voll, setzte sich in den Zug nach Moskau und fuhr von dort aus weiter nach Budapest. Dort stellte sie sich auf den Heldenplatz und verkaufte die Ware. Mit dem Erlös ließ sie sich Nachschub aus China einfliegen. Zehntausende Chinesen verfuhren so. Heute zählt die ungarische Hauptstadt die meisten chinesischen Einwanderer in Europa. Sie bewohnen dort zum Teil prächtige Wohnungen und Häuser.

Der Handel florierte also. Die Märkte in der Xiushui-Straße und ihrer Umgebung reichten bald nicht mehr aus. Die Regierung registrierte, dass osteuropäische Händler sich in Peking eindeckten oder ins ganze Land ausschwärmten, um Betriebe abzuklappern. Sie beschloss, die Lage der Händler durch die Gründung von Großmärkten außerhalb der Hauptstadt zu verbessern. Und zwar nicht einfach vor den Toren der Stadt, sondern dort, wo die Waren tatsächlich herkamen: in den Industriezentren im Süden. Der größte Umschlagplatz dieser Art startete in einer Stadt namens Yiwu, die 1200 Kilometer südlich von Peking und ein Stück südlich von Shanghai liegt. Das war der Beginn der »Weihnachtsstadt«, weil dort heute mehr als achtzig Prozent aller weltweit verkauften Weihnachtsdekorationen hergestellt werden.

Der Schneeballeffekt, der unter anderem im kleinen Handel von Frau Fu und Zhao Ying seinen Ursprung hatte, verstärkte sich in den Jahren danach. Je mehr die Fabriken in bessere Anlagen investieren konnten und je mehr sie über Qualität, Materialien und Produktionsmethoden lernten, desto bessere Waren konnten sie anbieten. Die Artikel gingen bald nicht mehr nur nach Osteuropa, sondern auch in die reichen westlichen Länder. Die Verbraucher dort merkten im Lauf der Neunzigerjahre, dass plötzlich überall »Made in China« draufstand.

Wolfsburgs Arroganz

Im Jahr 1994 beschloss mein Vater zusammen mit meiner Mutter, ein zweites Mal nach Peking umzuziehen. Drei chinesische Werke, die Ausweitung der Produktion, die vielen Vermittlungen zwischen dem deutschen und den beiden chinesischen Partnern, nicht zuletzt die Kontaktpflege zur chinesischen Regierung machten es erforderlich, dass er alle paar Wochen nach China flog. Mein Bruder studierte bereits, ich hatte mein Abi in der Tasche, wir Söhne waren, wie es so schön heißt, aus dem Haus. Und der Vorstand hatte meinem Vater die Position des Vizepräsidenten Asien-Pazifik und des Generalvertreters von VW in China angeboten.

Die neue Aufgabe brachte neue Herausforderungen mit sich, sowohl in China als auch in Wolfsburg. China hatte sich in einem Tempo entwickelt, das sich viele in Wolfsburg nicht vorstellen konnten. Noch immer hatte das Management in Wolfsburg das Bild vom Drittweltland im Kopf. In der Zentrale dachten sie, den zehn Jahre alten Santana und den ebenso veralteten Audi 100 könne man den Chinesen noch ewig verkaufen. Sie glaubten, so schüchtern, wie die erste chinesische Delegation 1978 ans VW-Werktor geklopft hatte, seien sie immer noch.

Diese Fehleinschätzung fiel auch deshalb ins Gewicht, weil die Konkurrenz den chinesischen Markt entdeckt hatte. Inzwischen waren fast alle großen Player der Branche in China präsent: General Motors, Chrysler, Toyota, Nissan, Peugeot, Renault, BMW und Mercedes. Das Massaker von 1989 war in Wirtschaftskreisen praktisch vergessen. Die meisten Autohersteller hatten noch keine eigenen Produktionsstätten, sondern exportierten die Fahrzeuge nach China. Sie konnten zwar nicht so große Stückzahlen wie Volkswagen verkaufen, boten aber eine breitere Modellauswahl an.

Das wurde mehr und mehr zum Problem. Denn die Ansprüche der Chinesen waren im Laufe der Jahre deutlich gestiegen. Volkswagen produzierte nur den Santana, den Jetta II und den Audi 100 in China. Mein Vater drängte in Wolfsburg auf neue Modelle. Doch das war nicht so einfach. Viele seiner Kollegen konnten nicht einmal die drei Werke in China auseinanderhalten, an denen der Volkswagen-Konzern beteiligt war: das Werk mit SAIC in Shanghai, FAW und FAW-VW in Changchun.

Aufgrund der stetigen Ausweitung der Produktion brauchte VW auch immer mehr Fachkräfte. Chinesische Mitarbeiter mussten für die Bedienung der Anlagen geschult werden, es musste überhaupt erst einmal ein Ausbildungssystem geschaffen werden. Das war auch von chinesischer Seite Teil, wenn nicht gar das Zentrum des Deals: Joint Ventures dienten aus Sicht der Führung in Peking dazu, dass Chinesen von ausländischen Firmen lernten.

Es wurde aus diesem Grund jede Menge deutsches Schulungs- und Managementpersonal vor Ort gebraucht. Doch kaum einer oder eine wollte zu der Zeit nach China, vor allem nicht in den Nordosten nach Changchun. Der lange eisige Winter mit bis zu minus dreißig Grad, die schwülheißen Sommer. Und dann der Smog! Denn geheizt wurde in China mit Kohle.

An vielen Tagen im Jahr war die Sonne wegen des dichten Nebels und des Feinstaubs gar nicht zu sehen. Die meisten Wolfsburger und Ingolstädter Ingenieure konnten sich nicht vorstellen, mit ihren Familien für einige Jahre in diese Region zu ziehen.

VW gab Werbefilme in Auftrag, um deutsche Fachkräfte für das Werk in Changchun anzuwerben. Darin zeigten sie Wohnanlagen, die VW und FAW extra für die deutschen Mitarbeiter nach hohem westlichen Standard errichten ließen, mitsamt Schule und Sportanlagen. So ganz verfing auch das nicht. Das Vorhandensein eines »Spielplatzes mit Schaukel« tröstete die Leute nicht darüber hinweg, dass die nächste Pizzeria eintausend Kilometer weit weg war, nämlich in Peking. Jenseits der Mauer des modernen Wohnkomplexes erstreckte sich nichtsdestotrotz eine sozialistische Tristesse mit grau verhangenem Himmel. Die Anwerbung deutscher Kräfte für den Standort gestaltete sich also schwer.

Umgekehrt sorgte mein Vater dafür, dass chinesische Mitarbeiter zur Fortbildung nach Wolfsburg kamen. Auf chinesischer Seite mangelte es nicht an Interesse. Doch von den FAW-Mitarbeitern erreichten ihn Beschwerden, dass sie sich in Wolfsburg schlecht behandelt fühlten. Sie waren im Stadtteil Kästorf untergebracht worden, wo Wohnblocks aus den späten Fünfzigerjahren standen, die einst für die italienischen Gastarbeiter errichtet worden waren. Als er sich auf einem seiner Wolfsburg-Besuche selbst ein Bild davon machte, war auch er entsetzt: Die Wohnungen waren völlig heruntergekommen, die Fahrstuhltüren schlossen nicht mehr richtig, in einigen Wohnungen schimmelte es.

»Das sind Führungskräfte von FAW«, beschwerte sich mein Vater bei VW-Vorstandschef Hahn. »Sie sollen für unser gemeinsames Werk ausgebildet werden und zum Gelingen eines entscheidenden Projekts beitragen.« Sein Appell wurde erhört. Binnen weniger Tage waren die Wohnungen renoviert, es waren danach die schönsten Werkswohnungen von VW in Wolfsburg.

Mit den boomenden Exportgeschäften rückte die Kritik an China und seinen Menschenrechtsverletzungen in den USA und in Europa nach und nach in den Hintergrund – und war schließlich überhaupt kein Thema mehr. Viele westliche Unternehmen kehrten zurück. Mehr noch: Sie investierten kräftig. Die günstigen Löhne der Wanderarbeiterinnen und Wanderarbeiter und ihr Fleiß machten China für ausländische Firmen sowohl als Produktionsstätte als auch – mit steigendem Wohlstand – als Absatzmarkt attraktiv. Die Entwicklung erhielt Unterstützung von der chinesischen Führung, die dem Land flächendeckend zu mehr Prosperität verhelfen wollte. Wandel durch Handel – das war die Parole, die nun auch die US-Regierung unter Bill Clinton im Umgang mit China ausgab. Die Hoffnung war: Politisch mag die friedliche Revolution in China gescheitert sein, doch je marktwirtschaftlicher und wohlhabender ein Land werde, umso mehr wachse der Wunsch nach politischer Öffnung und der Druck auf Regime, die diesen Wunsch ignorieren. Marktwirtschaft, politische Freiheit, Rechtsstaatlichkeit und Demokratie schienen sich gegenseitig zu bedingen. Wo der Wohlstand wächst, zieht bald auch die Freiheit ein, lautete die Erzählung westlicher Politiker. Die Industriellen konnten damit ihre Investitionen rechtfertigen, als hätte Tiananmen nie stattgefunden. Sie sahen sich ebenso auf der Seite einer historischen Gesetzmäßigkeit wie zuvor die Marxisten in ihrem Glauben an den unvermeidlichen und weltweiten Sieg des Kommunismus. Beide waren von der Überlegenheit ihres Systems überzeugt, nutzten die Argumentation aber auch für die Rechtfertigung ihres Handelns.

Die Rechnung schien aufzugehen. China kehrte tatsächlich auf den Weg der Öffnung zurück, und es gab zaghafte

Versuche einer schrittweisen Demokratisierung. Auf Gemeindeebene fanden zur Jahrtausendwende erste Wahlen statt. Hunderttausende junge Leute bekamen die Möglichkeit, zum Studium ins Ausland zu gehen. Die zunehmende Orientierung am westlichen Lebensstil und nicht zuletzt auch die Einbindung in internationale Organisationen verstärkten den Eindruck, China werde durch noch mehr Marktöffnung politisch liberaler werden. Dieser Glaube zog sich durch die gesamten Neunzigerjahre. Chinas Wirtschaft wuchs und wuchs und hatte fast durchgehend zweistellige Wachstumsraten pro Jahr. Der ganz große Sprung erfolgte im Jahr 2001, als China der Welthandelsorganisation beitrat. Die Einbindung in die Weltgemeinschaft schien unaufhaltsam.

Ganz vorne dabei war in den ersten beiden Jahrzehnten Volkswagen. Beim Gemeinschaftswerk mit dem chinesischen Partner SAIC hatten beide Seiten vereinbart, dass sämtliche Gewinne in den ersten fünf Jahren nicht ausgeschüttet, sondern in das Gemeinschaftsunternehmen reinvestiert werden. Das führte dazu, dass Shanghai Volkswagen nach den ersten fünf Jahren die Produktion von 30 000 Autos auf 60 000 erhöhte. Nach weiteren vier Jahren waren es bereits 100 000. Im zehnten Jahr, also 1995, knackte der Ausstoß die 150 000er-Marke. Zwischendurch gab Shanghais Bürgermeister Zhu Rongji die Parole aus: Alle Staatsbetriebe müssen nach drei Jahren schwarze Zahlen schreiben. Dazu gehörten auch Unternehmen wie Shanghai Volkswagen, an denen der Staat nur zum Teil beteiligt war. Dieses Vorgehen erhöhte den Druck auf sämtliche Beteiligte zusätzlich.

Mein Vater meinte einmal lakonisch: »Der Leistungsdruck war im offiziell kommunistischen China höher als in einer freien Marktwirtschaft.«

Und auch das zweite Werk in Zusammenarbeit mit FAW in Changchun florierte. 1998, ein Jahr nach dem Ausschei-

VW-Vorstandsvorsitzender Carl Hahn erhält von Lü Fuyuan,
Vizewerksleiter von First Automotive Works (FAW) in Changchun,
die sogenannte Rote Fahne als Geschenk. Wolfsburg, 1993

den meines Vaters bei VW, produzierte das Werk mehr als
200 000 Jetta. Zusammen mit dem Santana hatte Volkswagen
in den darauffolgenden Jahren in China einen Marktanteil von
über fünfzig Prozent. Beide Automarken entwickelten sich in
dieser Zeit zum Inbegriff für Taxis. Der Volkswagen war auch
aus chinesischer Sicht ein wahrer »Volks«-wagen, weil sich zunehmend auch Privatleute den Santana und den Jetta kaufen
konnten und er auf den Straßen mit Abstand am häufigsten zu
sehen war.

Zum größten Erfolg für den Volkswagen-Konzern in
China entwickelte sich aber der Audi. Er wurde tatsächlich
zu *dem* Dienstwagen für Parteisekretäre, Minister und Spit-
zenbeamte. Von 1988, als der Audi 100 in Changchun in Produktion ging, bis 1996, als er – etwas später als geplant – mit

dem neuen Namen »Kleine Rote Fahne« auf die Straße kam, war er acht Jahre lang das einzige Premiumfahrzeug, das in China hergestellt wurde. Entsprechend stand dieses Auto im Rampenlicht. Das ging so weit, dass Audi-Fahrer auf Pekings Straßen Privilegien hatten, die es für andere nicht gab. Wenn Verkehrspolizisten an großen Kreuzungen etwa einen Audi herankommen sahen, gaben sie diesem die Vorfahrt.

Später gab es diese Bevorzugung nicht mehr. Der Audi 100 war auch nicht mehr der einzige Wagen für »Senior Officials«. Mit der Liberalisierung des chinesischen Automarktes kamen auch andere Premiumauto-Hersteller in die Volksrepublik. Aber viele Chinesen bevorzugen auch heute noch einen Audi, weil sie mit dieser Marke die Privilegien von damals verbinden. Bei den Verkaufszahlen belegte Audi über dreißig Jahre lang den Spitzenplatz.

9
DER CHINA-KOMPLEX

Ein Nachmittag im Frühsommer 2022. Ich sitze mit meinem Vater auf dem Balkon seiner Berliner Wohnung, und wir blicken auf den Landwehrkanal. Während an der Uferpromenade die Leute entspannt unter den Weidenbäumen spazieren gehen, tobt Putins Angriffskrieg auf die Ukraine. Erstmals seit fast drei Jahrzehnten leben meine Eltern und ich wieder an einem Ort. Sie haben 2016 ihren Wohnsitz in China aufgegeben. Zweiundzwanzig Jahre haben sie dort gelebt, erst in Peking, ab 2002 in Shanghai. Nachdem mein Vater 1997 bei Volkswagen ausgeschieden war, leitete er für fast zehn Jahre die Geschäfte eines Schweizer Uhrenkonzerns. Shanghai stieg in den Nuller- und Zehnerjahren zu einer pulsierenden Metropole auf, die es mit New York, Tokyo und London aufnehmen kann.

Und doch ist mein Vater froh, nicht mehr in China zu leben. In den letzten Jahren ihres Aufenthalts dort haben er und meine Mutter sich zunehmend unwohl gefühlt. Wenn ich sie besuchte, sprachen wir viel über die veränderten gesellschaftlichen Verhältnisse – und über den Straßenverkehr in Shanghai. Es schien das Recht des Stärkeren zu gelten, nach dem Motto: Je dicker das Auto, desto rücksichtsloser dessen Fahrer. Der massiv gestiegene Wohlstand der chinesischen Bevölkerung ermöglicht vielen ein angenehmes Leben und mitunter Freiheiten, die es früher nicht gegeben hat. Die Menschen können es sich leisten zu reisen, die Welt kennenzulernen, ihren Kindern Studienaufenthalte und Freizeitaktivitäten zu finanzieren.

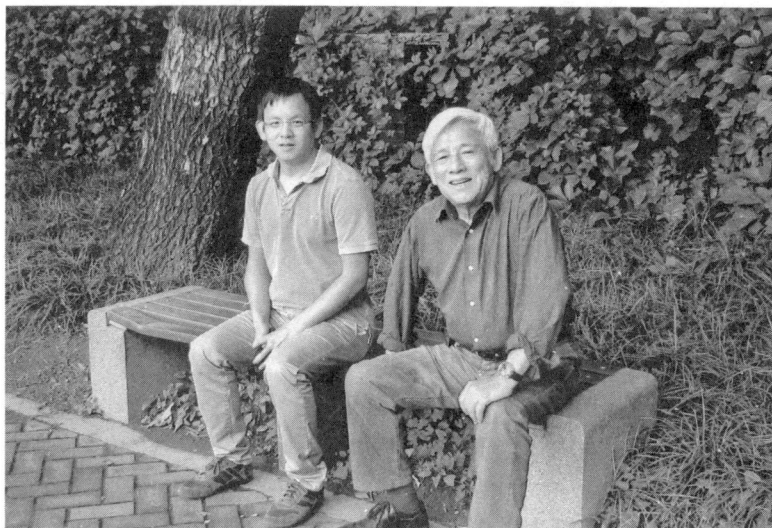

Felix und Wenpo Lee 2022 in Berlin

Die Lebensqualität in China ist insgesamt enorm gestiegen. Die Kehrseite dieser Entwicklung ist: Zumindest ein Teil der Chinesen, besonders jene, die innerhalb kurzer Zeit zu viel Wohlstand gekommen sind, ist großspurig und wenig rücksichtsvoll, vor allem gegenüber Menschen, die nicht so viel verdienen. Das war in den hippen Innenstadtvierteln von Shanghai besonders stark zu spüren. Als meine Eltern Anfang 2002 eine Wohnung in der Anfulu bezogen, eine Seitenstraße der ehemaligen French Concession, gab es dort eine Wäscherei, einen Schuster, einen Friseur, einen Zigarettenverkäufer und einen DVD-Laden, der raubkopierte Hollywood-Filme verkaufte. Ansonsten war die Straße recht verschlafen. Als sie vierzehn Jahre später Shanghai verließen, gab es ein dänisch-neuseeländisches Café mit edlem französischen Wein und Croissants für umgerechnet fünf Euro, daneben schicke Restaurants, italienische Boutiquen und eine private Grundschule mit Musikschwerpunkt. Jeden Morgen und jeden Nachmittag stauten sich auf der engen Straße die Porsche Cayenne und SUV von Audi und Mercedes – Eltern, die ihre Kinder bis zum Eingang vorfuhren. Diese zu Geld gekommenen Shanghaier traten prahlerisch und selbstgefällig auf, als könnten sie sich mit Geld im wahrsten Sinne des Wortes alles leisten, auch schlechtes Verhalten gegenüber ihren Mitmenschen. Zuletzt zählten Shanghai und Peking mehr Millionäre als New York und London – obwohl die Mehrheit der Bevölkerung weiterhin davon lebte, was sie jeden Monat verdiente.

Außerdem hatte der wirtschaftliche Aufstieg noch weitere Effekte: den ständigen Smog wegen der vielen Kohlekraftwerke und die Veränderung der städtischen Architektur. Ständig kamen Bautrupps, rissen alte Gebäude, auch von historischem Wert, nieder und errichteten noch mehr und noch höhere Wolkenkratzer. Kein Stein blieb mehr auf dem anderen. Von allem sollte es immer mehr geben: Geld, Immobilien und Autos. Diese Gier und Maßlosigkeit störe ihn an den Leuten von heute am meisten, sagt mein Vater, während wir auf dem Balkon in Berlin sitzen und über das gegenwärtige China reden. Schnell kommen wir darauf, was in Chinas Entwicklung schiefgelaufen ist – auch bei VW.

Von der Werkbank zum Weltmarkt

Die Grundpfeiler für Chinas sagenhaften wirtschaftlichen Aufstieg hat Deng Xiaoping mit seinen Reformen in den Achtziger- und Neunzigerjahren gelegt, in der Zeit, als mein Vater bei Volkswagen aktiv war. Die Wirtschaft wuchs in diesen zwei Jahrzehnten beständig. Ab den Nullerjahren schoss das Wachstum förmlich in die Höhe.

Mit dem Beitritt Chinas zur Welthandelsorganisation 2001 fielen die meisten Zölle weg, viele Handelsbeschränkungen wurden gelockert oder ganz aufgehoben. China war damit vollständig im Zeitalter der Globalisierung angekommen. Jede nur erdenkliche Firma oder Marke von Rang und Namen kam ins Land: Nike und Adidas, Apple und Foxconn, Aldi, Ikea, C&A, H&M und Walmart. Sie beauftragten einerseits chinesische Zulieferfirmen, für sie Turnschuhe, T-Shirts, Bildschirme, Handys, Tassen und Teppiche, Plastikspielzeug und Spielekonsolen in Massen herzustellen. Sie nutzten das Millionenheer der Wanderarbeiterinnen und Wanderarbeiter, meist junge Leute vom Land, die in Achtzig-Stunden-Wochen für wenig Lohn nähten, klebten und schrauben. China baute eine gigantische Exportwirtschaft auf. Und der Rest der Welt kaufte den Chinesen die Ware günstig ab. Vor Chinas Integration in den Weltmarkt bezahlte man für eine Kaffeetasse in Deutschland zehn D-Mark – besaß aber nur sechs davon. Dann kam China (und Ikea), und man hatte für den gleichen Preis zehn.

Andererseits entdeckten die westlichen Firmen, wie lukrativ China auch als Absatzmarkt wurde. Seither ist die Volksrepublik nicht mehr nur als Werkbank der Welt angesagt. Davon profitierten Auto- und Maschinenhersteller wie VW, Siemens, Mercedes-Benz und BASF, aber auch Hugo Boss, Miele und C&A.

Auch mir imponierte diese Entwicklung, und ich ertappte mich in den Nullerjahren dabei, wie Chinas Wohlstand auch mich in den Bann zog. Noch als Jugendlicher und auch als Student war ich eher unwillig zu den obligatorischen Verwandtschaftsbesuchen in China angetreten. Leichter fiel es mir, in das viel weiter entwickelte Hongkong oder Taiwan zu reisen, wo ich ebenfalls Verwandte habe. Als ich mich nach meinem Studium für die journalistische Laufbahn entschied, wurde ich beim Bewerbungsgespräch für die Journalistenschule gefragt, warum ich nicht für das Thema China brenne, dort spiele schließlich die Zukunft. »Ich will in den Lokaljournalismus«, antwortete ich. Auf keinen Fall wollte ich mich beruflich auf China festlegen und reduzieren lassen. Zu groß war meine Befürchtung, ich müsste für einige Zeit in diesem Land verbringen, das ich damals wenig attraktiv fand.

Im Laufe der Nullerjahre änderte sich das. Meine regelmäßigen China-Reisen erfolgten nun in immer kürzeren Abständen, erst alle zwei Jahre, dann einmal im Jahr, irgendwann auch mehrmals jährlich. Für einige Jahre als Korrespondent nach Peking zu gehen, konnte ich mir nun sehr gut vorstellen. Ich beobachtete, wie zunächst die Küstenregionen zu gigantischen Baustellen wurden. Überall entstanden neue Wolkenkratzer, Konsumpaläste, moderne Straßen und Containerhäfen. Rasch setzte sich diese Entwicklung auch im Binnenland fort.

Chongqing etwa, mit über dreißig Millionen Einwohnern heute die bevölkerungsreichste Stadt der Welt, hatte ich mit meinen Eltern 1986 als Elfjähriger bereist. Von Chongqing aus bestieg man das Flussfahrtschiff, um sich die berühmte Drei-Schluchten-Region entlang des Yangtse anzuschauen. Damals gab es den gigantischen Drei-Schluchten-Staudamm noch nicht. Bis zu 1200 Meter hohe Berge ragten links und rechts des Flusses in den Himmel. Der Blick war spektakulär, und die Fahrt auch. Denn die Strudel im Wasser galten als berüchtigt. Seit der Errichtung des Staudamms ist die Schluchtendurchfahrt nicht mehr gefährlich, die vom Flusspegel nur noch wenige hundert Meter hohen Felswände haben das Spektakuläre verloren.

Damals empfand ich Chongqing als Moloch. Die Innenstadt befand sich auf einer Halbinsel am Zusammenfluss vom Jangtse und dem Jialing-Fluss. Die Häuser waren völlig heruntergekommen, die engen Gassen übersät mit Müll. Bangbang-Soldaten hießen die Träger, die Lasten an Bambusstangen geschnürt auf ihren Schultern die steilen Hänge hinauf und herunter schleppten. Dazu die schwüle Hitze im Sommer und die feuchte Kälte im Winter. Lastwagen konnten die engen und mit schmalen Treppen ausgestatteten Gassen nicht passieren. Überall saßen Menschen auf der Straße, die bettelten. Mir kam die Stadt wie ein gigantischer Slum vor. Viele Menschen lebten in Höhlen – und das mitten in der Stadt. Als ich Chongqing 2010 erneut besuchte, erkannte ich die Stadt nicht wieder. Die alten Häuser waren glitzernden Skylines gewichen. Die meisten Gassen mit den steilen Treppen gab es nicht mehr, stattdessen eine Hochautobahn, die die gesamte Halbinsel durchzog. Nur eine dieser Treppengassen war noch vorhanden – als Touristenattraktion. Daneben stand eine pulsierende Shopping-Mall.

Auch in anderen Landesteilen entstanden überall moderne Autobahnen und Hochgeschwindigkeitsstrecken, die selbst abgelegene Regionen wie die Wüste Gobi oder das tibetische Hochland durchquerten. Die Zugfahrt von Nanjing nach Peking verringerte sich dank der neuen Hochgeschwindigkeitszüge von achtzehn auf unter vier Stunden. Die Regierung ließ Millionenstädte aus dem Boden stampfen. Die Löhne stiegen, zunächst die der Manager und Händler, dann die der Staatsbediensteten und schließlich auch die der Wanderarbeiter und Bauern. Das lässt sich auch an den Zahlen ablesen. Bis zum Jahr 2000 hatte sich das durchschnittliche Pro-Kopf-Einkommen seit 1980 bereits mehr als vervierfacht. Ab 2002 wuchs es exponentiell, verneunfachte sich bis 2020 noch einmal. Für Hunderte Millionen Chinesen bedeutete diese Entwicklung das Ende von Armut und den Aufstieg in die Mittelschicht. Zu keinem Zeitpunkt in der Menschheitsgeschichte haben sich die Lebensbedingungen für so viele Menschen so schnell so positiv entwickelt wie in den Nuller- und Zehnerjahren in China. Allein China war es zu verdanken, dass die im Jahr 2000 vereinbarten Millenniumsziele zur Halbierung der weltweiten Armut bis 2015 erreicht wurden.

Wie hat es China geschafft, innerhalb weniger Jahrzehnte so viele Menschen aus der Armut zu holen und wirtschaftlich so kräftig zu wachsen, und das kontinuierlich?

2012 nahm ich in Peking an einer Wirtschaftstagung mit namhaften Ökonomen teil. Ich erinnere mich vor allem an einen Impulsvortrag des US-Entwicklungsökonomen Barry Eichengreen. Er wies darauf hin, dass der Aufstieg von einem armen Land zu einer Volkswirtschaft mittleren Einkommens vergleichsweise einfach ist: Es bedarf bloß eines funktionierenden Staatsapparats, der für verlässliche Investitionsbedingungen sorgt, und einer intakten Infrastruktur. Das Land lädt Investoren aus dem Ausland ein, wirbt mit billigen Arbeitskräften und erleichtert die Exportbedingungen. Mit diesem Modell seien auch schon andere Entwicklungsländer erfolgreich gewesen, sagte er. Sehr viel schwerer sei jedoch der Aufstieg darüber hinaus, also der Aufstieg von einem Schwellen- zu einem Industrieland. Der Ökonom sprach von der »Falle des mittleren Einkommens«. Ihm zufolge basiert das Wachstum bei aufholenden Ländern darauf, Wissen aus dem Ausland aufzusaugen und billige Arbeitskräfte zur Verfügung zu stellen. Hat ein Land ein bestimmtes Entwicklungsniveau erreicht, komme es jedoch darauf an, ob es ihm gelingt, weitere Wachstumsimpulse zu schaffen. Sprich: Die Menschen dieser Schwellenländer müssen neue Ideen hervorbringen, die mit den hochwertigen Produkten der Industrieländer konkurrieren können. Dazu bedarf es massiver Investitionen in Bildung, Forschung, Wissenschaft und Maschinen. Erst mit dem entsprechend vorhandenen Personal würden auch Hochtechnologiefirmen ins Land kommen und für hochwertige Jobs sorgen.

Genau das ist in China erfolgt. Die Regierung hat die kräftigen Exporteinnahmen dafür genutzt, nicht nur viele neue Straßen, Schienen und Häfen zu bauen, sondern sie hat schon früh damit begonnen, Millionen junger Chinesinnen und Chinesen zum Studium ins Ausland zu schicken und sie mit lukrativen Angeboten ins Land zurückzuholen, damit sie eine Hochschul- und Forschungslandschaft aufbauen, die mit den Hochschulen im westlichen Ausland mithalten kann. Und: Sie ermutigte chinesische Unternehmer dazu, die Gewinne ihrer Exporteinnahmen dazu zu nutzen, stetig in noch bessere und hochwertigere Maschinen zu investieren und in das Wissen, diese Geräte auch bedienen zu können. Im Gegenzug sind in den westlichen Industriestaaten mit der Verlagerung vieler Produktionsstätten nach China nicht nur jede Menge Arbeitsplätze verloren gegangen, sondern auch technische Fertigkeiten. Heute ist China als Produktionsstandort für westliche Unternehmen auch deswegen so attraktiv, weil es im Land über hundert Millionen gut ausgebildete Ingenieure, Software-Entwickler und Techniker gibt, an denen es in den alten Industriestaaten nun mangelt.

2008 traf ich auf einer Recherchereise im Vorfeld der Olympischen Spiele in Peking junge Fabrikarbeiter in Shenzhen, die für geringe Gehälter in Vierzehn-Stunden-Schichten in einer der riesigen Fabriken schufteten und Handys und Spielekonsolen zusammenschraubten. Sie lebten zusammengepfercht in Baracken, schliefen zu zehnt in einem Raum, in dem es gar keinen Platz für zehn Betten gab. Sie teilten sich die Betten in Schichten. Während die einen arbeiteten, schliefen die anderen in den wenigen vorhandenen Betten und umgekehrt. Umgerechnet einhundertfünfzig Euro verdienten sie im Monat. Zehn Jahre später traf ich einige von ihnen wieder. Einer hatte inzwischen eine eigene Firma, die Blutdruckmessgeräte herstellt. Das Wissen, das er sich beim Montieren von Konsumelektronik angeeignet hatte, hatte er genutzt. Aus ihm war erst ein Tüftler geworden, später ein Unternehmer. Ein anderer arbeitete als Software-Entwickler bei dem Techunternehmen Huawei, einem der weltweit führenden Netzwerkausstatter. Direkt neben der Fabrikhalle, in der er ein Jahrzehnt zuvor geackert hatte, stand jetzt das Firmengelände von Huawei, das mit seinen modernen Bürobauten und Forschungsstätten mehr einem Campus glich als einem Unternehmen. Sein Jahreseinkommen war nun fünfzehnmal so hoch. Der Wohlstand hatte die Wanderarbeiter erreicht.

Auch meiner Familie in Nanjing kam Chinas wirtschaftlicher Aufstieg zugute. Meine Großeltern erlebten den Ausbruch des Wohlstands allerdings nicht mehr mit, sie waren zu Beginn der Neunzigerjahre gestorben, beide wurden fast neunzig. Mehr als siebzig Jahre hatten sie miteinander verbracht. Als meine Großmutter starb, wollte mein Großvater auch nicht mehr leben. Gesundheitlich ging es ihm gut, aber eines Abends, nur wenige Monate nach ihrem Tod, starb auch er. Als meine Tanten die Schublade öffneten, in die er stets seine Wertsachen eingeschlossen hatte, waren darin sämtliche D-Mark- und Dollar-Scheine verstaut, die mein Vater ihm in den Jahren zuvor geschickt oder mitgebracht hatte. Er hatte das Geld nie ausgegeben. Selbst die Ferrero-Rocher-Box mit den in goldfarbene Folie verpackten Nussnougatkugeln, die wir ihm bei einem unserer Besuche geschenkt hatten, war darin aufbewahrt. Die Schokolade war längst verdorben. Er hatte sie wie einen Schatz gehütet.

Meine Großeltern haben die meiste Zeit ihres Lebens Armut und Mangelwirtschaft erlebt. Doch schon viele meiner Cousins und Cousinen in Nanjing wussten den Wirtschaftsboom zu nutzen. Hatten sie mich als Kind noch um meine Nikes, den Sony-Walkman und den Nintendo-Game Boy beneidet, können einige meiner Cousins heute mehrere Immobilien in zentraler Innenstadtlage mit Blick auf die Nanjinger Skyline ihr Eigen nennen. Einer kaufte sich ein Ferienhaus auf dem Land, zu dem er jedes Wochenende mit seinem SUV fährt, eine meiner Cousinen schickte ihre Tochter zum Studium nach

Deutschland. Diese lebt inzwischen als diplomierte Chemikerin in Washington und arbeitet für eine US-chinesische Firma. Die Geschäftsleute unter meinen Verwandten hatten schon in den Nullerjahren einen höheren Lebensstandard als ich als Journalist in Berlin. Das sind die guten Entwicklungen in China, die ich mit großer Bewunderung, Faszination und auch einer ordentlichen Portion Stolz miterlebte. In solchen Momenten war und bin auch ich gern Chinese.

Wichtigster Handelspartner Deutschlands

Volkswagen, Siemens und einige andere Konzerne galten als Pioniere, als sie in den Achtzigerjahren in China Dependancen eröffneten und Produktionsstätten errichteten. BASF, Mercedes und BMW folgten, dann auch ein beträchtlicher Teil des deutschen Mittelstands, oft sogenannte Hidden Champions, also kleine oft schwäbische, ostwestfälische oder badische Unternehmen, die sich auf die Herstellung von einer Maschine oder auch nur einem Vorprodukt spezialisiert hatten, die in China im Zuge der Industrialisierung in erheblichen Mengen benötigt wurden. Die Deutschen verdienten an Chinas Aufstieg kräftig und tun es bis heute. Mehr noch: Es gibt wahrscheinlich kein anderes westliches Industrieland, das so hohe Gewinne in und mit China eingefahren hat wie deutsche Unternehmen in den zurückliegenden dreißig Jahren. Kein anderes OECD-Land hat so viel in der Volksrepublik China investiert wie die Deutschen, kein EU-Land betreibt so viel Handel mit den Chinesen. 2021 war die Volksrepublik zum sechsten Mal in Folge der wichtigste Handelspartner Deutschlands, mit einem Umsatzvolumen der In- und Exporte von 245 Milliarden Euro. Das entspricht rund zehn Prozent des deutschen Außenhandels.

Dass es so weit kommen konnte, hat zum einen damit zu tun, dass große und mittelständige deutsche Unternehmen gleich zu Beginn der Reformära nach China Kontakte knüpften. Die deutschen Marken waren unter den immer kaufkräftigeren Chinesen längst etabliert, als die Konkurrenz aus anderen westlichen Ländern den chinesischen Markt entdeckte und nachzog. Zum anderen ist Deutschland ein Land der Ingenieure. Was China zum Aufbau des Landes brauchte, waren vor allem Fahrzeuge und Maschinen – also Produkte und Waren, die die deutsche Wirtschaft in hoher Qualität bieten konnte. Dass das deutsch-chinesische Verhältnis politisch viel weniger belastet war, als etwa das zwischen China und Japan, dürfte auch von Vorteil gewesen sein.

Chinas Einbindung in den Weltmarkt sorgte dafür, dass es in den meisten westlichen Ländern mehr als drei Jahrzehnte lang kaum eine nennenswerte Inflation gab, weil unzählige Konsumgüter zu günstigen Preisen aus dem Reich der Mitte bezogen werden konnten, wo ein Millionenheer von Wanderarbeiterinnen und Wanderarbeitern in riesigen Fabriken für wenig Geld unsere T-Shirts nähte und Elektroartikel zusammenschraubte. Im Zuge der Corona-Pandemie bekamen wir zu spüren, was es heißt, wenn die Lieferketten in China nicht mehr reibungslos funktionieren. Wenige Wochen später waren auch in Deutschland in vielen Geschäften die Regale leer.

Und VW? Mit dem ersten westlichen Joint-Venture-Werk, das mein Vater mit seinen Wolfsburger Kollegen 1984 in Shanghai eröffnete, hat es Volkswagen geschafft, mehr als drei Jahrzehnte den Spitzenplatz bei den Autoverkäufen in China zu belegen. Diesen Rang verliert VW nun erst im Zuge der E-Mobilität, bei der die chinesische Konkurrenz erstmals die Nase vorn hat. Die VW-Gesamtstatistik steckt dennoch voller Superlative. Aus den drei Werken, die mein Vater einst in China mit angeschoben hat, sind inzwischen vierunddreißig Auto- und Komponentenwerke geworden. Jeder fünfte Neuwagen in China stammt aus einer VW-Fabrik. Über 90 000 Arbeitsplätze hat Volkswagen auf diese Weise in China geschaffen. Jedes zweite Auto, das VW 2021 fertigte, wurde an Chinesen ausgeliefert.

Prompt stellt sich die Frage der Abhängigkeit. Sie spielte so lange keine Rolle, solange China ein aufstrebendes, aber immer noch unterentwickeltes Land war und die ausländischen den chinesischen Unternehmen technologisch, finanziell und auch im Management überlegen waren. Und das war China viele Jahre auch: bescheiden, dankbar, zugleich lern- und wissbegierig.

Wandel durch Handel?

Trotz aller Reformen ist China eine Einparteiendiktatur geblieben. Doch es gab einmal gute Gründe anzunehmen, dass sich die Volksrepublik ähnlich wie die Länder des ehemaligen Ostblocks auf friedlichem Wege in eine ähnliche Richtung entwickeln würde.

Helmut Schmidt hat 1975 als erster Bundeskanzler die Volksrepublik besucht. Zu einer Zeit, als in China noch Diktator Mao Tse-tung herrschte und Zehntausende verfolgt oder auf andere Weise politisch unter Druck gesetzt wurden. Dennoch ist Schmidt sein Leben lang ein Befürworter der Annäherung an China und der Wirtschaftsbeziehungen mit der Volksrepublik gewesen. Helmut Kohl nutzte ab den Achtzigerjahren die Öffnungs- und Reformpolitik unter Deng Xiaoping und setzte ganz gezielt auf ökonomische Kooperation mit dem Riesenreich. Kohl war sich sicher, dass China sich im Zuge der Transformation zur Marktwirtschaft liberalisieren würde. Schließlich seien Mitbestimmung und Rechtssicherheit wichtige Kriterien für eine funktionierende Marktwirtschaft. Tatsächlich war es auch so. Dengs politische Agenda und auch die seiner Nachfolger waren stets schwer zu durchschauen. Wie

Entscheidungen zustande kamen, wurde nicht öffentlich kommuniziert. Einen Garanten gab es aber: Ihr Handeln diente stets dem Machterhalt der Kommunistischen Partei. Und wie legitimierte sie diesen Machterhalt? Mit Wirtschaftswachstum. Das Versprechen der KP an die Bevölkerung lautete: Wenn sie auf nennenswerte politische Mitsprache verzichten und das Machtmonopol der KP nicht infrage stellen, sorgt die politische Führung im Gegenzug für eine kontinuierliche Erhöhung des Wohlstands. Entsprechend war alles andere stets dem Wirtschaftswachstum unterstellt. Das machte die KP-Führung trotz ihrer Intransparenz in vielerlei Hinsicht berechenbar.

Mit dem wirtschaftlichen Aufstieg würde sich China automatisch dem gewinnbringenden System der freiheitlichen Demokratien und einer regelbasierten Weltordnung anschließen, lautete die Lesart von Schmidt, Kohl, Schröder und Merkel. In den Neunzigerjahren und zu Beginn der Nullerjahre hat sich diese Sicht noch verstärkt, weil sich die liberale Demokratie nach dem Untergang des Ostblocks als das System präsentieren konnte, das sich durchgesetzt hatte. Das sahen auch viele Akteure in China so. Auch wenn sie weiterhin vieles nicht ganz so deutlich aussprechen durften, bestritt dort kaum einer, dass China immer offener wurde.

Das Entstehen einer urbanen Mittelschicht, intensiver internationaler Austausch – das Leben in Shanghai, Guangzhou und Peking fühlte sich, was den Konsum, das Freizeitangebot und auch die Aufstiegschancen betraf, ab den Nullerjahren für viele kaum mehr anders an als das Leben in Paris, London und New York. Ab 2003 schien es unter Hu Jintao als Staatspräsidenten und Wen Jiabao als seinem Ministerpräsidenten, als ob sich China mit Blick auf die Austragung der Olympischen Sommerspiele in Peking 2008 und auf Shanghai als Gastgeber der Expo 2010 politisch und gesellschaftlich liberalisieren werde.

Peking sendete Signale des guten Willens aus. Man wolle auf eine Stärkung des Rechtsstaats setzen und nicht wie bisher auf Willkürherrschaft der Kommunistischen Partei, hieß es. Stiftungen und Nichtregierungsorganisationen aus aller Welt wurden eingeladen, auch in China aktiv zu sein. Im Zuge der Olympischen Spiele erließ die Regierung auch ein neues Pressegesetz, mit dem sie den Medien mehr freie Berichterstattung zugestand. Ausländische Journalisten wie ich durften sich nun sogar frei im Land bewegen, auch ohne Anmeldung bei den Behörden Interviews führen und auf Recherchereisen gehen. Das war vor 2008 nach offizieller Lesart nicht erlaubt.

Und selbst Menschenrechtsorganisationen hatten die Möglichkeit, vor Ort zu sein, meist über Partnerprogramme mit chinesischen Universitäten. Das Thema Menschenrechte lag zwar auch in dieser Zeit im Argen. Im Rückblick herrschte damals aber eine relative Offenheit und ein Interesse der Chinesen daran, mehr über andere Länder zu erfahren, darunter auch über Bürgerrechte in anderen Ländern. Es gab sogar einige Ansätze der Führung, auf lokaler Ebene freie Wahlen zuzulassen. All das erhöhte auch meinen Optimismus bezüglich der chinesischen Entwicklung. Um 2010 herum war China sicherlich noch weit weg von einer Demokratie nach westlichem Verständnis. Aber die Richtung stimmte. So dachten die meisten Deutschen, die in dieser Zeit mit China zu tun hatten. Auch mein Vater und ich waren uns damals bei der Bewertung der Ereignisse so einig wie nie zuvor und wahrscheinlich auch danach nicht mehr. Also doch Wandel durch Handel?

Der Xi-Jinping-Schock

Was wir seit 2013 an Umwälzungen erlebt haben, hätten selbst die größten China-Pessimisten zumindest in diesem Ausmaß nicht erwartet. China ist nicht nur wohlhabender, technologisch fortschrittlicher, auf der Weltbühne einflussreicher geworden und betreibt noch mehr Handel, allen voran mit Deutschland. Das Land unter Xi Jinping ist auch nationalistischer, aggressiver und dem Ausland gegenüber, vor allem dem westlichen, feindlicher geworden.

Ab 2012 arbeitete ich für die *taz* als Korrespondent in Peking, wo ich bis Anfang 2019 lebte. Schon 2008 im Vorfeld der Olympischen Sommerspiele durfte ich für einige Monate in China recherchieren und Reportagen schreiben. 2010 nahm ich für drei Monate an einem deutsch-chinesischen Austauschprogramm der Robert-Bosch-Stiftung für Journalisten teil, während dessen ich für einige Wochen bei dem chinesischen Wirtschaftsmedium *Caixin* hospitierte. Mein Aufenthalt fiel in eine Zeit, als sich der Journalismus in China trotz weiter vorhandener Zensur öffnete und professionalisierte, die Staatspropaganda eine geringere Rolle spielte. Bei vielen meiner chinesischen Kolleginnen und Kollegen herrschte Aufbruchstimmung. Und sie praktizierten einen professionelleren Journalismus, als ich ihn aus Deutschland kannte. Und zwar trotz, vielleicht aber auch wegen der Zensur.

Ich erinnere mich, wie ich an meinem ersten Tag die Redaktionsräume betrat. Der Raum war angelegt für über fünfzig Arbeitsplätze. Doch fast alle waren nicht besetzt. Die Ressortleiterin erklärte mir, alle seien unterwegs auf Recherche. Das beeindruckte mich. Denn in westlichen Redaktionsstuben hatte ich eher erlebt, dass man die meiste Zeit seiner Arbeit vor dem Rechner sitzt, auf dem Bildschirm die Nachrichten im Sekundentakt erscheinen und man ansonsten noch das eine oder andere Zitat eines Politikers oder Experten übers Telefon einholt. Eine solche Herangehensweise kam für die Kolleginnen in der chinesischen Redaktion nicht infrage. Die Redakteure in China trauten den Nachrichtenagenturen und den offiziellen Verlautbarungen nicht, die allesamt in staatlicher

Hand sind. Deswegen galt für sie die Devise, alle Informationen selbst einzuholen. Nur was sie selbst vor Ort erlebten und ihnen selbst erzählt wurde, durften sie auch berichten. Für mich war das ein authentischerer Journalismus als der, den ich bislang kannte.

Vier Jahre später betrat ich erneut den Redaktionsraum, um eine Kollegin zu besuchen, die ich bei meiner Hospitanz 2010 kennengelernt hatte. Wieder waren die meisten Arbeitsplätze leer. Doch dieses Mal nicht, weil alle auf Recherche waren, sondern weil man sie entlassen oder sie selbst gekündigt hatten. Der kurze Frühling des freien Journalismus in China, gehörte damit schon wieder der Vergangenheit an.

Dass Xi Jinping 2013 an die Spitze von Staat und Partei rückte, wirkte zunächst vielversprechend. Er trat als Sympathieträger an, als Mann des Volkes. Doch im Rückblick ist klar: Das war bereits ein Anzeichen von Populismus, ein Vorbote der Herrschaft eines starken Mannes, der sogar Institutionen wie die Partei und die kleinen Ansätze von Gewaltenteilung ignorieren würde. Aber erst einmal sah alles gut aus. Anders als seine Vorgänger, die, wenn sie einmal öffentlich auftraten, steif und mit gesenktem Blick am Redemanuskript klebten, redete Xi offen, frei, sprach die Menschen auch persönlich an – selbst Journalisten.

In den folgenden Jahren wurde China wieder autoritärer. Auch die Vorgänger von Xi ließen keine Kritik am System zu, gingen brutal gegen Dissidenten vor, unterdrückten Proteste in Tibet oder die von Uiguren bewohnte Provinz Xinjiang. Es gab aber auch jede Menge Grauzonen, die Behörden und Sicherheitsorgane nahmen es im Alltag mit den Restriktionen oft nicht so genau. Das war der Status quo – und der Auslöser für Xis hartes Durchgreifen.

Korruption hatte es in der Geschichte der Volksrepublik immer gegeben. Ohne unabhängige Überwachung, freie Medien und Rechtsmittel ist das Risiko von Machtmissbrauch und Vetternwirtschaft besonders groß. Alle neuen Staatschefs seit Deng begannen ihre Amtszeit daher mit Antikorruptionskampagnen. Als Folge des Wirtschaftswachstums hatte sich das Ausmaß des Problems deutlich gewandelt. Unter Deng ging es noch um die Unterschlagungen von wenigen hundert Yuan, unter seinem Nachfolger Jiang Zemin schon um einige zehntausend. Bis zum Ende der Ära Hu Jintao 2012 stiegen die Summen der Bestechungsgelder auf Milliardenbeträge an. Daran ist auch ablesbar, mit wie viel Geld in der Volksrepublik inzwischen hantiert wurde. Die Parteiführung, die nicht nur politisch, sondern auch wirtschaftlich die Fäden in der Hand hält, profitierte davon besonders.

Noch bevor Xi Jinping die neuen Spitzenämter in Staat und Partei bekleidete, erschütterte 2012 ein Korruptionsskandal den Regierungsapparat, der die gesamte KP-Führung ins Wanken brachte. Es ging zunächst um das Politbüromitglied Bo Xilai, ein profilierter Spitzenpolitiker, der für einen neuen Stil im ansonsten verknöcherten Parteiapparat stand. Der charismatische Bo war aber auch hochgradig korrupt, und in seinem Umfeld blühte die Kriminalität. Kaum war Xi Chef der Kommunistischen Partei, brachte er Bo zu Fall. Der Parteiapparat schützte Bo nicht mehr, sondern stellte ihm nach. In einem spektakulären Prozess wurde Bo zu lebenslanger Haft verurteilt. Zugleich offenbarte der Fall Bo, dass Günstlingswirtschaft und Machtmissbrauch bis in die Spitze des Staates weit verbreitet waren. Vermutlich hatte Xis Vorgänger Hu Jintao hohe Kader gewähren lassen, weil er verdecken wollte, wie verfault die Partei bis in höchste Ebenen war. Der Skandal um Bo Xilai zog immer weitere Kreise. Plötzlich war auch die Familie des zu der Zeit scheidenden Premierministers Wen Jiabao involviert, ebenso der mächtige Sicherheitschef Zhou Yongkang, der in seiner Amtszeit einen gewaltigen Polizeiapparat aufgebaut hatte. Es stellte sich heraus, dass die Mandatsverwalter selbst korrupt waren.

Xi sah darin eine ganz reale Gefahr für die Partei und seine eigene Stellung. Die Partei hatte ein Machtmonopol aufgebaut, dessen Legitimation – wirtschaftliches Wachstum und Wohlstand für alle – nun infrage stand. Unmittelbar nach seiner Amtsübernahme kündigte er an, mit einer groß angelegten Antikorruptionskampagne sowohl gegen »kleine Fliegen als auch mächtige Tiger« vorgehen zu wollen. Was er damit meinte: Sowohl der käufliche Dorfvorsteher als auch der korrupte Spitzenkader sollten sich nicht mehr vor Strafverfolgung sicher fühlen.

Bo Xilai war nicht nur ein korrupter Parteikader, sondern galt auch als einer der stärksten innerparteilichen Gegner von Xi Jinping. Xi nutzte also die Gelegenheit, um in einer Art Schauprozess einen Widersacher aus dem Weg zu räumen. Bei diesem Muster sollte es bleiben. Xi säuberte die Partei von der Korruption, entledigte sich dabei aber zugleich seiner innerparteilichen Gegner. Damit brach Xi mit einem Tabu, das der Reformer Deng Xiaoping einst vorgegeben hatte. Denn Deng hatte aus den schlimmen Erfahrungen mit Mao gelernt, wie wichtig und sinnvoll ein turnusmäßiger Führungswechsel war. Daher gab er 1982 die Devise aus, dass es alle zehn Jahre zu einem geordneten Führungswechsel kommen sollte. Damit der Übergang ohne führungsinterne Machtkämpfe und Rachegelüste stattfand, sollte die neue Regierung nicht zu harsch gegen ihre Vorgänger vorgehen. Unter anderem mit der Verhaftung des einst so mächtigen Zhou Yongkang warf Xi die bisherige Vorgehensweise über Bord.

Hunderttausende Beamte und Parteisekretäre mussten in den Monaten nach Xis Amtsübernahme im Zuge von Korruptionsermittlungen ihre Posten verlassen. Viele von ihnen wurden verhaftet und vor Gericht gestellt. Damit nicht genug: Auch gegen all die anderen unliebsamen Gegner, sowohl parteiintern als auch -extern, Kritiker, Intellektuelle und Dissidenten ging Xi konsequent vor. Damit machte er sich zugleich jede Menge neue Feinde. Um sie sich vom Leib zu halten, geht er seither rigoros gegen sie vor und konzentriert immer mehr Macht auf seine Person.

Die Zentralisierung der Macht, die den Behörden jeglichen Spielraum – selbst auf lokaler Ebene – für eigene Entscheidungen nahm, ging einher mit der Gleichschaltung der Medien und der Zensur in den sozialen Medien. Seitdem ist ein kritischer öffentlicher Diskurs ebenso unmöglich wie ein moralischer Konsens in der Bevölkerung. Die Propaganda ist wirkmächtiger als je zuvor. Diese Entwicklung geht auch einher mit der Ideologisierung der Wissenschaft und der Schwächung jenes Expertentums, das der chinesischen Führung bis dahin den Ruf des Pragmatismus eingebracht hatte. An seine Stelle ist ein Führerkult getreten, der absolute Gefolgschaft verlangt. Die Begrenzung auf zwei Amtszeiten ließ Xi 2018 abschaffen. Das ist aus seiner Sicht nur folgerichtig. Denn Xi weiß: Würde er abtreten, müsste er um sein Leben fürchten.

Ein Großteil wichtiger Gesprächspartner innerhalb- und außerhalb der Regierung, aber auch in Unternehmen, aus der Wissenschaft und dem öffentlichen Leben, die ich als Journalist vor 2013 selbstverständlich anrufen oder treffen konnte, stand mir plötzlich nicht mehr zur Verfügung. Sie meldeten sich auf Anfragen entweder gar nicht oder antworteten: »Bu fangbian.« – »Es passt gerade nicht gut.« Auch wenn die KP-Führung offiziell weiter unter der roten Fahne mit den fünf gelben Sternen regierte, handelte es sich um einen Regimewechsel. Die Kommunistische Partei Chinas, in der verschiedene Fraktionen konkurrierten und sich dadurch auch gegenseitig kontrollierten, wurde zur Xi-Partei.

Xi verschärfte die Repressionen auch in Bezug auf das alltägliche Leben der Menschen. Unter seiner Führung nutzte die Regierung die enormen technischen Fortschritte, die das Land gemacht hat, um seine Bürgerinnen und Bürger zu überwachen. Eine halbe Milliarde Überwachungskameras an öffentlichen Orten soll es 2021 in China gegeben haben, in Peking und Shanghai kommt sogar auf jeden dritten Bewohner eine Kamera. Und das ist nur der erste Schritt eines Kontrollwahns. Xi plant, ein sogenanntes Sozialkreditsystem einzuführen, dass das Verhalten jedes Bürgers und jeder Firma beobachtet und bewertet, sei es im Internet, in der Öffentlichkeit oder im Privaten. Je höher die Wertung, desto bessere Chancen hat derjenige bei der Wohnungssuche oder auf dem Arbeitsmarkt, aber auch die Zinsen für den nächsten Kredit könnten niedriger ausfallen. Bei einem zu schlechten Wert, etwa wegen zu viel Gaming auf dem Smartphone, wegen des Überquerens der Straße bei roter Ampel oder auch nur wegen Drängelns beim Einsteigen in den Bus könnte hingegen unter anderem der Zugang zum Zug oder Flugzeug verwehrt werden. Bei all dem geht es nicht nur darum, gehorsame Bürgerinnen und Bürger zu schaffen, sondern auch darum, Daten von jedem Einzelnen und jedem Unternehmen zu sammeln. Die Überwachungstechnik münzt die Führung sogar in wirtschaftliche Vorteile um. Schon 2025 dürfte China in Bezug auf Künstliche Intelligenz technologisch und damit wirtschaftlich weltweit führend sein. Denn wichtigster Rohstoff für diese neue Technik sind Daten. Für die chinesischen Techunternehmen sind die Voraussetzungen, die der Überwachungsstaat bietet, ideal.

Xi Jinping geht es um innerparteiliche Autorität, absolute Macht im Land und darüber hinaus. Außenpolitisch gibt sich China unter Xi nicht mehr bescheiden und zurückhaltend, wie es Deng einst vorgegeben hatte, sondern aggressiv und erpresserisch. Von Offenheit und Kooperation ist in der chinesischen Außenpolitik nicht mehr viel zu spüren. Wer nicht im Sinne der chinesischen Führung spurt, wird sanktioniert oder auf andere Weise bestraft. Noch mehr als die Umgestaltung der Partei, zeigt der außenpolitische Kurs, dass China sich nicht durch wirtschaftliche Beziehungen und internationale Zusammenarbeit nach westlichen Vorstellungen gesellschaftlich und rechtlich liberalisieren wird. Stattdessen gestaltet das Land seinen Einflussbereich hochaktiv nach seinen eigenen Vorstellungen. Wandel durch Handel ist nicht nur in Bezug auf Russland, sondern auch auf China gescheitert.

Am augenfälligsten ist der Umgang mit Hongkong. Nach der Übergabe der britischen Kronkolonie an China 1997 sollte die Handels- und Finanzmetropole an der Mündung des Perlflussdeltas für weitere fünfzig Jahre einen Sonderstatus genießen. Das zumindest war völkerrechtlich zwischen Großbritannien und der Volksrepublik vereinbart. Dem Prinzip »Ein Land, zwei Systeme« folgend untersteht die Metropole seitdem zwar der Regierung in Peking, den Bürgerinnen und Bürgern von Hongkong wurden jedoch Presse- und Meinungsfreiheit, ein eigenes Rechtssystem mit unabhängiger Justiz und freie Wahlen garantiert – Rechte, die die Menschen in der Volksrepublik nicht haben.

Hongkongs Autonomie existiert seit 2020 faktisch nicht mehr. Nachdem Hunderttausende zwischen 2014 und 2019 immer wieder auf die Straße gingen, um zunächst gegen einzelne Gesetze zu protestieren, die Hongkongs Demokratie einschränkten, und die Proteste mit wochenlangen Sitzblockaden des Regierungsviertels immer mehr anschwollen, setzte die chinesische Führung am 1. Juli 2020 quasi über Nacht das Nationale Sicherheitsgesetz in Kraft. Jegliche politische Opposition steht seitdem unter Strafe – sogar rückwirkend. Die meisten Demokratie-Aktivistinnen und -Aktivisten sind seitdem in Haft, viele aus der Stadt geflohen, Organisationen haben sich aufgelöst, die meisten unabhängigen Medien wurden eingestellt oder haben sich dem Willen Pekings gebeugt und berichten nicht mehr kritisch. Großbritannien, das sich ursprünglich als Garant für die Einhaltung der Hongkonger Sonderrechte angeboten hatte, beließ es bei ineffektiven Protestnoten. Ebenso die anderen EU-Staaten und Deutschland. Ernsthafte Konsequenzen hatte Chinas Vorgehen also nicht. 1980, zur Zeit des Abschlusses der Verträge, die die Übergabe Hongkongs von Großbritannien an die Volksrepublik regelten, herrschte die Vorstellung, China sanktionieren zu können, wenn es sie nicht einhält. Doch Peking ist zu mächtig geworden, die Abhängigkeit westlicher Unternehmen zu groß, um sich noch ernsthaft mit der KP-Führung anzulegen. Die Einzigen, die es noch wagen und bereit sind, Konsequenzen zu tragen, sind die USA. Hongkong, die letzte Bastion der Meinungsfreiheit auf dem Gebiet der Volksrepublik, wurde preisgegeben.

Taiwan und die Ein-China-Politik

Verschärft hat sich unter Xi auch das Verhältnis der Volksrepublik zu Taiwan. Das sich inzwischen vollständig zu einer Musterdemokratie gewandelte Land hat seit den frühen Neunzigerjahren ganz massiv zum wirtschaftlichen Aufstieg der Volksrepublik beigetragen. Hunderttausende Taiwaner investierten auf dem Festland, prägen mit ihren Restaurants, Cafés und Dienstleistungen ganze Stadtviertel in Shanghai und Hangzhou, brachten China vor allem mit Fabrikanlagen und Kapital voran. Auch der Wissenstransfer der Taiwaner wurde dankbar angenommen, technisches Know-how, aber auch Managementerfahrungen.

Zwar erkannten sich Taiwan und China auch weiterhin nicht als unabhängige Staaten an und hielten jeweils an ihrer Version der Ein-China-Politik fest. Und auch vor Xi war es immer wieder zu Drohgebärden Pekings gekommen. Wirtschaftlich rückten beide aber immer näher zusammen. In den Nullerjahren hatte ich während der Besuche bei Verwandten in Taiwan den Eindruck, dass auf den Straßen Taipehs entweder überwiegend junge Leute zu sehen waren oder alte. Die mittlere Generation arbeitete auf dem chinesischen Festland.

Gerade den jungen Menschen in Taiwan macht die wirtschaftliche Abhängigkeit von der Volksrepublik zunehmend Angst. Sie gingen 2014 zu Zehntausenden auf die Straße und protestierten gegen ein Wirtschaftsabkommen, das die Regierung unter der konservativen Kuomintang, mit Peking abschließen wollte und das Investoren vom Festland auf Taiwan zugelassen hätte. Umgekehrt war das schon lange möglich. Doch der Unterschied ist: Taiwan hat dreiundzwanzig Millionen Einwohner, das chinesische Festland 1,4 Milliarden. Festlandchinesen könnten nach diesem Abkommen in großen Mengen und rasender Geschwindigkeit Immobilien, Firmen und Fabriken in Taiwan aufkaufen. Die Proteste waren so massiv, dass die Kuomintang-Regierung die Verhandlungen mit China abbrach, das Abkommen kam nicht zustande.

Historisch gesehen sind die Kuomintang und die Kommunisten Erzfeinde, aber politisch halten beide daran fest, im Zuge einer wirtschaftlichen Annäherung auch weiterhin ein China anzustreben. Auch meine Eltern gehören zu der Generation, die eine Ein-China-Politik befürwortet, sicherlich keine Vereinigung unter der kommunistischen Führung Pekings, aber die gegenseitige Annäherung betrachten sie als richtig. Doch diese Generation ist in die Jahre gekommen. In der oppositionellen Demokratischen Partei (DPP) hingegen sammeln sich Kräfte, die auch für eine formale Unabhängigkeit von China sind. Viele von ihnen waren Verfolgte der autoritär herrschenden KMT-Führung unter General Chiang Kai-shek, der sogenannte Weiße Terror hielt bis 1987 an. 2014 verlor die KMT zunächst die Regionalwahlen, 2016 schließlich auch die

Präsidenten- und Parlamentswahl. Die neue Präsidentin Tsai Ing-wen von der DPP erklärte in ihrer Antrittsrede zwar, offiziell den Status quo bewahren zu wollen. Zugleich betonte sie die taiwanische Identität.

Xi Jinping registriert die sich verändernde Stimmung in Bezug auf die Ein-China-Politik in der jüngeren Bevölkerung Taiwans und hat angekündigt, in seiner Amtszeit die Taiwan-Frage »lösen« zu wollen. Er droht offen mit einer gewaltsamen Einnahme. Die Krise im Sommer 2022 zeigt, dass er auch zu einer riskanten Eskalation bereit ist. Als Reaktion auf einen Besuch der US-Spitzenpolitikerin Nancy Pelosi schickte er ein massives Flottenaufgebot in die Gewässer um die Insel und ließ sogar Raketen über die Köpfe der Taiwaner fliegen. Die Wahrscheinlichkeit, dass China Taiwan militärisch angreift, ist unter Xi sehr viel größer geworden.

Xis Verbrechen in Xinjiang

Seit einigen Jahren lässt Xi Jinping Hunderttausende Angehörige der muslimischen Uiguren inhaftieren. Augenzeugen berichten von Zwangsarbeit, Gehirnwäsche, Zwangssterilisation, Misshandlungen und Folter. Millionen Uiguren werden systematisch überwacht. Unabhängige Beobachter gehen davon aus, dass zeitweise über eine Million der rund zwölf Millionen Uiguren in Gefängnissen oder sogenannten Umerziehungslagern interniert wurden, ohne rechtlichen Beistand, viele von ihnen mehrfach über Monate oder gar Jahre. Dabei galten solche Lager in China offiziell als abgeschafft. Menschenrechtsorganisationen und die Parlamente unter anderem von Frankreich, Kanada, den Niederlanden sowie die US-Regierung sprechen angesichts der Brutalität und des Ausmaßes der Unterdrückung von einem »kulturellen Genozid«. China wolle die Identität der Uiguren auslöschen. Ausgerechnet in dieser Region hat Volkswagen mit seinem chinesischen Partner SAIC 2012 eine Fabrik errichten lassen. Zwangsarbeit findet in dem Werk selbst nicht statt, aber dass in die Lieferketten nicht doch Arbeit einfließt, zu der Uiguren gezwungen wurden, lässt sich nicht zweifelsfrei nachweisen, denn die Region wird vom Staat streng abgeriegelt. Journalisten und unabhängige Beobachter dürfen seit Jahren nicht mehr nach Xinjiang, wo der überwiegende Teil der Uiguren lebt.

Xi Jinping hat dem Staatskapitalismus einen gewaltigen Machtapparat an die Seite gestellt, der zwar im Rekordtempo Flughäfen und Autobahnen zu bauen weiß, aber mit derselben Konsequenz auch Überwachungsanlagen und Internierungslager errichtet, seine Kriegsflotte aufrüstet und Nachbarländer einschüchtert. Unter der autoritären, zum Teil schon totalitären Umgestaltung leidet Chinas Image international massiv, was auch schon zu messbaren Einbußen führt, wenn etwa Lieferungen in New York aufgrund eines Gesetzes gegen Zwangsarbeit liegenbleiben. Xi ist das vermutlich gleichgültig. Auch hier zeigt sich der radikale Bruch mit der Politik seinen Vorgänger. Macht ist ihm wichtiger als Wirtschaftserfolg. China hat dem Westen gegenüber lange den Anschein erweckt, an einer friedlichen Entwicklung interessiert zu sein, am Wohlstand für die eigene Bevölkerung, ohne weitere Hintergedanken. Unter Xi Jinping hat sich das als reine Fassade für ein machtpolitisches Konzept herausgestellt. Wenn kleinere oder größere Handelspartner nicht spuren, erfolgen offene Drohungen mit dem Entzug von Handelsverträgen. Das musste beispielsweise Litauen erfahren, als es eine engere Zusammenarbeit mit Taiwan eingegangen ist. Damit stimmt eine ganz entscheidende Annahme der Verfechter des Wandels durch Handel, zu denen unter anderem auch Volkswagen zählt, nicht mehr: dass Chinas Strategie mit Blick auf seine Wirtschaftsziele halbwegs verlässlich einschätzbar ist.

Enttäuschte Hoffnungen

Auch in den »goldenen Zeiten« bis 2013 war China eine Diktatur und seine Politik umstritten. Doch wir alle wollten auch an einen positiven Ausgang der Entwicklung Chinas glauben. Es entsprach unserer Vorstellung vom Siegeszug des westlichen Modells. Die langsame Angleichung an die demokratisch-kapitalistischen Systeme hielten wir für unausweichlich. Am Ende haben wir auch unsere Wünsche und Erwartungen auf China projiziert.

In all den Jahrzehnten wären mehr Vorsicht und vor allem nach dem 4. Juni 1989 ein stärker strategisches Vorgehen in Bezug auf Chinas Menschenrechtsverletzungen angebracht gewesen. Die Kommunistische Partei Chinas hat immer autoritär regiert, unter Mao, unter Deng und unter seinen Nachfolgern. Wer es wagte, den Machtapparat und das System zu kritisieren, war der Verfolgung ausgesetzt. Das war unter dem Führungsduo von Hu Jintao und Wen Jiabao in den Nullerjahren nicht anders. Die Verfolgung der Tibeter und die brutale Niederschlagung ihrer Proteste etwa im Frühjahr 2008 fielen in ihre Zeit.

Wir erklären den vermeintlich überraschenden Umbruch und die politische Schließung Chinas heute vor allem mit der Person Xi Jinping. Doch ein selbstbewusster, aggressiver Kurs war immer in der Entwicklung angelegt. Deng Xiaoping agierte auch deshalb weniger dominant und konfliktbereit, weil es die Bedingungen seiner Zeit geboten: China war schwächer als der Westen.

Dennoch hat seit der Herrschaft Xi Jinping in Politik und Wirtschaft eine Neubewertung stattgefunden. Viele in Deutschland würden »Wandel durch Handel« am liebsten begraben, das Kapitel, das allen Seiten sehr viel Wohlstand gebracht hat, möglichst rasch abschließen und das Riesenreich wieder in die Exotenecke schieben, wo es bis Ende der Siebzigerjahre niemand weh tat. Von Decoupling ist die Rede, einer völligen Entkopplung von China. Russlands Angriffskrieg auf die Ukraine bestärkt die Befürworter dieser Idee. Nur noch mit demokratischen und wohlgesinnten Staaten Handel und Wirtschaftsbeziehungen pflegen lautet die Devise. Doch würde sich das die zweitgrößte Exportnation, die Deutschland ist, trauen? Es wäre mit einem erheblichen Wohlstandsverlust verbunden.

Andere wiederum sehen zum chinesischen Markt keine Alternative, um weltweit wettbewerbsfähig zu bleiben, und tun so, als könnte Deutschland mit China Geschäfte betreiben wie zuvor.

Fest steht: China ist längst überall und bei allen globalen Fragen ein zentraler Player, sei es beim Klimawandel, in Handelsfragen, bei Rohstoffen, nicht zuletzt auch als weltgrößter Absatzmarkt und Produktionsstandort. Ein Decoupling würden den Deutschen womöglich am meisten schaden. Als Exportnation müsste viele Branchen ihr Geschäftsmodell komplett neu ausrichten.

Die Entscheidung über eine Abkehr vom chinesischen Markt oder gar einen Handelskrieg wird allerdings nicht von Deutschland getroffen, sondern hängt von den geopolitischen Auseinandersetzungen ab. Die USA sehen in China einen ihrer größten Kontrahenten, den es einzudämmen gilt, und fordern nicht zuletzt von den Deutschen eine eindeutige Positionierung. Bei einer Zuspitzung des Konflikts zwischen China und den USA wäre ziemlich sicher eine große Mehrheit in Deutschland auf Seiten der USA – zu groß ist auch die verteidigungspolitische Abhängigkeit von Amerika.

Ein Handelskrieg könnte aber auch von China gestartet werden. Im Zuge des Handelskriegs mit den USA hat Xi Jinping die Strategie Dual Circulation ausgegeben. Einerseits vom Westen vor allem technologisch unabhängig, also autark, werden. Andererseits soll die ganze Welt abhängig von chinesischen Waren und Vorprodukten werden. Das ist eine wirtschaftspolitische Kriegsansage, auf die die Europäer bisher keine Antwort haben.

Unter der Kanzlerinnenschaft von Angela Merkel setzte die Bundesregierung im Umgang mit China seit 2013 unbeirrt weiter auf Handel und Wirtschaftskooperation. In ihrer Zeit als Kanzlerin besuchte Angela Merkel kein außereuropäisches Land so häufig wie China. Sie hatte anders als ihre Vorgänger zwar nur wenig Hoffnung, dass China sich im westlichen Sinne demokratisieren würde, doch trug auch sie eine Wunschvorstellung im Gepäck, die viele Vertreter der deutschen Elite teilten. Diese Haltung wurde nirgendwo ausdrücklich formuliert, doch sie lässt sich ungefähr so zusammenfassen: Durch immer engere Geschäftsbeziehungen zwischen China und dem Westen können Konflikte zumindest entschärft werden. Schließlich brauchen sich beide Seiten, wirtschaftliche Abhängigkeiten beruhen ja stets auf Gegenseitigkeit. Und vielleicht würde noch mehr wirtschaftliche Zusammenarbeit dazu führen, dass sich auch die Gesellschaft öffnet? Sie lag damit nicht völlig falsch. Entwicklungen in diese Richtung hatte es bis zum Amtsantritt von Xi Jinping gegeben.

Obwohl China heute autokratischer ist als zu Beginn ihrer sechzehnjährigen Amtszeit, verteidigt auch mein Vater die Politik Angela Merkels. Schließlich war sein Handeln und das der meisten Geschäftsleute, Akademikerinnen und Akademiker, im Grunde fast aller, die mit China zu tun hatten und diesem Land auch kostbare Lebenszeit widmeten, von den gleichen Grundvorstellungen ausgegangen.

Als junger Mann träumte mein Vater davon, Mobilität nach China zu bringen. Wenn sein späterer Arbeitgeber VW davon profitierte: umso besser.

Das China-Geschäft lief derweil dem Absatz in den entwickelten Märkten davon. Der Anteil des chinesischen Marktes am Umsatz der deutschen Konzerne wuchs und wuchs. Bei VW beträgt er inzwischen ein gutes Drittel. Als wir damals in Peking wohnten, war er noch vernachlässigbar klein.

Vierunddreißig Fabriken hat VW heute in China. »Mit einer solchen Größenordnung haben wir nie gerechnet«, sagt mein Vater auf dem Balkon zu mir. Bei ihm war es um drei Werke gegangen. »Hat es keine Warnungen vor zu großen Abhängigkeiten gegeben«, frage ich ihn. »Doch. Genauso wie die Warnungen vor einer Abhängigkeit von russischem Gas wurden sie aber nicht gehört. Wer wollte schon der Miesepeter sein?«

VW – ein chinesisches Unternehmen mit Sitz in Deutschland?

Früher war China abhängig von Volkswagen, heute ist Volkswagen abhängig von China. Das ist nicht allein ein Problem für die VW-Manager, sondern eines für ganz Deutschland. Wenn es einen großen Konflikt mit China gibt, zum Beispiel um Taiwan, und der Handel zum Erliegen kommt, dann fehlen in Deutschland Wachstum und Arbeitsplätze. Dabei ist eine gesunde Wirtschaft einer der Grundpfeiler des Selbstverständnisses der Bundesrepublik. Nicht auszudenken, wenn infolge eines Krieges etwa mit Taiwan vollständige Sanktionen gegen China verhängt werden.

Es sind vor allem zwei Branchen, die ein solcher Konflikt besonders hart treffen würde: der Maschinenbau und die Automobilindustrie. Sie müssten auf günstige Zulieferer aus China verzichten, die sie dann teurer aus anderen Ländern beziehen müssten. Deutschland würde es sehr schwerfallen, sich für die Teilnahme an solchen Sanktionen zu entscheiden. Es würde zumindest heftige Debatten darum geben, ob BMW, Mercedes, BASF, Siemens und ein Großteil des Mittelstands das verkraften können. Ohne Batterien, seltene Erden oder auch Elektrokomponenten aus China geht inzwischen nichts mehr, und umgekehrt fehlt ohne den chinesischen Markt ein substanzieller Teil des Umsatzes.

Kein anderes deutsches Unternehmen würde es allerdings schwerer treffen als VW. Würde Volkswagen den chinesischen Markt verlieren, wären die Wolfsburger auf einen Schlag international nicht mehr wettbewerbsfähig. Es wäre das Ende von VW.

Ich denke an meine Geburtsstadt Wolfsburg, die ebenfalls massiv profitiert hat vom China-Boom, und an mich selbst. Hätte es den chinesischen Markt nicht gegeben, wäre mein Vater vermutlich nicht zum Spitzenmanager bei VW aufgestiegen. Sehr wahrscheinlich würde es das Wolfsburger Kunstmuseum nicht geben, das Science-Centre Phaeno auch nicht, der VfL Wolfsburg würde nicht in einem so prachtvollen Stadion spielen. Diese Einrichtungen verdanken ihre Existenz den großzügigen Spenden von Volkswagen. Und VW wiederum verdankt seinen Reichtum den Geschäften in China. Heute sind Wolfsburg und der Audi-Sitz Ingolstadt in Bezug auf ihre Wirtschaftskraft je Einwohner die zwei reichsten Städte Deutschlands.

Inzwischen ist VW so eng verzahnt mit der chinesischen Wirtschaft, dass man schwer sagen kann, ob Volkswagen der chinesischste aller internationalen Autobauer ist oder der internationalste aller chinesischen Autobauer. Ist der VW-Konzern nicht fast schon ein chinesisches Unternehmen mit Sitz in Deutschland? Wolfsburg hat das aufstrebende Schwellenland motorisiert. Und während ich darüber nachdenke, wie es dazu kommen konnte, dass ein so großer deutscher Konzern sich in die Abhängigkeit eines autoritären Unrechtsstaats bringen konnte, muss ich zugleich an die Erzählungen meines Vaters denken, der als Kind in Armut und im vom Krieg zerstörten Nanjing aufwuchs und sich nichts sehnlicher wünschte, als dass China ein modernes Land werden würde, mit Zügen, Bussen, Autos, die er als Kind nur aus Erzählungen über das westliche Ausland kannte.

QUELLEN

Chang, Iris: The Rape of Nanking. The Forgotten Holocaust of World War II, Basic Books, New York 1997

Dai, Narisa Tianjing: Control Dynamics in a Chinese-German Joint Venture, The London School of Economics and Political Science, London 2010, online abrufbar: http://etheses.lse.ac.uk/2399/1/U615348.pdf [letzter Abruf: 5.11.2022]

Deng Xiaoping interviewed by Oriana Fallaci, 1980, online abrufbar: https://redsails.org/deng-and-fallaci [letzter Abruf: 3.11.2022]

Deng Xiaoping, Interview with Mike Wallace of 60 Minutes, 2.9.1986, online abrufbar: https://china.usc.edu/deng-xiaoping-interview-mike-wallace-60-minutes-sept-2-1986 [letzter Abruf: 22.12.2022]

Erling, Johnny: VW und die Krux mit chinesischen Namen, in: Die Welt, 16.7.2003, online abrufbar: https://www.welt.de/print-welt/article246690/VW-und-die-Krux-mit-chinesischen-Namen.html [letzter Abruf 20.12.2022]

Jungblut, Michael: Volkswagen für die Volksrepublik, in: Die Zeit, Nr. 43, 18.10.1985, online abrufbar: https://www.zeit.de/1985/43/volkswagen-fuer-die-volksrepublik/komplettansicht [letzter Abruf: 4.11.2022]

Karl, Rebecca E.: Mao Zedong and China in the Twentieth-Century World. A Concise History, Duke University Press, Durham 2010

Lee, Felix: Korruption gibt es nur bei innerparteilichen Rivalen, in: taz, 4.9.2013, online abrufbar: https://taz.de/!453925 [letzter Abruf 20.12.2022]

Lee, Felix: Macht und Moderne. Chinas großer Reformer. Deng Xiaoping. Die Biographie, Rotbuch Verlag, Berlin 2014

MacFarquhar, Roderick/Michael Schoenhals: Mao's Last Revolution, Harvard University Press, Cambridge 2008

Manning, Kimberley Ens/Felix Wemheuer (Hg.): Eating Bitterness. New Perspectives on China's Great Leap Forward and Famine, University of British Columbia Press, Vancouver 2011

Pantsov, Alexander V./Stefen I. Levine: Mao. Die Biographie, S. Fischer Verlag, Frankfurt am Main 2014

Paulson, Henry M. Jr.: Dealing with China. An Insider Unmasks the New Economic Superpower, Hachette, New York 2015

Research Directorate, Immigration and Refugee Board, Canada: China: Pro-democracy student demonstrations in Shanghai; arrest and detention in Shanghai, in particular members of Unity of Labour, 1.4.1990, online abrufbar: https://www.refworld.org/docid/3ae6abf910.html [letzter Abruf: 12.12.2022]

Rowen, Ian: Transitions in Taiwan. Stories of the White Terror, Cambria Press, Amherst 2021

Schell, Orville: Das Mandat des Himmels. China: Die Zukunft einer Weltmacht, Rowohlt Verlag, Berlin 1995

Stöber, Silvia: Was geschah auf dem Tiananmen-Platz?, in: ARD, Tagesschau, 7.10.2019, online abrufbar: https://www.tagesschau.de/faktenfinder/china-tiananmen-massaker-101.html [letzter Abruf: 9.12.2022]

Tagesschau, ARD, 4.6.1989, online abrufbar: https://www.youtube.com/watch?v=kgYaM_WOOx4 [letzter Abruf: 2.5.2022]

Tiananmen Square Protests 1989: China's Premiere Meets Student Protestors, ABC News, 18.5.1989, online abrufbar: https://www.youtube.com/watch?v=m4XHytFbvHU [letzter Abruf 22.12.2022]

Vogel, Ezra F.: Deng Xiaoping and the Transformation of China, Harvard University Press, Cambridge 2011

Wickert, Erwin: John Rabe. Der gute Deutsche von Nanking, Deutsche Verlags-Anstalt, München 1997

Die Schreibweise chinesischer Namen folgt der im Deutschen überwiegend gebräuchlichen Transkription.

DANK

An erster Stelle möchte ich mich bei meinem Vater bedanken, dass er sich auf dieses Buch eingelassen hat.

Finn Mayer-Kuckuk, Freund, Berater und Kollege in Peking und Berlin, gilt mein besonderer Dank. Er hat mich zu diesem Buch ermutigt und dafür gesorgt, dass es geschrieben wird.

Danken möchte ich zudem meinem *taz*-Kollegen Martin Reichert, der 2015 den ersten Impuls zu einem Text über die Geschichte meines Vaters gegeben hat.

Bedanken möchte ich mich auch bei der *taz*. Sie hat dieses Buchprojekt immer wohlwollend unterstützt.

Die Entstehung des Buchs hat meine Agentin Dr. Hanna Leitgeb begleitet, wofür ich ihr sehr danke.

Zu danken habe ich außerdem meiner Lektorin Maike Nedo. Ohne sie wäre dieses Buch nicht erschienen.

Mein ganz besonderer Dank gilt meiner Mutter Yea-Jen Liang-Lee. Sie hat mein Interesse für die Literatur und den Journalismus geweckt. Dass ich Journalist und Buchautor geworden bin, verdanke ich ihrer Unterstützung. Sie war es auch, die meinem Vater bei allen Entscheidungen zur Seite stand.

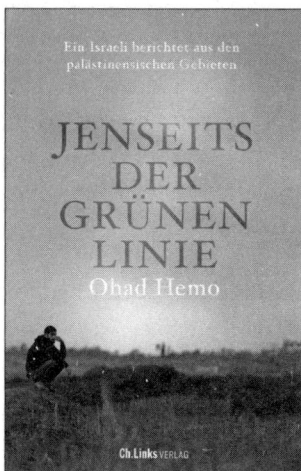

Ohad Hemo
Jenseits der Grünen Linie
Ein Israeli berichtet aus den
palästinensischen Gebieten

Aus dem Hebräischen
von Barbara Linner
304 Seiten, Festeinband
mit Schutzumschlag
ISBN 978-3-96289-148-0
25,00 € (D), 25,70 € (A)

Die Gräben zwischen Israelis und Palästinensern scheinen unüberwindlich. Einer, der unermüdlich dafür kämpft, die Sichtweisen der anderen Seite zu vermitteln, ist der israelische Journalist Ohad Hemo. Seit fast zwei Jahrzehnten berichtet er aus den palästinensischen Autonomiegebieten und hat sich an Orte gewagt, die die meisten seiner Landsleute niemals betreten würden. In diesem Buch gibt er intime Einblicke in die palästinensische Gesellschaft, wie sie selten zu bekommen sind.
Am Ende plädiert er nachdrücklich dafür, die Zwei-Staaten-Lösung zu retten, so lange es noch möglich ist.

www.christoph-links-verlag.de

Ch.Links

Karolina Kuszyk
In den Häusern der anderen
Spuren deutscher Vergangen-
heit in Westpolen

Aus dem Polnischen
von Bernhard Hartmann
400 Seiten, 7 Fotos
Festeinband mit Schutzum-
schlag
ISBN 978-3-96289-146-6
25,00 € (D); 25,70 € (A)

Etwa zehn Millionen Deutsche flohen mit dem Ende des Zweiten Weltkriegs aus Schlesien, Pommern, der Neumark und Ostpreußen oder wurden von dort vertrieben. Zurück blieben ihre Häuser, Straßen, Fabriken und Kirchen, aber auch ihre Möbel, Küchengeräte und Bilder. Welche Geschichten erzählen sie heute über ihre ehemaligen Besitzer? Die Gebiete östlich von Oder und Neiße lagen fortan in Polen, Menschen aus anderen Landesteilen wurden dort angesiedelt. Wie machten sie die Städte und Dörfer der ehemaligen Besatzer zu ihrer Heimat? Gestützt auf Archivfunde, Forschungsarbeiten, Literatur und eine Vielzahl persönlicher Begegnungen erzählt Karolina Kuszyk davon, wie die Biografien von Menschen und Dingen miteinander verwoben sind.

www.christoph-links-verlag.de

Ch.Links

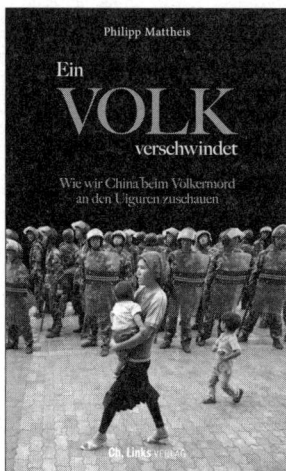

Philipp Mattheis
Ein Volk verschwindet
Wie wir China beim Völkermord
an den Uiguren zuschauen

208 Seiten, 1 Karte,
Klappenbroschur
ISBN 978-3-96289-137-4
18,00 € (D), 18,50 € (A)

In der nordwestchinesischen Provinz Xinjiang ist in den vergangenen Jahren eine Dystopie Wirklichkeit geworden: Die muslimischen Uiguren werden dort mit allen Möglichkeiten des Digitalzeitalters erfasst und überwacht. Etwa eine Million Menschen sind monatelang in »Umerziehungslagern« interniert, wo Folter, Zwangsarbeit und Gehirnwäsche an der Tagesordnung sind. Gleichzeitig werden Moscheen geschlossen, religiöse Feste untersagt, Baudenkmäler zerstört. Offensichtlich soll die kulturelle Identität des 15-Millionen-Volks ausgelöscht werden. Westliche Konzerne hält das nicht davon ab, in Xinjiang produzieren zu lassen. Philipp Mattheis' aufrüttelndes Buch erzählt von den Schicksalen Betroffener und klärt über die Hintergründe auf.

www.christoph-links-verlag.de

Ch.Links